中国人民大学法律文化研究中心
北京市法学会中国法律文化研究会　主办

曾宪义法学教育与法律文化基金会　资助

中国人民大学科学研究基金
（中央高校基本科研业务费专项资金，批准号：10XNJ003）资助

总主编　马小红

法律文化研究

RESEARCH ON LEGAL CULTURE

第十二辑

家户法律传统专题

Symposium on Legal Tradition of
"Home" and "Household"

主编　李　伟

社会科学文献出版社
SOCIAL SCIENCES ACADEMIC PRESS (CHINA)

合、发展规律。

因此，我们的特色在于发掘传统，利导传统，从传统中寻找力量。

在此，我们不能不对近代以来人们对中国传统法律文化的误解作一辩白。

与其他学科相比，法学界在传统文化方面的研究显得比较薄弱，其原因是复杂的。

首先，近代以来，学界在比较中西法律文化传统时对中国传统法律文化基本持否定的态度，"发明西人法律之学，以文明我中国"是当时学界的主流观点。对传统法律文化的反思、批判，一方面促进了中国法律的近代化进程，另一方面也造成了人们的误解，使许多人认为中国古代是"只有刑，没有法"的社会。

其次，近代以来人们习惯了以国力强弱为标准来评价文化的所谓"优劣"。有一些学者将西方的法律模式作为"文明"、"进步"的标尺，来评判不同国家和地区的法律。这种理论上的偏见，不仅阻碍了不同法律文化间的沟通与融合，而且造成了不同法律文化间的对抗和相互毁坏。在抛弃了中国古代法律制度体系后，人们对中国传统法律的理念也产生了史无前例的怀疑甚至予以否定。

最后，受社会思潮的影响，一些人过分注重法学研究的所谓"现实"性，而忽视研究的理论意义和学术价值，导致传统法律文化虚无主义的泛滥。

对一个民族和国家来说，历史和传统是不能抹掉的印记，更是不能被中断或被抛弃的标志。如果不带有偏见，我们可以发现中国传统法律文化中凝聚着人类共同的精神追求，凝聚着有利于人类发展的巨大智慧，因此在现实中我们不难寻找到传统法律文化与现代法律文明的契合点，也不难发现传统法律文化对我们的积极影响。

就法的理念而言，中西传统是不谋而合的。东西方法治文明都承认"正义"是法律的灵魂，"公正"是法律追求的目标。只不过古今中外不同的文化对正义、公正的理解以及实现正义和公正的途径不尽相同。法国启蒙思想家伏尔泰说："在别的国家法律用以治罪，而在中国其作用更大，用以褒奖善行。"西方文化传统侧重于强调法律对人之"恶性"的遏制，强调通过完善的制度设计和运行来实现社会公正与和谐。中国传统法律文化的主流更侧重于强调人们"善性"的弘扬、自觉的修养和在团体中的谦让，通过自律达到和谐的境界。在和谐中，正义、公正不只是理想，而且

原序
从传统中寻找力量

出版发行《法律文化研究》（年刊）酝酿已久，我们办刊的宗旨当然与如今许多已经面世的学术刊物是一致的，这就是繁荣法学的教育和研究、为现实中的法治实践提供历史的借鉴和理论的依据。说到"宗旨"两字，我想借用晋人杜预《左氏春秋传序》中的一段话来说明："其微显阐幽，裁成义类者，皆据旧例而发义，指行事以正褒贬。"即通过对历史上"旧例"、"行事"的考察，阐明社会发展的道理、端正人生的态度；记述历史、研究传统的宗旨就在于彰显复杂的历史表象背后所蕴含的深刻的"大义"。就法律文化研究而言，这个"大义"就是发掘、弘扬传统法的优秀精神，并代代相传。

然而，一部学术著作和学术刊物的生命力和影响力并不只取决于它的宗旨，在很大程度上，它是需要特色来立足的，需要用自身的特色力争最好地体现出宗旨。我们定名为《法律文化研究》（年刊）有这样几点考虑，第一，我们研究的对象是宽阔的，不只局限于"法律史"，从文化的角度，我们要探讨的甚至也不仅仅是"法"或"法律"。我们的研究对象包括法的本身与产生出不同模式的法的社会环境两个方面。因此，我们在考察法律的同时，要通过法律观察社会；在考察社会时，要体悟出不同国家和地区的法律特色之所在，以及这些特色形成的"所以然"。第二，在人类的历史长河中，传统文化的传承、不同文化间的交流与融合，构成了人类文明不断发展的主旋律。一个民族和国家的传统往往是文化的标志，"法律文化"研究的重点是研究不同民族和国家的不同法律传统及这些传统的传承；研究不同法律文化间的相同、相通、相异之处，以及法律文化的融成为可望也可即的现实。

就法律制度而言，中国古代法律制度所体现出的一些符合人类社会发展、符合现代法治原则的精华也应该引起我们的关注。比如，尊老恤弱精神是传统法律的一个优秀之处。历代法律强调官府对穷苦民众的冤屈要格外关心，为他们"做主"。自汉文帝开始，中国古代"养老"（或敬老）制度逐渐完善，国家对达到一定岁数的老者给予税役减免，官衙还赐予米、布、肉以示敬重。竞争中以强凌弱、以众暴寡在中国传统文化中被视为大恶，也是法律严惩的对象。这种对困难群体的体恤和关怀，不仅有利于社会矛盾的缓和，而且体现了法律的公正精神，与现代法律文明完全一致。再比如，中国古代法律中对环境开发利用的限制也值得我们借鉴。《礼记》中记载，人们应顺应季节的变化从事不同的工作和劳动，春天不得入山狩猎，不得下湖捕捞，不得进山林砍伐，以免毁坏山林和影响动植物生长。这一思想在"秦简"和其他王朝的法律典籍中被制度化、法律化。这种保护自然、保护环境的法律法规，反映的是"天人合一"的观念、对自然"敬畏"的观念及保护和善待一切生命的理念等，而这些观念与现代法治中的环境保护、可持续发展精神也是吻合的。

在现代法治的形成过程中，从理念到制度，我们并不缺乏可利用的本土资源，我们理应对中国源远流长的传统法律文化充满信心。我们进行研究的目的，也是希望能够充分发掘传统法律文化的价值，从中找到发展现代法治文明的内在力量。

我们也应该切忌将研究和弘扬传统法律文化理解为固守传统。任何一种传统的更新都不可能在故步自封中完成。只有在与现实社会相联系的淘汰与吸收中，传统才能充满活力，完成转型。传统法律文化也是如此，古今中外，概莫能外。

就中国法律而言，现代社会已经大不同于古代社会，我们的政治、经济环境和生活方式已经发生了巨大的变化，古代的一些法律制度和理念在确立和形成的当时虽然有其合理性，但随着时代的变迁，这些制度和理念有些已经失去了效用，有些甚至走向发展的反面，成为制约社会进步的阻力。在对传统法律文化进行改造和更新时，我们要注意积极地、有意识地淘汰这样的制度和理念，注意学习和引进外国的一些先进的法律文化，并不断总结引进外国法律文化的经验教训。近代以来，我们在引进和学习西方法律文化方面有过成功，也有过失败。比如，罪刑法定主义的确立就值得肯定。1764 年，意大利法学家贝卡利亚出版了《论犯罪与刑罚》一书，对欧洲封建刑事法律制度的野蛮性和随意性提出了谴责，从理论上提出了一些进步的刑法学说，其中罪刑法定的原则影响最大。罪刑法定，即犯罪和刑罚应由法律明文规定，不能类推适用。近代以来，这一原则逐渐为各国刑法承认和贯彻。1948 年联合国大会通过的《世界人权宣言》和 1966年的《公民权利和政治权利国际公约》都规定了罪刑法定原则。罪刑法定主义的学说在清末传入中国，此后，在颁行的一些刑法中也得到原则上的承认。但是，由于种种原因，这一原则在司法实践中或难以贯彻实行，或类推适用一直被允许。直到 1997 年修订《中华人民共和国刑法》，才明确规定了"法律明文规定为犯罪行为的，依照法律定罪处刑；法律没有明文规定为犯罪行为的，不得定罪处刑"。类推适用在立法上被彻底废止，司法实践则在努力的贯彻之中。罪刑法定原则的确立，对促进中国法律的发展和提升中国的国际形象有着重要的意义。

世界文明兴衰史雄辩地证明，一个民族、一种文明文化唯有在保持其文化的主体性的同时，以开放的胸襟吸收其他文明的优秀成果，不断吐故纳新，方能保持其旺盛的生命力，保持其永续发展的势头，并创造出更辉煌的文明成果。其实，近代西方法律传统转型时也经历过一个反思传统—淘汰旧制—融合东西—形成新的传统并加以弘扬的过程。在许多启蒙思想家的法学经典著作中，我们可以看到西方法学家对中国法律的赞扬和批判、分析和评价。孟德斯鸠《论法的精神》、伏尔泰《风俗论》、魁奈《中华帝国的专制制度》、梅因《古代法》、黑格尔《历史哲学》等都对中国的法律有着精湛的论述。即使现代，西方的法治传统仍然处在变化"扩容"之中，中国的一些理念不断地融入西方法治中。一些现代欧美法学家或研究者更是将中国法律制度作为专门的领域精心地进行研究。比如费正清《中国：传统与变迁》、C. 莫里斯等《中华帝国的法律》、高道蕴《中国早期的法治思想》以及欧中坦《千方百计上京城：清朝的京控》、史景迁《王氏之死》等。一些中国传统法律的理念，比如顺应而不是"征服"自然，弱者应该得到或享有社会公正，以和睦而不是对立为最终目标的调解，等等，在吸纳现代社会气息的基础上，在西方法治体系中被光大。如同历史上的佛教在印度本土式微而在中国的文化中被发扬一样，这些具有价值的思想和理念在中国却常常因为其是"传统"而受到漠视或批判。

因此，我们应该发扬兼容并蓄、与时俱进的精神，在融合中西、博采古今中改造和更新传统法律文化，完成传统法律文化的现代转型。

近代以来，中国传统法律文化的断裂是一个不争的事实，但是，另外一个不争的事实是，近年来，中国传统文化越来越受到社会的广泛重视，不仅政府致力于保护各种文化遗产，学术界也从哲学、史学、社会学等各个方面对传统文化进行研究。中国人民大学首创全国第一所具有教学、科研实体性质的"国学院"，招收了本科学生和硕士研究生、博士研究生，受到国人的广泛关注；此前，武汉大学在哲学院建立了"国学班"，其后，北京大学建立了"国学研究院"和"国学教室"，中山大学设立了"国学研修班"，国家图书馆开办了"部级干部历史文化讲座"。鉴于各国人民对中国传统文化的热爱和兴趣，我国在世界许多国家和地区设立了近百所"孔子学院"。2005 年年底，教育部哲学社会科学重大攻关项目"中国传统法律文化研究"（十卷）正式启动，这个项目也得到国家新闻出版总署的重视，批准该项目为国家重大图书出版项目，从而为传统法律文化的研究工作注入了新的推动力。我作为项目的首席专家深感责任重大。孔子曾言"人能弘道，非道弘人"，我们希望能从传统中寻找到力量，在异质文化中汲取到法治营养，并为"中国传统法律文化研究"（十卷）这个项目的顺利进行营造学术环境，努力将这一项目做成不负时代的学术精品。

《法律文化研究》是学术年刊，每年出版一辑，每辑约 50 万字，这是我们献给学人的一块学术园地，祈望得到方家与广大读者的关爱和赐教。

曾宪义
2005 年

改版前言

《法律文化研究》自 2005 年至 2010 年已经出版六辑。时隔三年，我们改版续发，原因是多方面的。

本刊停发最为直接的原因是主编曾宪义教授的不幸去世。此外，近年来我本人新增的"做事"迟疑与拖沓的毛病以及出版社方面的出版困难也都是这项工作停顿的原因。

2004 年我调入中国人民大学不久，曾老师告诉我他有一个计划，就是用文集的方式整合全国法史研究的资源，展示法史研究成果。不久曾老师就联系了中国人民大学出版社并签订了六辑出版合同。后来，作为教育部重大攻关项目"中国传统法律文化研究"（十卷）的首席专家，曾老师明确将年刊与《百年回眸——法律史研究在中国》定位为重大攻关项目的配套工程。

在确定文集的名称时，曾老师斟酌再三，名称由"中国传统法律文化研究"改为"传统法律文化研究"，再改为"法律文化研究"。对此，曾老师在卷首语《从传统中寻找力量》中解释道："我们研究的对象是宽阔的，不只局限于'法律史'，从文化的角度，我们要探讨的甚至也不仅仅是'法'或'法律'。我们的研究对象包括法的本身与产生出不同模式的法的社会环境两个方面。因此，我们在考察法律的同时，要通过法律观察社会；在考察社会时，要体悟出不同国家和地区的法律特色之所在，以及这些特色形成的'所以然'。"

时光荏苒，转眼近十年过去了，当时我所感受到的只是曾老师对法史研究抱有的希望，而今天再读"卷首语"中的这段话，则更感到曾老师对法史研究方向或"出路"的深思熟虑。

感谢学界同人的支持与关注，《法律文化研究》自出版以来得到各位惠赐大作与坦诚赐教。近十年来"跨学科"、"多学科"研究方法的运用，已然使曾老师期冀的法律文化研究"不只局限于'法律史'"的愿望正在逐步成为现实，而唯有如此，"法律史"才能与时俱进，在学术与现实中发挥它应有的作用。我本人在编辑《法律文化研究》的过程中，在跟随曾老师的学习中，也认识到"学科"应是我们进入学术殿堂的"方便门"，而不应是学术发展的桎梏，研究没有"领地"与"边界"的限制，因为研究的对象是"问题"，研究的目的是解决学术和实践中的问题而不只是为了在形式上完善学科。

为此，在本刊再续时，我与学界一些先进、后锐商议，用一个更为恰当的方式反映法律文化研究的以往与现实，于是便有了这次的改版。改版后的《法律文化研究》，不再设固定的主编，每辑结合学术前沿集中于一个专题的研究，由专题申报者负责选稿并任该辑主编，每一辑都力求能反映出当前该专题研究所具有的最高学术水准与最新研究动向。每辑前言由该辑主编撰写"导读"，后附该辑专题研究著作与论文的索引。这样的形式不仅可以使研究集中于目前的热点、难点问题，而且可以使更多的学者在《法律文化研究》这个平台上发挥作用，同时出版社也可以摆脱出版负担过重等困境。

编委会与编辑部的工作机构设于中国人民大学法律文化研究中心与曾宪义法律教育与文化研究基金会。希望改版后的《法律文化研究》能一如既往地得到学界的赐稿与指教。

马小红

初稿于 2013 年仲夏

再稿于 2014 年孟春

目　录

主编导读

在中国传统社会中，"家"是最基础的组织单位。西周初期周公制礼作乐，以祭祀为纽带，将"家"之中的血缘伦理与国家政权组织方式紧密结合起来，创立了较为完备的礼治体系。除少数朝代外，后世诸封建王朝基本上以尊奉周礼的儒家学说为主体，不断融合道家、法家等学说，逐渐形成礼主刑辅、大德小刑的社会治理模式。在这种模式中，"家"是社会生活和政治架构的根基，体现在法律上则是"家"本位观。[①] 由于"家"在边界和范围上的不确定性，这种本位观在法律上是通过"户"的形式加以呈现的。

"户"是以"家"为社会物质基础，以家族、宗族观念为思想渊源，通过户籍制度有效连接而实行传统社会治理的基层细胞。国家编"家"为"户"的做法，体现出国家运用法律手段进行行政管理，旨在实现对社会尤其是在广袤的国土范围内对基层社会的控制。这就是"家"与"户"在中国传统法律中的互动与表征，也是中国传统社会治理结构中的互相紧密关联的重要环节。时至今日仍在实行的户籍制度，就是中国社会基于家庭的传统治理结构的制度化投影。

选择家户法律传统作为专题的意义在于，通过对传统法律中"家"与"户"的比较分析，总结近百年来关于家户法律传统的研究成果，梳理其中的学术发展脉络与趋势；同时，分析家户法律传统观念对当代法律和社

---

① "家"在社会现实中的具体表现形式有家庭、家族、宗族不同的面向，这在稍后的第一部分 "'家'与'户'基本概念及其制度表达"中将展开论述。

会的现实影响，以求进行现当代法学理论和本土传统知识资源之间的理论对话，搭建传统与现代、制度与社会沟通的桥梁。

一 "家"与"户"基本概念及其制度表达

"家"的最初含义，是居住之地。如《说文解字》解释为："家，居也。"后来家的含义扩大为婚姻的结果，如《周礼》郑玄注："有夫有妇，然后有家。"《易·家人》释文说："人所居称家，是家仅有居住之意。"《辞海》则将家庭定义为"由婚姻、血缘或收养而产生的亲属间的共同生活组织"。

关于家的范围和规模，学界的观点并不一致。瞿同祖认为，家应该定义为"同居的营共同生活的亲属团体"；① 从规模上来看，其包含范围较小，一般包括两代或者三代人口，通常由祖父母、已婚儿子及未婚孙儿女组成，在祖父母去世之后，则兄弟分居独过，从而组建另外一个家庭。新组建的家庭，由于只包括父母和子女，因此在子女婚嫁之前很少能够超过五六口的规模。

对于瞿氏的观点，有学者持有不同意见。如费孝通认为，传统社会中儿子在结婚后一般不会和父母分开居住，所以传统中国家庭是一个"扩大的家庭"。② 他以人类学中的"氏族"观念说明中国"家"的特点，认为"我们的家在结构上是一个氏族，……小家庭和大家族在结构原则上是相同的，不相同是在数量、在大小上"。③ 孙本文指出，家庭扩充成为宗族，宗族扩充成为家族；家庭与宗族、家族纠结在一起。④ 张国刚认为，中国历史上的"家"，其具体含义有两个，一个是指"同居共爨的血缘、亲缘或姻缘关系组合的社会单元"，另一个则是指"关系密近的家族共同体"。⑤

日本学者滋贺秀三认为，对于"家"的定义，要区分为广义和狭义两个不同层次。他认为，"家"在广义上是对"家系相同的人"的总称，而

---

① 瞿同祖：《中国法律与中国社会》，中华书局，2003，第 3 页。
② 费孝通：《江村经济——中国农民的生活》，戴可景译，江苏人民出版社，1986，第 21 页。
③ 费孝通：《乡土中国 生育制度》，北京大学出版社，1998，第 39 页。
④ 孙本文：《现代中国社会问题》，商务印书馆，1947，第 71 页。
⑤ 张国刚：《中国家庭史》，广东人民出版社，2007，"卷首语"第 1 页。

在狭义上，则是"共同维持家计的生活共同体"。概而言之，即"意味着共同保持家系或家计的人们的观念性现实性的集团，或者意味着支撑这个集团生活的财产总体的一个用语"。①

"家"亦往往含有"家族"的意思。陶希圣认为，"大地主家族既经崩坏，则一般的家族，当然没有多少人口包容在内。一个家族，大抵只是祖父母父母及其子孙，并且祖父母父母在而子孙别籍或异财，成了有力的倾向"。"东汉至唐，再见族居的繁盛。五代以后，族居现象也瓦解了。"唐代时，"在法律上以同籍者为范围。至于期亲，虽不同籍，也视为同籍"。

从上述概念可以看出，"家"可以有多种意义上的界定。在广义上，家庭、家族、宗族皆可称为"家"。自西周确立宗法制度以来，上至帝王将相，下到平民百姓，"家"成为中国人最为倚靠的社会组织。王或皇帝被认为是天下最大的家长，地方官吏被当地百姓称为"父母官"，百姓则被视为"子民"。整个社会就是按照"家"的模型建构而成的。这种家庭伦理观念深深地融入中国人的血脉之中，每个人的心头亦总是萦绕着深深的乡土情结。可以说，"家"的观念已经融入中华民族的民族性格，流淌在每个炎黄子孙的血液中，成为无论身在何处却总会念兹在兹的精神寄托。

从"家"自身来看，可以将"家"的含义解析为三种不同的层次，可以是现代意义上的"家庭"，也可以是"家族"甚至是"宗族"。一般而言，"家庭"是指以婚姻关系为基础、同居共财的血亲或者拟制血亲的社会组织体；"家族"则通常不会同居共财，而是由许多血缘关系接近的"家庭"构成，在政治、经济和法律关系上联系较为密切；"宗族"则是"家族"的扩大，由诸多具有一定血缘联系却较为疏远的家族组成，其组织力的来源在于同宗同姓，以对共同祖先的追崇和祭拜为理念共识。

所谓家庭，是以婚姻关系为基础、以血缘关系为纽带、以共同生活为形式构建起来的亲属组织。家庭的成立，是大自然和人类社会发展的产物，"有天地然后有万物，有万物然后有男女，有男女然后有夫妇，有夫妇然后有父子"，② 家庭的基本关系，就是夫妇、父子、兄弟关系，"有夫

---

① 〔日〕滋贺秀三：《中国家族法原理》，张建国、李力译，法律出版社，2003，第41～42页。

② 《周易·序卦》。

妇而后有父子，有父子而后有兄弟。一家之亲，此三而已矣"。① 所以，家庭的原始起源，应该是男女关系，这种关系在社会发展到一定历史阶段后逐渐稳定下来，形成夫妻关系。恩格斯认为，从人类的婚姻发展史来看，群婚制、对偶婚和专偶婚是先后出现的三个不同的形式和阶段，而分别与人类发展史的三个阶段即蒙昧时代、野蛮时代和文明时代相对应。② 在群婚制时期，不存在稳定的婚姻和夫妻关系，人的亲属关系是以母系为基线进行计算的。在对偶婚阶段，男女之间开始形成固定的配偶关系，父亲与子女的关系已经明确下来，但世系仍然是按照女方来计算的。随着生产技术、经济水平和文化的不断进步，男子的地位不断上升，妇女的作用和地位则相应下降，母系社会逐渐过渡到父系社会。

在中国古代，家与族是相伴而生的，族是核心家庭的集合，家则受族的制约，在研究基层社会问题时，往往将家、族合称为一，将之视为社会的基层自治单位。中国的家族是以父系为脉络进行计算的，《辞源》将其定义为"同姓的亲属"，③ 母系亲属和妻子方面的亲属则通常被减等计算，被称为外亲，以与父系的本宗相区别。家族是以家庭为基础的，表现为群体和个体的关系，家族是一定范围和数量的个体家庭的集合体。在外在表现形式上，家庭是同居共财共爨的，而家族则是别籍异财各爨的。这正如瞿同祖先生所论述的："一般的情形，家为家，族为族。前者为一经济单位，为一共同生活团体。后者则为家的综合体，为一血缘单位，每一个家自为一经济单位。"④ 所以，依据是否别籍异财各爨，可以很好地判断某一亲属团体究竟是家庭还是家族关系，别籍是政府的认可，异财是经济上的区隔，各爨是生活上的显现，因此这是区分家庭和家族关系的重要标准。

关于中国家族制的发展历史，徐扬杰先生将之分为原始社会末期、殷周时期、魏晋至隋唐时期、宋以后时期四个阶段，认为其相应地呈现为递相蝉联的四种形式，即父家长制家族、宗法式家族、世家大族式家族、近

---

① 《颜氏家训·兄弟第三》。

② 〔德〕恩格斯：《家庭、私有制和国家的起源》，中共中央马克思、恩格斯、列宁、斯大林著作编译局译，人民出版社，1972，第72页。

③ 商务印书馆编辑部、辞源修订组编《辞源（修订本）》（二），商务印书馆，1980，第839页。

④ 瞿同祖：《中国法律与中国社会》，中华书局，2003，第5页。

代封建家族，其中宋代以后的近代封建家族是中国家族史上最为完备的形式。① 这种分期比较符合中国家族史的发展史实。在这四种家族发展形式中，父家长制家族应该可以看作中国家族制度的雏形，在这个阶段，男子在家庭中取得统治地位，其中的最长辈因获得特权而成为父家长，子孙们或已开始分家各爨。宗法式家族是商周时期族权与政权相结合的家族形态，王、诸侯、卿大夫、士等各级贵族，既是某一家族的家长，同时又是相应级别的首领，集家族地位和政治地位于一身，"当这种宗族组织发展到相当规模时，与大宗本家血缘关系较远的小宗家族，在因某种因素得到土地、采邑后，即会从大宗本家中分出而独立生活，其与大宗虽已非聚居，亦无共同经济生活，但仍有共认的血缘关系，并以此为纽带保持着某种政治的、宗教的联系"。② 世家大族式家族，则是世家大族通过政治、经济等手段，将诸多同宗小家庭集聚在一起并置于家族的荫庇之下，小家庭不承担国家的赋税徭役，成为世家大族长的依附者，这种世家大族兼具政治和经济功能，即魏晋隋唐时期占据社会统治地位的门阀士族。宋以后的封建家族主要呈现为两种形式，即个体小家庭聚族而居或者大家庭同居共爨，③ 此时的家族对政治利益的追求已远远不如魏晋隋唐时期的世家大族，而更为强调敬宗收族，并以祠堂、家谱、族田等作为家族的联结纽带，确保家族共生共荣。

宗族是宗与族的合称，《辞源》释"宗族"一词为"父系的亲属。又指同宗的人"。④ 关于宗族和家族的关系，有学者认为二者没有区分的必要，如徐扬杰教授提出："有的学者企图将家族和宗族这两个名词加以区别，提出五服之内为宗族，出了五服叫家族，这样区分实在没有必要，也不可能区分得了。"⑤ 有的学者则对二者进行了联系与区别。"家族是由家

---

① 徐扬杰：《中国家族制度史》，武汉大学出版社，2012，第16页。
② 朱凤瀚：《商周家族形态研究》，天津古籍出版社，1990，第446页。
③ 冯尔康教授认为，近代三百年来的家族组织是沿着两条路径变化的，一条是纯血缘群体的路径，另一条是同姓社团的路径。这两条路径的变化体现了三个方面的特点：一是血缘原则的松动；二是股份制被引入家族组织当中，家庭入股参与；三是过渡性，即家族从宗法性民间组织向现代民主性民间群体转变，但尚未完成。参见冯尔康《18世纪以来中国家族的现代转向》，上海人民出版社，2005，第6~10页。
④ 商务印书馆编辑部、辞源修订组编《辞源（修订本）》（二），商务印书馆，1980，第814页。
⑤ 徐扬杰：《中国家族制度史》，武汉大学出版社，2012，第4页。

而族，关系由亲到疏，范围由小而大。而宗族是由宗而族，范围由大到小。他们分别合成'家族'与'宗族'两个词以后，家族的范围较宗族小，而家族的亲属关系则较宗族更亲。"① 宗族和家族在一定场合和条件下是重叠的，"在累世同居的场合，宗族和家族在某种程度上是复合一致的"。②

宗族是从商周时期的宗法组织发展而来的，在奴隶社会末期，宗法组织逐渐瓦解之后，出现了宗族与家族相伴而生的局面。战国至秦时期的变革，使得宗法制的统治方式让位于郡县官僚制，但宗法性因素仍然存在，并与封建制度相结合，宗法家族的政治重心逐渐下移。在两汉及之后的三国两晋南北朝阶段，具备强大经济实力的地主大族，以宗法关系作为联结纽带，发展为对国家政治和社会具有重要影响的社会组织。在南北朝时期，通过荫户联宗，各地豪强实力得到极大加强，如侯景之乱时，"（沈）众率宗族、义附五千余人，入援京邑"。③ 据学者统计，在秦汉魏晋南北朝时期，"宗族"在正史史料中的出现频率要远远高于"家族"，④ 这比较直观地体现出宗族在这一时期的作用和地位。始于北魏、普及于隋唐的均田制，从经济上削弱了传统豪族大户的力量，历经唐代中后期的藩镇割据和五代之乱，宗法性豪强在迭遭打击之下在社会中逐渐式微消匿。宋代以后，宗族以民间自发的形式组织发展起来。与前代相比，"宋以后宗族既不象夏商周三代政治关系与血缘关系高度统一的宗法政治制度下的一级权力机构，也没有象东汉以后讲究身份门第的门阀世家及割据一方的宗法豪强那样，与封建统治阶级上层势力的紧密联系；它以联宗收族，在政治、经济和思想文化各个方面满足同姓族人的群体要求，进而达到在宗族内部稳定封建关系、维持社会秩序的目的"。⑤ 宗族成为社会管理的基层单位，国家借重宗族行使维护基层治安、调解纠纷、催办钱粮等部分行政权力，实行有限的基层自治。宗族向下的组织关系，则直接面对家族、大家庭和小家庭等社会组织细胞，一方面对其进行管理，另一方面则成为个人、家庭与国家公权力之间的缓冲。

---

① 赵晓耕：《身份与契约：中国传统民事法律形态》，中国人民大学出版社，2012，第115页。
② 史凤仪：《中国古代的家族与身分》，社会科学文献出版社，1999，第44页。
③ 《陈书·沈众传》。
④ 李卿：《秦汉魏晋南北朝时期家族、宗族关系研究》，上海人民出版社，2005，第18页。
⑤ 朱勇：《清代宗族法研究》，湖南教育出版社，1987，第8页。

研究中国的"家"，必须同时关注"户"的概念。"家"与"户"，既有概念内容上的重合，也有功能意义上的区分。二者在社会基础方面基本上是一致的，但在生成方式、运行内容、社会与政治功能等方面，则存在较大的差异。

在我国，家庭常常与"户"这一概念通用。户之本义，是单扇门的意思。《说文解字》说："户，护也，半门曰户。"《辞海》认为，户最常用的含义有二。一是指单扇的门，引申为出入口的通称，如门户、窗户等。《礼记·礼器》曰："未有入室而不由户者。"二是指人家。《易·讼》言："人三百户。"三百户即是指三百家。《辞源·户部》中也定义"一家谓一户"。由此，至明代中期以前，家与户的内容基本是一致的。通常所说的一家一户，即一家为一户，因此户也可以视为家的单位名称。

"户"设有户主，而户主一般是同居之尊长。"凡是同居之内，必有尊长"，"诸户主，皆以家长为之"。① 家长由家内男性最尊者担任，只有家内无男性时，女性才可以成为家长。在家长制度下，子女的正当权利和利益，均须听从家长支配，否则即为不孝，而不孝被列为十恶重罪之一。不仅如此，祖父母、父母在，子孙别籍异财者，徒三年；卑幼擅自动用家内财物，笞十至杖一百；子孙违反教令和供养有阙者，徒三年。如家庭成员共同犯罪，一般不依共同犯罪区别首从的原则处理，而由家长独自承担刑事责任。

"户"须有一定财产，"户是国家征收赋税的单位，财产所有权的主体，也是指家庭"。② 从"家"之外的视角来看，"户"与家庭在含义上是基本等同的。从这个意义上讲，"户"与"家"的本义相通。"家"当为会意字，"家"字所从"屋"、从"豕"，"豕"本指牲畜之猪，取其象征之义，则是房屋之内有财产。③ "家"与"户"是人类定居的农业社会的财产单位，有地、有房、有圈养牲畜，才是"家"，才能成为"户"。

中国的国土范围较大，尤其是在统一的帝国时期。如何通过层层的管理机构，使国家政令下达到基层和控制基层的社会秩序以维持帝王的统治、社会的稳定，是国家不能不关心的问题，也是国家编户的一个重要原

---

① 《唐律疏议·户婚律》。
② 王圣诵：《中国乡村自治问题研究》，人民出版社，2009，第76页。
③ 梁颖：《"家"字谜及其相关问题》，《广西师范大学学报》1996年第4期。

因。这种编制固然是以户为单位，但这只能说依托了社会存在的自然组织——更何况家、户原不相等，并不能保证以户编成的上一级组织一定是家族，谈不上是为了维护家族组织而去编户。所以，国家编户是希望通过户主承政令，履行报户口、监督家口、维持家内秩序等义务，至少在一定程度上维护基层的秩序。编户的具体形式，就是户籍制度。

户籍制度的基本含义，就是将身份资料按照需要的形式由行政管理机构进行登记。历代统治者始终将人口作为最为重要的人口资源之一，"诸侯之宝三：土地、人民、政事"，① 户籍制度是历代统治者"为掌握户口数量而设置的一种簿籍登记制度"。② 户籍制度的实施，对于国家财政税收的正常运行、社会控制和管理具有极为重要的意义。因此，对于以农业社会为主要社会形态的中国来说，户籍制度历来被予以特别重视，在中国历史上存续时间极为长久，以至于到现代社会仍然难以发生根本性改变。

家与户，是中国传统社会既紧密贴合又呈现出一定分离状态的两个基层概念。"家"在较大程度上是一个社会学概念，其界限并不清晰，"在中国乡土社会中，家并没有严格的团体界限，这社群中的分子可以依需要，沿亲属差序向外扩大"。③ 而"户"则更像是一个管理学概念，带有强烈的国家治理和行政管理色彩。如前所述，中国古代的"家"，可以理解为核心家庭，也可以表现为家族或者宗族。这里的"家庭"通常是指以婚姻关系为基础、同居共财的血亲或者拟制血亲的社会组织体。"家族"则通常不会同居共财，而是由许多血缘关系接近的"家庭"构成，在政治、经济和法律关系上联系较为密切。宗族则是家族的扩大，由诸多具有一定血缘联系却较为疏远的家族组成，其组织力的来源在于同宗同姓，以对共同祖先的追崇和祭拜为理念共识。在三者的关系中，区分家庭和家族相对更为重要，如果更为明确地说，家庭应该就是核心家庭的概念，其判断标准就是"同居共爨"；而关于家族的判断标准，应该以五服制度作为判定标志，即同宗之五服九族才应该属于家族的范围。

古代的"户"与"家"有很大的重合，《辞源·户部》将"户"解释为"一家谓一户"。不过，这两个概念并不是在所有情况下都是通用的。

① 《孟子·尽心下》。
② 《中国大百科全书·中国历史》第1卷，中国大百科全书出版社，1992，第386页。
③ 费孝通：《乡土中国　生育制度》，北京大学出版社，1998，第39页。

当代学者王圣诵将"户"定义为"以亲属关系为纽带的聚居性的社会基本单位"①。他认为,户具有国家依法行政管理的基本单位、维系户内成员生存的基本经济单位、维系户内人口再生产的单位、历史文化承继单位这四个方面的特征。这种解读,是将户置于我国封建社会的大环境中予以概括总结的。家和户的本意是相通的,都是人类定居农业的社会财产单位。同时,家是人类自身生产单位,户是国家行政管理单位,对家与户的观察角度是不同的。

中国社会的农业传统决定了家庭在社会控制中的基础性角色和地位。为了进行管理,政府按照一定的原则设置了户这个单位,一方面据此进行人口控制、课征赋税、差兵徭役、计口授田等行政管理,另一方面则是实现对社会基层的控制。陈顾远先生认为,将户作为编组单位反映出政事法上的家族观念。商鞅规定的"五家为伍,十家为什"使邻里之间相互监督,一家有罪而同伍同什不揭发的就要连坐。汉代,百家为里,里有里魁;民有什伍,善恶相告;十里为亭,亭有亭长,主捕盗贼;十亭为乡,有乡老、啬夫及乡佐、有秩等员,分掌教化、听讼和赋税等事务。此后,晋将户编为里、伍、什,北魏编为里,唐编为邻、保、里、乡,宋编为保,明编为里、甲,清编为保、甲。尽管各代的具体划分和效果有异,但是国家期望通过这种层层相连的编组制度使控制力渗透到社会基层的目的却并无不同。正如陈顾远先生所言:"不必一一问其编组的目的,是否积极地为了推崇乡治,使民自化,还是消极地教民各安生理,勿作非为,甚或专为重视赋役保甲而然。但其编组的方法都是以家户为其单位,却不容我们否认的。"②

"家"与"户"在概念上既有相同之处,又有许多差异。虽然在物质形态上与"家"有诸多重合之处,但"家"更多的是社会学意义上的社会基本单位,而"户"则应该归为一个行政学概念。所以,"家"的范围具有一定的弹性和不确定性,可以呈现为家庭、家族等不同的形态,而"户"只有经过官府的确认才具有相对明确的范围。根据周子良教授的研究,从历史发展过程来看,"家"与"户"在明代中期前后发生了一个形式上的变化:"明代中期以前,户是中国古代社会国家为了掌握人口、财

① 王圣诵:《中国乡村自治问题研究》,人民出版社,2009,第70页。
② 陈顾远:《中国文化与中国法系——陈顾远法律史论集》,范忠信、尤陈俊、翟文喆编校,中国政法大学出版社,2006,第188页。

产与征派赋役，以家庭为基础而建构的，具有法律性质的最基本的单位；明代中期之后，家与户逐渐分离，户主要成为田地与赋税的登记单位，但另一方面，土地财产的实际所有者，应当还是以户的名义从事土地的买卖、出租等民事活动。"① 也就是说，"户"是以"家"为基础的社会管理单位，只不过其行政特征更为突出。由此可以看出，中国传统社会的治理结构建立在"家"之上，却更多地体现在"户"之中。这种影响甚至一直延续到当代社会。② 这是中国传统社会的治理基础，也是理解传统法律中"家"与"户"的关系与地位的社会学视角。

二 近百年来家户法律关系研究成果综述

家户法律传统论题，其基础在于传统家制，同时需要关注家、户之间的法律表征和互动关系。中国近百年来的学术发展史，也是百余年中学与西学碰撞交融的历史，其间受到政治、经济、社会、外来多元思潮诸多因素的共同影响，呈现出较为复杂的样态。因此，梳理近百年来家户法律传统研究成果与发展趋势，对于传统与现代之间的理念对话和制度连接尤为必要。受学识视野所限，挂一漏万恐在所难免，偏误错漏之处，尚请学界同人批评指正。

观诸百年来学术界研究成果，约略可以分为清末到五四运动时期、20世纪20年代到40年代末、20世纪50年代初到70年代末、20世纪80年代初至今四个阶段。与政治形势和社会思潮紧密相连，四个阶段的家庭法律关系也呈现出具有时代特色的鲜明特点。

第一个阶段是清末到五四运动时期。这一阶段的主要特点是家庭革命论对传统"家"的破解。20世纪初，中国面临两千年未有之大变局，各种思潮、学说在华夏大地上涌动交集，法律界的变法修律活动亦开展得如火如荼。在这一时期，虽然传统生活方式仍然是实际生活的主要样态，但时

---

① 周子良：《中国传统社会中"户"的法律意义》，《太原理工大学学报》（社会科学版）2010年第1期。

② 即使在现代中国，家仍是社会治理中的重要一环，现行的户籍制度就是其典型表现之一，户籍制度的改革一直难以进行，从另外一个角度说明了千百年来的治理模式在今天仍发挥着重要的作用。在这方面，王圣诵有较为详细的论述，参见王圣诵《中国乡村自治问题研究》，人民出版社，2009，第80~96页。

事政治上的变动、西方思想的引入，使对传统观念和制度的反思成为学界主要着力的方向，这与世界历史的发展脉络具有相似性，如同启蒙运动之于欧洲近代家庭观念的变化："启蒙运动大力加速了个人和公共之间的相互分离，首次赋予家庭生活完全个人的特点，新的家庭模式由此成为形成市民社会的重要前提。"① 而在清末民初的中国，这种变化甚至比近代的欧洲还要强烈，在对传统家庭的地位和传统家庭成员的关系上，总体呈现出批判的态度。

这种批判由清末变法的代表人物康有为首发其端，在其所著《大同书》中对家庭的论述用力最多，提出封建制家庭之下"半生压制，而终不得自由"。该书十章之中，"去家界为天民"一章内容所占篇幅最大。他将"有家之害"归列出十四条，认为"家者，据乱世人道相扶必需之具，而太平世最阻碍相隔之大害也"，而"欲至太平独立性善之美，惟有去国而已，去家而已"。② 梁启超曾多次论及此书，在其出版于 1920 年的《清代学术概论》中评价了康有为此书："其最要关键，在毁灭家族。"③ 同为戊戌变法的主要代表人物，梁启超对康有为此书的评价可以说是一语中的。谭嗣同在 1897 年写就的《仁学》中提出，"名"是乱之源："仁之乱也，则于其名。……君以名桎臣，官以名轭民，父以名压子，夫以名困妻。"④ 批判君主专制要从对家长权的批判开始，康有为、谭嗣同都提出"打破家庭"的主张，这可以视作"家庭革命论"的滥觞。

继康有为《大同书》、谭嗣同《仁学》而起，直至五四运动前后，"家庭革命论"一度成为当时报纸杂志中的热门词语，家庭在新文化运动的洪流中几乎被倾覆在地。其中，邹容在 1903 年写成的《革命军》一书中，宣称"有生之初，无人不自由，即无人不平等，初无所谓君也，无所谓臣也"，他认为传统家庭生活简直如同训练奴隶一般，"父以教子，兄以

---

① 〔德〕里夏德·范迪尔门：《欧洲近代生活：家与人》，王亚平译，东方出版社，2003，第252 页。
② 康有为：《大同书》，辽宁人民出版社，1994，第 224～225 页。需要说明的是，康有为在完成《大同书》后并未刊发，而是直至其去世八年之后即 1935 年始才由其弟子整理出版。
③ 梁启超：《清代学术概论》，东方出版社，1996，第 74 页。
④ 谭嗣同：《仁学》，辽宁人民出版社，1994，第 17 页。该著作于 1897 年写就，但并未发表，而是由梁启超、宋恕、章太炎、唐才常等志士友人珍藏；在戊戌变法失败谭嗣同就义后，始由唐才常、梁启超等人于 1899 年陆续发表。

勉弟，妻以谏夫，日日演其惯为奴隶之手段"。① 署名为"汉一"的作者发表《毁家论》，认为家族制度是"万恶之首"，要推翻清朝的专制统治，就必须从家族革命开始。② 署名为"真"的作者发表《三纲革命》③ 和《祖宗革命》④，主张将"修祠也、立碑也、祭祀也、厚葬也"等全部废除。

民国建立之初的十年间，政治、社会与思想文化形势变动频繁，尤其是到五四运动前后，各种社会思潮风起云涌，脱离家族、独立自主成为一时之潮流。其中的一个表现是关于废除姓氏、不要遗产问题的讨论。师复在《民国日报》上撰文提出，到共产时代无国界疆域之分，所以"一部贵族式的百家姓，绝对没有存在的必要"，因此要废除族姓，认为这是"主张社会主义的一种最彻底的方式"。⑤ 意子提出姓氏奴性说，认为"姓是奴性的、是专制的、又是偏性的男子世袭的"。阿㑩提出"袭姓某，变成了某家的一个人，而不是他自己的一个人"，⑥ 要实现人格独立，就不能要姓氏。而当时更为常见的则是对家族、宗族制度的改造，如刘絜如在《大家庭与小家庭生活之检讨》中说："一般受过新思潮洗礼的青年们，诅咒旧式大家庭中的生活多是地狱，多数主张组织小家庭。"⑦ 陈独秀对家族主义展开系统性的批判，而且较具理论性。他认为，宗法制度有四大严重后果："一曰损坏个人独立自尊之人格；一曰窒碍个人意思之自由；一曰剥夺个人法律上之平等权利（如尊长幼卑同罪异罚之类）；一曰养成依赖性，戕贼个人之生产力。"所以，他提倡"以个人本位主义，易家族本位主义"。⑧ 可以看出，陈独秀对家族主义持非常坚定的反对态度，而他所倡导的则是个性解放与自由的个人本位主义。

---

① 邹容：《革命军》，载张枬、王忍之编《中国近代史资料丛刊·辛亥革命》第一卷上册，生活·读书·新知三联书店，1963，第 649 页。

② 汉一：《毁家论》，载张枬、王忍之编《辛亥革命前十年间时论选集》第二卷下册，生活·读书·新知三联书店，1963，第 916～917 页。

③ 真：《三纲革命》，载张枬、王忍之编《辛亥革命前十年间时论选集》第二卷下册，生活·读书·新知三联书店，1963，第 1016 页。

④ 真：《祖宗革命》，载张枬、王忍之编《辛亥革命前十年间时论选集》第二卷下册，生活·读书·新知三联书店，1963，第 980、983 页。

⑤ 师复：《"单名制"与"废族姓"问题》，《民国日报》1920 年 3 月 30 日。

⑥ 参见《废姓讨论》，《民国日报》1920 年 4 月 4 日。

⑦ 刘絜如：《大家庭与小家庭生活之检讨》，《大公报》1935 年 9 月 10 日。

⑧ 陈独秀：《东西民族根本思想之差异》，载《陈独秀文章选编》，生活·读书·新知三联书店，1984，第 98 页。

在清末与辛亥革命时期，对传统家族制度、宗法思想和伦理道德的批判是空前的。虽然批判者中有立宪主义者，有无政府主义者，有革命主义者，社会身份和政治主张不尽相同，但是他们在批判家族制度上的态度是相近或相同的。从批判的动机来看，他们希望在短时间内实现国家民族的独立和自强，意欲建立现代国家制度，大多认为家族制度是当时中国落后的重要原因；在批判的内容上，他们亟欲革除传统家族制度，建立西方式的家庭制度，更为激进一些的，甚至连一夫一妻制的个体家庭也要一并革除掉。这种"家庭革命论"思想潮流的诞生背景和动机，主要是社会外部环境的急剧变化和社会内部环境的保守封闭对比之下的强烈变革要求。而这种思潮所追求的目的，就是要打破家庭的藩篱，将个人从父权、夫权的约束下解放出来，获得具有独立人格的权利、自由和幸福。作为清末民初发生在思想界的重要思潮，"家庭革命论"对后来的政治形势发展、社会文化变革以及法律制度构建都产生了重要的影响。

第二个阶段是 20 世纪 20 年代到 40 年代末。其时国内政治形势逐渐稳定，同时围绕 1911 年《大清民律草案》、1915 年《民律亲属编草案》、1926 年《民律草案亲属编》和《民律草案继承编》、1928 年《民律草案亲属编》和《民律草案继承编》等数个有关亲属继承草案的修订，① 关于"家"的法律定位引起当时学界的深入思考，相关著述大量涌现，形成 20 世纪初关于家庭法律关系学术研究的高峰。在这一阶段，关于家庭和亲属制度的研究著述较多。②

---

① 参见杨立新主编《中国百年民法典汇编》，中国法制出版社，2011。

② 如屠景山的《亲属法原论》（世界书局，1932）、宗惟恭的《民法亲属释义》（上海法学编译社，1932）、陶汇曾的《民法亲属论》（法学编译社，1933）、徐朝阳的《中国亲属法溯源》（商务印书馆，1933）、郁嶷的《亲属法要论》（朝阳大学出版部，1934）、李谟的《民法亲属新论》（大东书局，1934），郁嶷的《亲属法要论》（朝阳大学出版部，1934）、胡长清的《中国民法亲属论》（商务印书馆，1935）、曹杰的《中国民法亲属编论》（法学编译社，1935）、胡长清的《中国民法亲属论》（商务印书馆，1936）、黄右昌的《民法亲属释义》（上海法学编译社，1936）、赵凤喈的《民法亲属编》（正中书局，1945）、陈顾远的《民法亲属实用》（大东书局，1946）、瞿同祖的《中国法律与中国社会》（商务印书馆，1947）、吴岐的《中国亲属法原理》（中国文化服务社，1947）、陈宗蕃的《亲属法通论》（世界书局，1947）。在关于户的研究中，这一时期的论著大多是围绕户籍、赋税、保甲制度而展开，如闻均天的《中国保甲制度》（商务印书馆，1935）、黄强的《中国保甲实验新编》（正中书局，1935）、郑宗楷的《户籍法概论》（上海法学书局，1935）、江士杰的《里甲制度考略》（商务印书馆，1944）等。

这些著述，多是围绕《中华民国民法》尤其是其中"亲属编·家制"内容的编纂、解释展开。

尚在民国北洋政府筹备编纂民法典的时期，关于家制的讨论即已展开。较早的论述见于许藻镕1923年发表的《亲属法上之家制问题》，其中首先提出了家族制度和家制的区别："盖普通一般人所称之家族制度，其实仅指大家制而言。余于兹所谓家制者，不论何种家制，均包含在内，即社会上认有家之制度也。兹所谓家者，非指有形之家，是指人类共同生活之小团体而言。"① 就亲属法中的家制而言，"大家制，无论在事实上、政策上，均无存在之理，则此后所应采用者，决为小家制焉。至于小家制如何组织，更为立法上所应研究之问题"。② 他的主张，是以瑞士新民法中的家制为参照，可于必要时规定家长权，但设置家长权的目的在于维护家族和社会利益，由家长担负扶养、监护等责任。规定家制的目的，是最终由家族本位过渡到个人本位。

1930年，南京国民政府颁布《中华民国民法》，仿照德国"潘得克吞体系"，在形式上分为总则、物权、债、亲属、继承五编，被称为"南京国民政府时期最为成功的立法"。③ 在移植西方法律理念和立法体例的同时，亲属编和继承编在一定程度上保留、继承了中国传统的家族制度，其中典型体现为亲属编中"家制"一章的保留。胡长清的《中国民法亲属论》，于1936年由上海商务印书馆出版，分为通则、婚姻、父母子女、监护、扶养、家、亲属会议七章，其中关于"家"的论述，最为精华的部分则在其附录的《家制论》一篇中。在此文中，胡长清对"家"的古今功能定位有着明显的区别："古代之所谓于家，实为对于国家之重要组织。内之则主持祭乱，管理家产，教育子弟。外之则收受田亩，供给赋役。"④ 到了当代，情况则有了很大的变化："昔日之家制，已消灭于无形，居今日而立法，乃不惜另设专章规定此'其骨已朽'之家庭制度，衡诸时代潮流，似不应尔者也。"⑤ 从该文的观点来看，作者并不认同在民国民法典中

① 许藻镕：《亲属法上之家制问题》，（上海）《法学季刊》第1卷第5期，1923年。
② 许藻镕：《亲属法上之家制问题》，（上海）《法学季刊》第1卷第5期，1923年。
③ 张生：《民国民法典的制定：复合立法机构的组织与运作》，《比较法研究》2015年第3期。
④ 胡长清：《中国民法亲属论》，上海商务印书馆，1936，第401页。
⑤ 胡长清：《中国民法亲属论》，上海商务印书馆，1936，第402页。

"家制"一章的设置，认为其与时代潮流不符。

　　与胡长清相比，王黻炜对中国传统的家制则持完全否定的态度，显得更为激进。他在《法学周刊》1930 年第 7 期和第 8 期连载刊出《论中国家制的崩解》上下篇，首先指出古代法律中家户之关联性，即"自汉九章律首设户律一门，而历代律例，悉行沿用，现行律户役脱漏户口，及人户以籍为定各律，亦仍唐律之旧，虽其规定的表面，为关于赋役之直接公法规定，然其实质显为私法上家族制度之基础，固无疑义"，① 并因此认为："家好比就是一位主人，人好比就是家的一个奴隶，一切的权力，只在于家，而不在于人，束缚过甚，求放尤烈，家族分解的倾向，更加显著，个性发达的思想，益见膨胀，革命怒潮，通逼全国，个人人格，非常重视，所以二十世纪早已不是家的时代，是人的时代；不是奴隶的时代，是人格独立的时代。家族主义呀！多谢你临去的秋波！"② 所以，人格独立的前提是家的分解，故而家的崩解是必然的。显而易见，王黻炜关于家制的观点与新文化运动中的家庭革命论是前后相承的，倡导通过革命的方式实现个人人格的独立。

　　在梁启超《先秦政治思想史》、《中国文化史》，程树德《九朝律考》，杨鸿烈《中国法律思想史》等经典著述中，对家制的结构和影响也有涉及和相关的论述。同时，有学者对传统家庭法律关系寄予期望，如陈顾远先生在 1936 年出版的《中国婚姻史》一书，计有婚姻范围、婚姻人数、婚姻方法、婚姻成立、婚姻效力、婚姻消灭六章。从内容上看，该书虽然主要介绍的是婚姻中夫妻关系的法律规制，但其中试图连接传统家庭关系与近代新型婚姻法律关系的努力却是显而易见的，正如著者自述："在中国往昔，视婚姻为结两姓之好，而家的组织又较个人为重，此种种问题实为婚姻效力于家族方面之关系，殊难尽依今义，求古之合也。"③ 陈顾远先生对"家"在传统法律中地位的重视，在其于 1969 年首次出版的《中国文化与中国法系》更是展露无遗，他认为"亲亲仁民的家族观念"是中国文化的四大精神之一，"中国过去法制无处不与家族制度有关。苟将家族制

① 王黻炜：《论中国家制的崩解（未完）》，《法学周刊》第 7 卷第 70 期，1930 年。
② 王黻炜：《论中国家制的崩解（续）》，《法学周刊》第 8 卷第 71 期，1930 年。
③ 陈顾远：《中国婚姻史》，上海书店，1984，"序"第 2～3 页。该书于 1936 年由商务印书馆首次出版，并于 1984 年由上海书店复印出版。

度废去，中国过去法制也必大为改观"。①

在这一阶段，家制的组织模式成为学者关注的重要问题，并一度引发了一场小规模论争。这场论争缘起于楼桐孙发表在《东方杂志》1931年第2期的文章《中国家制的过去与未来》。在该文中，楼氏提出了一种全新的模式，他将之称为"集居独立"。在历数中国家制的发展历史之后，他认为："中国家庭最受近人抨击的地方，莫过于范围太大这一点。"除此之外，还有择偶问题、择业问题、家庭生活的单调和环境的烦恼问题。基于以上的考虑，楼氏提出"集居独立"作为因应解决之道："'集居'所以谋政治上、经济上各方面的便利；'独立'所以求个性上、权利上个人的平衡。前二字是偏重于社会的、团体的；后二字是偏重于个人的、团员的。"② 该文发表后，引起了很大的反响，计有陶希圣《所谓集居独立者》、周建人《关于集居独立的可能性》、塚寒《中国家制的过去与未来质疑》、程方《中国家制问题平议》、笑槃《中国家制》等文章发表在《东方杂志》、《生活周刊》等刊物上。陶希圣认为，集居独立制度所能应用范围极小，只能局限在"现役官僚之上层知识分子"当中，而对于广大的农民阶层是十分不利的，将出现"地主商人官僚用以桎梏农民使之俯首纳租、低眉缴税"的局面。③ 周建人则更进一步，对集居独立的家庭制度持完全的否定态度，认为其完全没有成立的可能性。从其中的争论内容可以看出，随着《中华民国民法·亲属编》的编纂，这一时期对于家制的去留和法律定位问题，当时的学者进行了深入的思考，虽然其中有些许理想成分，但其观点确也具有可供讨论和参考的内容。

第三个阶段是从20世纪50年代初到70年代末。这一阶段的主要特征是革命话语体系渗入婚姻家庭关系中，对婚姻家庭关系进行理论和制度上的塑造，这种特征最终呈现于这一时期的研究成果中。这一时期的代表性著作有魏克明的《论家庭》（上海人民出版社，1959）、马起的《中国革命和婚姻家庭》（辽宁人民出版社，1959）。家长制和传统家庭制度成为被批

---

① 陈顾远：《中国文化与中国法系》，三民书局股份有限公司，1977，第132页。该书于1969年首次出版，1970年、1977年分别再版、三版。目前所能见到的最新版本为2006年中国政法大学出版社所出版本，由范忠信、尤陈俊、翟文喆编校。

② 楼桐孙：《中国家制的过去与未来》，《东方杂志》第2期，1931年。

③ 陶希圣：《所谓集居独立者》，《东方杂志》第17期，1931年。

判和被革命的对象："在家长制的家庭中，不知有多少人是愁眉苦脸地度过了漫长的岁月。封建统治者制定了一大堆的'家规'和数不清的'礼'，来束缚人们的思想和手足。"① 马起在所著《中国革命和婚姻家庭》中提出："我们党中央于 1949 年就明确地宣布了废除伪'六法'，半封建半殖民地的婚姻与家庭制度已经失掉了存在的基础和依据。我们新婚姻法更明确地指出了废除强制包办、男尊女卑、一夫多妻的封建婚姻制度，建立和推广婚姻自由、一夫一妻、男女平等、保护妇女和子女利益的婚姻制度……因此，我们国家的婚姻法的本质，就是规定着社会主义的婚姻与家庭制度。"② 代表性论文有童书业《从历史上看婚姻法的伟大意义》（1953）、贺昌群《关于宗族、部族的商榷》（1956）、童书业《论宗法制与封建制的关系》（1957）、杨大文《破除家长制——建立民主团结的家庭》（1959）、芮沐《新中国十年来婚姻家庭关系的发展》（1959）、成东柳《我国婚姻家庭制度的革命》（1960）、荆司《关于婚姻家庭纠纷中所反映的阶级斗争问题》（1965）、巫昌祯《巩固和发展我国社会主义婚姻家庭制度》（1979）等。从内容和观点上看，这段时间的论著，更多的是服务于解释新婚姻法的目的："作为旧社会上层建筑残留部分的封建婚姻家庭制度，在不少地方依然未被触动。必须彻底改革婚姻家庭制度，才能最终地把劳动群众、特别是劳动妇女群众从这种封建束缚下解放出来，从而有利于社会生产力的发展。婚姻法，正是适应着当时社会发展客观要求的产物。"③ 就是在于改造旧有的婚姻家庭关系，建立以婚姻法为表现形式的新型婚姻家庭制度。这一阶段，有关户籍法的研究成果相较于家庭法律关系的成果要少，着重在户籍和赋税制度方面，如史书苑《从明代的"一条鞭法"到清代的"地丁"制度》（《史学月刊》1954 年第 9 期）、韩连琪《汉代的户籍和上计制度》（《文史哲》1978 年第 3 期）等，内容着重于叙述与考证。

总体而言，这一阶段的研究论著，从数量上看，相对于之前和之后的阶段来说较少；从内容上看，多为响应革命史观的需要，论述多而争鸣少，主要是对传统族权和父权的批判和对新型婚姻家庭关系构建的探讨，倡导建立婚姻自由、男女平等的婚姻家庭关系，这也是时代背景在学术理

---

① 魏克明：《论家庭》，上海人民出版社，1959，第 4 页。
② 马起：《中国革命和婚姻家庭》，辽宁人民出版社，1959，第 90 页。
③ 成东柳：《我国婚姻家庭制度的革命》，《法学研究》1960 年第 3 期。

论上的反映。

第四个阶段是 20 世纪 80 年代初至今，这一阶段关于家庭法律关系的研究进入高速发展的时期，这种态势时至今日仍在持续。这一阶段的家庭法律关系研究，特别关注制度设计与社会实践问题，主要表现为法学、历史学、社会学等学科的相互交融。究其根由，在于中国经济和社会的改革转型导致新的社会问题不断涌现，相关法律的修订实施引起了社会和学界的广泛关注，因此学术论著大量出现，对婚姻家庭法的改造、设计观点层出不穷。在这种理论与现实的需求之下，对家户法律传统的研究，在广度和深度上都有了主动的拓展和深入。

改革开放之初，关于家户法律关系的研究选题更多地侧重于宏大叙事。如重视对家庭和家族制度变迁史的考察，重在描述探究婚姻、家庭的历史样态以及其中的内在互动关系；① 有的特别关注传统家庭制度中的家长权问题；② 有的则是断代史角度的研究成果；③ 有的侧重于对当代婚姻家庭法律关系的研究，注重婚姻家庭制度的当代构建。④ 这些成果的出现，填补了当时的诸多学术空白，为后来对相关问题的深入研究打下了良好基础。

进入 21 世纪的中国，历经前期二十余年的经济改革，社会发展已然取得较大成就。在法制层面，在国家权力的主导下进行了大量立法建设，婚姻家庭方面的法律规制也日趋规范，相应的，学术研究成果较之前期呈快速增加态势。观诸近二十年来关于家户法律关系的研究成果，可以发现其中隐含的一条主线，即愈来愈重视法律理念和法律规范在现实社会中的落

---

① 如邓伟志、张岱玉：《中国家庭的演变》，上海人民出版社，1987；史凤仪：《中国古代婚姻与家庭》，湖北人民出版社，1987；邵伏先：《中国的婚姻与家庭》，人民出版社，1989；岳庆平：《中国人的家国观》，中华书局，1989；岳庆平：《家国结构与中国人》，中华书局，1989；陈鹏：《中国婚姻史稿》，中华书局，1990；徐扬杰：《中国家族制度史》，人民出版社，1992；张国刚：《中国家庭史》（全五卷），人民出版社，2007。

② 如王玉波：《历史上的家长制》，人民出版社，1984；王玉波：《中国家长制家庭制度史》，天津社会科学院出版社，1989；宇培峰：《"家长权"研究——中、西法文化视野中的"家长权"》，中国政法大学出版社，2013。

③ 如朱勇：《清代宗族法研究》，湖南教育出版社，1987；宋家钰：《唐朝户籍法与均田制研究》，中州古籍出版社，1988；郑振满：《明清福建家族组织与社会变迁》，湖南教育出版社，1992。

④ 如巫昌祯、王德意、杨大文：《当代中国婚姻家庭问题》，人民出版社，1990；陈宗瑜：《婚姻家庭制度论》，湖南人民出版社，1993。

实，与之同步进行的，则是愈来愈重视立法与实践之间的衔接，愈来愈重视家户法律传统对当代婚姻家庭立法的影响。

这一研究趋向的最典型反映，当属 2011 年前后由《最高人民法院关于适用〈中华人民共和国婚姻法〉若干问题的解释（三）》所引发的学界大讨论。2011 年 8 月 12 日由最高人民法院发布《最高人民法院关于适用〈中华人民共和国婚姻法〉若干问题的解释（三）》，其中对离婚财产分割的具体司法解释，在社会上引发轩然大波，批评的声音此起彼伏，大多认为其对家庭的稳定具有消极的甚至是摧毁性的作用。正如强世功所说："最高人民法院关于《婚姻法》的司法解释都以摧毁家庭共同财产作为其立法的目标，而家产制的式微，则意味着家庭稳定的最后防线也开始动摇了。"① 学界对这一司法解释的主要批评，在于其过于强调离婚财产分割中的财产归属，而忽视了婚姻家庭关系中最重要的伦理属性。杨大文教授提出："作为人们生活的共同体，婚姻家庭是具有特定身份的成员的具有强烈的伦理性的结合。……婚姻家庭领域的财产关系，应当符合婚姻双方和其他家庭成员共同生活的要求，实现婚姻家庭经济功能的要求，应当是互利的和利他的，而不能仅仅是利己的。"②

在编纂当代民法典的过程中，学界普遍关注到传统与现代的衔接关系，如有学者在对民国民法典进行研究后发现，"民国民法典对中国国情的考虑和传统的任何保留，也是在迎合与不违背世界潮流前提下的有选择的保留"。③ 与我国一样同为大陆法系的国家，无论是德国、法国还是日本，它们的民法典都体现了国家的传统和民族的特色，④ 德国民法典被奉为经典的根本原因在于其充分体现了民族的特征与传统。⑤ 无论在任何时代、任何国家，法律都是社会的上层建筑，都是特定的物质文明与精神文

---

① 强世功：《司法能动下的中国家庭——从最高法院关于〈婚姻法〉的司法解释谈起》，《文化纵横》2011 年第 1 期。
② 杨大文：《略论婚姻法及其适用的价值取向——兼析婚姻法司法解释（三）草案第六条》，《中华女子学院学报》2011 年第 2 期。
③ 金眉：《论近代以来中国亲属法的思想基础——从〈大清民律草案·亲属编〉到〈中华人民共和国婚姻法〉》，载《社会转型与法律变革国际学术研讨会文集》，中国政法大学法律史学研究院，2008，第 465 页。
④ 吴治繁：《论民法典的民族性》，《法制与社会发展》2013 年第 5 期。
⑤ 赵万一：《中国民法典制定的应然与实然》，《中国政法大学学报》2013 年第 1 期。

明的产物。法律制度必须建立在社会实际情况之上，立法者不能一味移植借鉴先进法律理念，更不能脱离实际"闭门造法"。尤其是中国有着悠久的家庭伦理文化，在"民法典婚姻家庭编"的制定中应当充分关注这一历史传统。

当代民法学者杨立新基于婚姻家庭法的特殊性，对梅因的"从身份到契约"观点提出修正，认为"从身份到契约"的法律发展路径在现代社会条件下应该进行反思与更新。他提出，在当今身份权的性质已经发生根本性的、革命性的改变之后，还应当有一个"从契约到身份的回归"。① 经过近代法律革命，传统意义上的家长权已经演变为亲权，夫权演变为配偶权，因此，现代亲属权告别的是家长权和夫权，实现了近亲属之间的平等。赵万一教授认为："中国传统家庭伦理中的绝大部分是以儒家思想的形式得到表述的，也可以说，儒家是中国传统家庭伦理的主要内容和主要规则。"在中国传统社会向现代社会的转型过程中，"这种脉脉亲缘温情并不当然构成阻碍新伦理的障碍，而且在一定意义上说，甚至有可能成为未来社会中全面发展的自由人格的组成部分和有力支撑"。② 传统是最具核心意义的社会和文化经验的储藏物，具有积淀性、保守性、地域性和久远性等特点。③ 详究婚姻家庭法的价值追求和制度设计，最需关注的是我们传统文化中的思想理念和制度资源，以求达到社会观念与制度规范之间的有效衔接。

这一时期，在有关户制的研究方面，代表性著作有杜正胜的《编户齐民》（1990），张庆五、杨子慧编的《中国历代人口与户籍》（1991），王新华的《中国户籍法律制度研究》（2001），邢铁的《户等制度史纲》（2002），陆益龙的《户籍制度——控制与社会差别》（2003），王威海的《中国户籍制度——历史与政治的分析》（2006）等。杜正胜初次出版《编户齐民》一书，目的在于从基层的平民社会视角分析先秦转变时期的政治基础，归纳中国社会从古典封建转入郡县体制的要义，显示传统政治社会结构的特质。编户齐民是两千多年传统社会发展的基础，而其影响和性格一直到近现代还依稀可见。这使作者将对"户"的解读置于更为宏观的政

---

① 杨立新：《从契约到身份的回归》，法律出版社，2007，第88~110页。
② 赵万一：《民法的伦理分析》，法律出版社，2012，第356~357页。
③ 赵万一：《民法的伦理分析》，法律出版社，2012，第20~21页。

治与社会互动视角下，从而更加彰显家户关系的政治学和行政管理意义。作者认为，户籍制出现的意义，一是便于征兵和征派徭役，二是"标识另一政治社会的大变革，即统治者掌握人民的方式从血缘族群转为地著，……中国社会在郡县制度建立以后，基层的人群结合虽仍存在着浓厚的血缘性，但论全国人力之调配和役使还是透过郡县乡里的行政系统来发挥运作的。以官属民，以族系民的时代都过去了"。① 这一观点，虽然没有直接对家户关系进行明确表述，但隐含着"家"与"户"乃分别属于社会和政治两个不同层面的基本形态，对家户关系的论证具有启发意义。

总体而言，随着从 20 世纪 80 年代开始的改革开放的推进，以及大规模的修法活动，学术研究呈现出沉寂已久的繁荣图景，从关于本论题在这一时期的研究内容来看，学科涉及法学、历史学、社会学、政治学、人类学等诸多领域，跨学科的研究大量出现。从研究内容来看，基本上以家为中心，论题涉及家长、户主、亲属关系、家产制度、继承制度、家户关系、家国关系、家庭理念等诸多方面。尤为可喜的是，这一时期在注重制度建设研究的同时，开始注重思想和制度之间的衔接，并开始寻找传统的本土资源服务于当代的法学研究和法制建设，这是近百年来所罕见的。

三 家户法律关系研究成果举例

家族制度是中国传统社会的基础性制度，这似乎是不言自明的通识，而将其以西方法律理念进行解析，则是在近代以来逐渐兴起并愈发引人关注的学术现象。总体而言，百余年来学界对家户法律关系问题的研究，主要基于两种方法：一是采用中国传统家国观念进行阐释，二是引入西方法学理论加以比较解读。其中，学者对第二种方法的采用更显频繁。

从亲属法概念出发，近代学者开始对中国传统的"家"进行解构，并引入权利义务观念进行分析。徐朝阳先生在 1930 年出版的著作《中国亲属法溯源》，是民国时期学界以西方法律理念分析中国传统亲属法律关系

---

① 杜正胜：《编户齐民》，联经出版事业股份有限公司，2004，第 32~33 页。

的经典之作。① 徐著在论证过程中旁征博引，以求沟通中西法律之于家的判断，如钟洪声在该书序言中所述："概亲属法者，与物权债权法异，各国不能勉强从同，皆有不得已之故，非稽之古籍，其特殊性质，必不能了如指掌也。否则不审国情，举他国制度，贸然移植，所谓橘逾淮而为枳者，转且为紊乱风俗之源矣。"② 该书共有六章，分别为亲属之名称、亲属（包含亲属之范围、亲系及亲等、亲属关系之发生及消灭）、家制、婚姻、亲子、宗法考证。其第三章"家制"，在梳理中国传统家制的渊源、流变基础之上，从民国民律草案的角度，分别对中国传统的家长、家属的身份、权利义务等做出法律意义上的界定。著述中有关内容，一方面为后来的《中华民国民法》所借鉴而落实到制度之中，另一方面为后学研究者提供了知识资源。以现代之眼光观察，在当时之情势下，徐朝阳先生之所著，对于对家的近代法理解读和对亲属法律制度的梳理，着实具有开创之功。

　　胡长清作为民国时期立法院民法起草委员会编纂成员，在民法领域深耕多年，著有《中国民法债编总论》、《中国民法亲属论》、《中国民法继承论》和《中国刑法总论》等。其于 1936 年发表的《家制论》一文，反映了他对民国民法草案中专设"家制"一章的思考。民国 19 年由中央政治会议第二百三十六次会议所议决通过的《〈民法·亲属编〉先决各点审查意见书》第八条对家制说明如下："我国家庭制度，为数千年来社会组织之基础，一旦欲根本推翻之，恐窒碍难行，或影响社会太甚，在事实上似以保留此种组织为宜。在法律上自应承认家制之存在，并应设专章详定之。"对此，胡长清分别从古代法制上的"家"、近世法制上的"家"、日本与瑞士制度上的"家"、社会制度上的"家"四个角度进行了分析。他认为，"古代之所谓于家，实为对于国家之重要组织。内之则主持祭乱，管理家产，教育子弟。外之则收受田亩，供给赋役"，而近世法制上之家"别籍异财之禁，已成具文；而教训约束之权，亦难及于子弟。是昔日之家制，已消灭于无形"。而之所以提出专设家制一章，乃在于仿照日本、瑞士之制度，"参酌日本法制，分家制为总则及家长家属之两节"，并对家

---

① 本书是徐朝阳先生关于中国传统法律解读的系列著作之一，在此前后出版的相关著作还有《中国诉讼法溯源》（1922）、《中国古代诉讼法》（1927）、《中国刑法溯源》（1931）等，均由商务印书馆出版。

② 徐朝阳：《中国亲属法溯源》，商务印书馆，1930，"钟序"第 1 页。

产方面的规定尤为注重。至于社会制度上之"家"，其组成"不外所谓父子兄弟夫妇，我《亲属法》立法原则，既就父子兄弟夫妇间之权义关系，规定甚详，而复有所谓家制之规定，则家之为家，不啻空中楼阁"。所以，对于家制在《中华民国民法·亲属编》中的存在，胡长清持保留态度。而以今日之视角观察，这一态度恰恰反映出其时学界和立法者在面对世界立法潮流和传统社会关系中取舍观念时的态度，是对民国时期立法理念的一种展示。

法律与社会的互动关系是法学研究中最为基础且不可绕开的论题。尤其在中国这样一个有着悠久历史且注重传统的国度，法学与社会学、历史学的交融至为紧密，这也是瞿同祖所著《中国法律与中国社会》一书何以成为法科学子必读书原因之所在。该书将第一章的内容定为"家族"，可理解为视家为中国社会的基础单位，因之将其作为该书结构上的逻辑起点。在家族与家的定义上，家族的范围是较大的，"以父宗而论，则凡是同一始祖的男系后裔，都属于同一宗族团体，概为族人"；家庭的范围则较小，"家应指同居的营共同生活的亲属团体而言，范围较小，通常只包括二个或三个世代的人口，一般人家，尤其是耕作的人家，因农地亩数的限制，大概一个家庭只包括祖父母，及其已婚的儿子和未婚的孙儿女，祖父母逝世则同辈兄弟分居，家庭只包括父母及其子女，在子女未婚嫁以前很少超过五六口以上的"。如此看来，瞿同祖先生所定义之"家"，与近代以来的核心家庭在规模上较为类似，家、族是有区别的，所以"我们说到父权或家长时也应分别其范围。在一个只包括父母和子女两个世代的家庭，父亲是家长，在包括三个世代的家庭，则祖父为家长。家庭范围或大或小，每一个家都有一家长为统治的首脑"。所以，父权是古代家庭法律关系的核心，法律承认父母的惩戒权、送惩权、财产所有权及支配权、子女主婚权，"父或家长为一家之主，他的意思即命令，全家人口皆在其绝对的统治之下"。同时，瞿同祖先生指出上述权力主要是父权而非母权："严格说来，父权实指家长权，只有男人才能获得此权，祖母、母亲实不包括在内。"而作为家的综合体，族居的大家族更需要一人统率全族人口，这就是族长。即使家族不聚居，族长仍然需要负责族祭、族产管理等事务，所以，族长权也可以看作父权在家族内的延伸。而国家法律之所以赋予家长、族长以如此大的权力，乃是希望家长既为其家、族的整体利益和个体权利服务，同时也为国家负责——相对于国家来说，这种责任则成为一种严格的义务。从上述之分析，可以看出瞿同祖先生乃是将父权置重为国家法律与社会关系中的核心而论的。对这一问题的精到分析，奠定了《中国法律与中国社会》一书的坚实基础，也是理解、研究中国传统家庭法律关系无法绕过的路径。

中华人民共和国成立之后，公布施行的第一部法律便是调整婚姻家庭关系的《中华人民共和国婚姻法》，这是一部与中国古代婚姻家庭制度大相迥异、与《中华民国民法·亲属编》缺乏理论与制度渊源关联，秉承延续了中国共产党革命根据地时期婚姻家庭法律制度的法律制度，是中国共产党主导的婚姻家庭变革进程以法律形式确定下来，并第一次在全国范围内推行。以这部法律实施为起点，新中国的婚姻家庭关系也进入了一个新调整的历史进程当中。在其实施十年之后，北京大学法律系教授芮沐先生在《政法研究》上发表《新中国十年来婚姻家庭关系的发展》一文，对新婚姻法实施十年来的情况进行了总结分析。文中指出："旧中国的婚姻家庭制度是旧中国半殖民地半封建社会制度的产物，它具有和旧社会性质相同的封建主义和资本主义的两重性质。"在这种制度下，家长掌握着家庭财产支配权，妇女所受社会压迫严重，子女的利益被漠视。新中国成立后，通过全国范围内的土地改革消灭了封建土地所有制，同时支持妇女的解放斗争。婚姻法的公布，推广实行以婚姻自由、一夫一妻、男女权利平等、保护妇女和子女合法利益为主要内容的新民主主义婚姻制度，夫妻间的关系是平等的法律关系，自由婚姻与民主和睦的新家庭逐渐出现。文中提到，为了肃清封建残余影响，1953年政务院指示在全国范围内开展大规模宣传婚姻法和检查婚姻法执行情况的运动，中共中央又于同年2月18日作出了《关于贯彻婚姻法运动月工作的补充指示》，来保证这个运动的有力开展。1954年的《中华人民共和国宪法》再一次肯定了男女平等关系和新家庭的地位与原则。1957年，女职工的人数比1952年增长了一倍，比1949年增长了五倍多，妇女进一步摆脱了经济上的从属地位，在家庭中获得尊重。但与此同时也出现了没有预料到的一些情况，如由于对婚姻自由的不正确理解，青年男女中出现了一些草率结婚和轻率离婚的现象。从芮沐先生在该文中的梳理可以看出，新中国成立后的十年间，婚姻法的公布实施，对中国传统的婚姻家庭制度带来了极大的变革，其中最直接的变化是父权的削弱和妇女地位的提高，这是发生在婚姻家庭领域的前所未有的变化，对于理解近百年来中国家庭法律关系的转变具有重要的启示意义。该文更多的是对婚姻家庭关系变化和立法史的梳理，叙述多而评论相对较少。但作为对新中国成立后十年间婚姻家庭关系发展的阶段性总结，其学术贡献也是毋庸多言的。

改革开放以来，相关研究性成果逐渐丰富起来。其中，中国社会科学院史凤仪教授在 1987 年出版的《中国古代婚姻与家庭》一书，可以反映出这一时期研究中国古代婚姻家庭问题的研究方法和基本观点。该书的一个重要特点，在于运用马克思主义理论与方法研究中国古代婚姻家庭问题，"以马克思主义之矢，射中国古代婚姻家庭之的"。[①] 在该书中，作者提出，家庭的本质"是由其物质生活条件所决定的，为统治阶级的政治制度所支配"。[②] 奴隶主、封建主的家庭关系，体现出家长对家属、奴隶主和封建主对奴隶和农民的阶级压迫和剥削关系。而普通奴隶和贫苦农民家庭则与此不同，家长对家属的统治力比较薄弱，家庭内部充满相互同情和爱护的天伦之乐。关于家和族的关系，基本上持与瞿同祖先生类似的观点，如认为宗与族是家庭的综合体，由血缘纽带联结，家庭是一定范围的亲属并包括奴婢在内的共同生活单位，是组成宗或族的个体组织。关于"家"的法律性质，认为其"实际上是以家长为代表人的类似法人的组织"，国家法律赋予家长统治家属的权力，承认家长的权威，同时要求他们对国家负责，如脱落户口，历代法律都要求家长负责。从这个角度，史凤仪先生对家长在国家法律体系中的定位进行了说明，更加突出了中国传统社会中"家"的政治和法律意涵。

要理解"户"在中国古代政治制度、法律制度乃至古代社会中所处的地位，最直观的莫过于对户部、户律含义的考察和制度内容的分析。张晋藩、林乾两位先生合著的论文《〈钦定户部则例〉与清代民事法律探源》，对《大清律例》中的户律修改情况和《钦定户部则例》的编纂颁行加以考察，发现二者中的大量内容是民事法律法规，"尤其是清代在继承前代民事法律的基础上，在民事制定法方面取得了较大进步，其突出表现是《大

[①] 史凤仪：《中国古代婚姻与家庭》，湖北人民出版社，1987，"写在前面的话"第 3 页。

[②] 史凤仪：《中国古代婚姻与家庭》，湖北人民出版社，1987，第 238 页。

清律例》中《户律》例文的增加，以及《钦定户部则例》的多次编纂及颁行"。《钦定户部则例》与"律令相表里"，其中的婚姻门、户口门、田赋门直接与家户的基本结构相关联。该文在梳理分析史料的基础上，认为清朝民事法律继承了中国悠久的民事法律的传统，尤其是清中叶以来经济的发展，以及经济关系的变革，推动了《大清律例》中"户律"的出现。《钦定户部则例》不仅针对民事法律关系的发展及时修订，以补充《大清律例·户律》的不足，而且在司法实践中起到了作为法律根据的作用。这种新法律形式的出现和司法实践的变化，正是"户"作为最基层治理单位在清朝发生变化所致，反映出"户"在中国传统社会结构中的地位和在法制史中的意义。

石碧波2003年在《当代法学》上发表的《民法上的"家"——兼论我国民法上"家"的二元结构》一文指出，我国现行的民法中存在"家"的二元结构现象，即"家"在农村地区具有实质上的民事主体地位，而在城市中却连亲属法上无权利能力的团体地位都不予承认。而在现实生活中，无论在农村还是城市中，"家"在生产生活中的作用和贡献都是巨大的。作者继而提出现实生活中的家需要由家制法来规制调整，而影响家制立法的观念主要来自两个方面，一个是民法上的个人本位主义，另一个是政治上的"反封建"主义思想。对于前者，可以将个人与家的关系从对内和对外两个不同层面来理解，对外均是独立的法律主体，对内则是共同生活之亲属团体的一分子，人与家相互依存、相互补充；而对于后者，需要区分政治和法律的关系，不能用简单的政治口号，去否定实在的法律关系。在家制的法律建设上，家制的表现形式为共同生活的亲属团体，其中需要分别明确家长、家属的权利和义务，建立家庭共有财产制度。这样的家制，应该是较为符合我国的社会实际，与传统文化相契合，并能够解决现实生活中大量存在的以家庭为主体开展生产经营活动所衍生的法律问题。21世纪之初，作者就发现了"家"在民法中的二元结构性矛盾，实属难能可贵。作者看到了问题症结所在，也发现了未来的发展走向，但没有就这一问题尤其是就城市中的"家"继续进行制度规范上的构建，着实有些可惜。

对于家户法律关系的辨析，从另外一个角度来看，表达的其实也是家与国之间的关系，进而言之，则是家法与国法之间的关系。张中秋先生的论文《家礼与国法的关系和原理及其意义》在这个方面的分析颇有见地。

该文立足于古代社会的治理模式，认为家礼是修身治家之具，而国法是治国定天下之具，家礼与国法构成传统中国的社会秩序。二者之间的关系可以分别从时间、空间、功能上加以联系比较：在时间上，"家礼与国法具有共源、并行的关系或者说特点"；在空间结构上，是"异体、同构、通质"的关系；在功能上，"可简约从它们的各自功能、相互功能和共生功能三个层次概观"。但二者之间又是不对等的，国法是家礼的上位规范，家礼不能与国法抵触，家礼对国法是服从性的无条件支持，国法对家礼是有选择的支持。家礼与国法的存在和运作遵循自然—秩序原理、伦理—政治原理和人的文化原理，而一以贯之者乃中华文化"和谐"之道；家礼与国法所蕴含的自身和谐，社会秩序构成和谐和与自然、社会、文化系统和谐的创制理念，具有超时空的价值，在人类自身和与自然关系紧张的今天尤有意义。这一论题分别涉及自然、国、家、人之间的相互关系，最终落脚到"和谐"上来，可以看作中国传统法律文化对当代法理学中关于法律价值讨论的贡献，在这一点上，似与孙国华先生的观点有殊途同归之感。①

家户法律传统议题中，一个重要的观察窗口是家长与户主。长久以来，通常易将家长与户主概念等同起来，自觉或不自觉地将二者混为一谈。台湾学者罗彤华教授，以其扎实的史学功底，以敦煌吐鲁番文书等各类籍帐材料作为研究基础，结合唐律与唐令中关于"户主"制度的规定，撰写发表论文《"诸户主皆以家长为之"——唐代户主之身分研究》②，对该问题做出卓有说服力的论证和观点表述。在该文中，罗彤华教授着重分析了"户主"与"家长"的分合，对唐代户籍资料所载可以担当户主的男性尊长、男性卑幼、女性户主三种情形进行考证，并得出结论："在此我们看到唐代政策上的困境，即负法律责任的家长，未必就是户主；政府登录为户主者，又不见得是实际家长，形成这种看似矛盾的现象的原因，就在于户籍登录要顾及认定方便，以免扰民及增加行政负担，而承户原则里非常重要的男系主义，在家内未必比尊长主义更具权威。由于户主与家长在认定的方式上略有出入，二者在身份上因此也小有歧异。法律既讲求公

---

① 孙国华：《论法的和谐价值》，《法学家》2008 年第 5 期。

② 罗彤华：《"诸户主皆以家长为之"——唐代户主之身分研究》，高明士主编《东亚传统家礼、教育与国法（二）·家内秩序与国法》，台湾大学出版中心，2005，第 25～77 页。

平正义，为了勿枉勿纵，罪及可能的无辜者，律令诏敕论罪时以家长取代户主，毋宁是合于实情的决定。"① 该文对承户原则做出判断，即以男系主义为主干，同时不论户主的男女性别，奉行家内的尊长主义，这种符合礼教风俗的组织原则，成为政府和民众共同接受遵从的共识。罗彤华教授在该篇论文中扎实的史料考证，以及基于考证基础之上的细致入微的结论，尤其是对家长与户主关系的论证，对厘清家户关系着实有着特殊的价值。

如果选取一个关键词对家户法律传统进行表达，"家的整体性"应当是非常恰当的。俞江教授注意到了这一问题，他从对分家习惯的研究出发，于 2005 年、2006 年分别在《中国社会科学》和《政法论坛》上发表《继承领域内冲突格局的形成——近代中国的分家习惯与继承法移植》和《论分家习惯与家的整体性——对滋贺秀三〈中国家族法原理〉的批评》两篇文章，并在后者中提出了"家的整体性"观点，这在某种程度上可以看作该系列文章的一个结论。在该文中，俞江教授以其所掌握的档案史料、阄书、民间遗嘱、民事习惯调查记录等为依据，对滋贺秀三在《中国家族法原理》中所提出的中国古代家庭财产制为家长享有所有权的观点提出质疑。他以分家习惯为主线索，围绕滋贺秀三的著作，结合其他财产习惯，对近代中国法制转型之前的家产制进行了有益的探讨。在俞江教授看来，中国家长从属于作为整体性的家，生活在"家"这一"庞然大物的阴影下面"，他肩负的责任大于他的权力，因为赋予他的各种处置家庭事务的权力都是为了那个责任。对于生活在这样一种观念和现实中的家长，不可想象他拥有着任意处分家产的权力，也不可能想象社会会允许他仅仅为满足自己的欲望，而恣意挥霍家产，任意处置家庭成员。与此相对应，传统社会中财产归属于个人的情况极为少见，共有财产的情况则较为普遍，家产归属于整体性的家。这是由于在近代法制转型之前，家产尚未完全分离为个人财产，家长可以管理和增益家产，却不能随意处分。俞江教授继而更进一步指出，在排除了家长享有家产所有权和家产共有制的观点后，关于中国传统社会中的家产，如果说非要确认一个权利主体，那只能是家或户。家或户必须作为一个整体来看待，无论国家还是社会，其基本单位

---

① 罗彤华：《"诸户主皆以家长为之"——唐代户主之身分研究》，高明士主编《东亚传统家礼、教育与国法（二）·家内秩序与国法》，台湾大学出版中心，2005，第 75 页。

都是以家或户为准，个人行动往往依附于作为整体的家。俞江教授基于家庭财产制阐发的关于家户基础性地位的分析，在学界引起了较大的反响，尤其在 2011 年新婚姻法解释三所引起的争议中多有涉及。

关于户的法律地位的探讨，目前的专论文章有周子良教授的《中国传统社会中"户"的法律意义》一文。该文认为，户不仅是中国古代社会中普遍而又长期存在的现象，而且在中国传统法律中占有重要的地位。至明代中期以前，家与户的内容基本是一致的，即国家为了掌握人口、财产与征派赋役，以家庭为基础而建构的具有法律性质的最基本的单位。但二者在形成方式上存在不同，家是自然形成的，户则是国家运用权力建构的。明代中期之后，家与户逐渐分离，户主要成为田地与赋税的登记单位，户的构成要素和性质逐渐发生大的变化，明代里甲制下的"里长—甲首"关系渐渐变为清代图甲制下的"总户—子户"关系，但在另一方面，土地财产的实际所有者，应当还是以户的名义从事土地的买卖、出租等民事活动。在中国传统社会里，存在数量众多而又种类不同的户种，如汉代的户分为上户、中户和下户三种，三国两晋南北朝时期分为农户、屯田户、兵户、军户、营户、乐户、隶户、府户、屯户、牧户、盐户等，唐代户分九等，宋代主要分主户和客户两类，明代还有匠户、丐户、疍户，清代主要有"军、民、驿、灶、医、卜、工、乐诸色人户"。不同的户种，在法律上处于不同的地位。在传统社会中，户因登记而被赋予民事权利能力和行为能力，户的权益也因法律的确认而受到保护。户不仅是公法上的主体，还是私法尤其是民事法上最主要的主体。作者对"户"的法律意义分析到位，只是对"户"在传统与现代之间的关系未加引申，令读者难免有意犹未尽之缺憾。

通过以上对中国家户制传统及其法律史研究的梳理，可以看到百余年来对此问题的研究成果已经较为丰富，涉及法学、历史学、社会学、政治学、人类学等诸多学科，从宏观与微观、思想与制度、立法与司法、通史与断代、历史与现实等不同角度进行解释和阐述。从研究内容来看，基本上以"家"为中心，论题涉及家长、户主、亲属关系、家产制度、继承制度、家户关系、家国关系、家庭理念等诸多方面，从概念厘定到制度分析，从分类说明到相互关系辨正，从传统理念总结到当代制度转换等，均有论述。

观诸百余年来关于此问题的研究历程，随着政治时局的变迁、思想环境的变迁，尤其是改革开放后社会经济的发展，对"家"的态度经历了一个从否定到否定之否定的过程，在制度上相应呈现为"破解—革命—重构—反思"的轨迹。本书选取的十余篇文章，可以对这一发展历程实现一定程度上的再现。同时，"一切历史都是当代史"，对传统的思考、对现实的反思，是为了能够更好地走向未来，在这方面，我们可以略带欣喜地看到，许多学者正在逐渐跳出对舶来法律理念的过度迷信，而力图在传统与现代之间构建思想与制度的桥梁。这种构建虽尚未最终实现，但可期待。

中国亲属法溯源·家制（1930）

徐朝阳[*]

一　总说

　　家之制度有二，即家属制度与个人制度是也。家属制度者，认家为国家基础之制度，即以家为构成国家之元素及单位也。个人制度者，不认家为国家基础，而以个人为国家基础之制度也。古时各国皆行家属制度，欧洲自罗马末叶，家属制度始渐衰微。今日欧美各国，殆已全行个人制度。我民律草案亲属编规定，采家属主义，不取个人主义，盖以我国上古时代，家属制度即已发达。历代法制关于家之规定，由来甚久。汉萧何于魏李悝法经六编之外，更益以事律兴厩户三篇，成律九章。史称摭拾秦法，取其宜于时者。则秦代，或秦以前，早有各户律之法制，可推测而知。自萧何首设户律，历代律例悉行沿用，唐律有户籍一门，凡登录公证依亲属家制及国民籍之各人身份事项者，此种簿册曰户籍簿。身份事项，有关公益秩序，又有为施行各项行政事务之依据者；故须行强制登录，规定其手续者，为户籍法。（唐会要）现行律户役门"脱漏户口及人口"，以籍为定，各律亦照唐律之旧；其表面固为关于公法上赋役之规定，而其实质显为私法上家属制度之基础。是我国古今同采家属制，实无疑义。东方日本亦以习俗关系，不步武欧美，而采家属制度。惟我国家属制度，与日本家属制度迥然不同。盖我国宗法发达在先，宗者指系统上之关系；家者指实际之组成。承继宗祧者，为嫡长；统摄家政者，为家长。宗自为宗，家自为家，故有大宗小宗之别，无本家分家之名。是我国系统向来以宗传，不

---

[*]　徐朝阳，民国时期法制史学家。

以家传，与日本根本不同，毋庸疑义也。家之制度既明，进而研究家之沿革。

鸿荒初开，人民生活，至为简陋，且逐水草，夜宿木巢，浑浑噩噩，不知父母，无家属之可言也。迨人文渐进，因感孤立之不能生活，以血统之连续为团体之组织，此则部落制之所由起也。

部落为酋长与其亲属及服从者所组织。故酋长有主宰部落一切事务之权力，其地位至高，无与伦比。迨后部落相互间冲突事生，并吞以起，国家之制，于是以成；酋长之权力，由此丧失，因之部落渐分化而为多数之家属。此则家族制度之所由起也。

家族之制度，盖由是以生，而其发达之原因有三。（1）我国自神农黄帝而还，即入于纯粹之农业时代。农业生活基础于土地，既无迁徙靡定之劳，又不必有只身远客之举，与游牧生活、商业生活，迥不相侔。大田多稼，适彼南亩，井臼之操，饷食之饎，势难兼理，咸资内助，不可无夫妇之组织。耕稼负戴，全仗人力，若衰老力弱，须仰弟子之服劳，则不可无父子兄弟之组织。家属之团结，因是愈固。（2）古代思想谓人类死亡，灵魂不灭，感祖先之谷贻，因维持己之生活；报德之念既深，崇拜祖先之思想愈坚，家属团结，亦因而愈形强固。（3）古代行封建制度，爵禄世袭，贵族平民阶级甚严，亦为家族制发达之原因。

家族之制，日以发达，经三代而至春秋战国，国家政治恒操乎贵族。其事实载于《春秋左传》、《战国策》二书，不胜枚举。贵族大权在握，或骄奢淫佚，恣所欲为；或废立君主，如置奕棋，势焰万丈，唯己独尊。父子无别，同室而居，大家制度随贵族制度而更炽。家长之对乎子弟，对乎妻妾，对乎奴仆僮婢，有无上之威权。生杀鬻弃，唯家长所为，家属人格，殆无可言。即就家子而论，如《孝经》云：

> 身体发肤，受之父母，不敢毁伤。

故"身也者，父母之遗体也"。
是必须"父母全而生之，子全而归之"。①
其不承认个人之存在，实无疑义。物极必反，列子遂倡一种反对论

---

① 《礼记·祭义》。

调。如云：

> 子孙非汝有，乃天地之委蜕也。①

现行律伤害子有罪，盖子孙同属国民，应受法律保护。《列子》言子孙非汝有，天地之委蜕，与今日之观念——子孙为国家之国民，非家长可得而随意杀害者正同。实已有个人主义之趋向矣。商鞅相秦，假法律以破大家之制度。下令曰：

> 民有二男以上不分异者，倍其赋。

用强制执行之手段，使父子异室，男女有别，大家之种种积弊，摧陷而廓清之，实行个人制度，其迹虽涉刻薄，然商子实具改革之苦心，欲期人民趋于平等，革依赖之积弊。故令曰：

> 僇力本业，耕织致粟帛多者，复其身。②

不宁惟是，当日之足为贵族之凭借，助大家之声势者，莫如封建井田之制。封建不改，则贵族擅土地之特权；井田不改，则大家占兼并之优势，平民既无制产之自由，而小家至无可耕之土地。除恶务本，必须废封建而设郡县，夷井田而开阡陌，使贵族大家之所凭借者，一扫而空。此其精神之强固，魄力之伟大，洵属空前绝后，莫能与京也。惟是商子所处之社会，为僻处西戎之秦；即为其政策所实施之区域者，惟秦，而齐楚诸国如故也。愚读史有憾于秦之对商子，不永其信；并为惜商子生于孝公僻处西秦之时而不行法于秦政统一之世，使"二男分异"之政策，普及神州，则家族制度早可不存于中国矣。

二　家长

一家之代表及其统率者，称为家长。家长以一家中之最尊长者为之，故祖死父袭，父死子袭，此我国数千年来之习惯也。《民律草案》于家

---

① 《庄子·外篇·知北游》。
② 《史记·商君列传》。

长，包括男女而言。其理由如谓祖父母同居，应以祖父母为最尊长，即应以祖父母先为家长。父母并言，不限男系（第一千三百二十四条）。在古代限于男系，女系绝对无统属家属之权，即绝对不能取得家长之身份。盖

> 女子者，顺男子之教而长其礼者也。是故无专制之义，有三从之道，幼从父兄，既嫁从夫，夫死从子。言无再醮之端，教令不出于闺门，事在共酒食而已，无闻外之仪。①

古代女子之独立人格被剥取净尽，奚能统率家政，取得家长之地位？若有统率家政之女子，目为妖孽，阴阳反常，而家道索然尽矣。如《书经》云：

> 古人有言："牝鸡无晨，牝鸡之晨，惟家之索。"②

《牧誓》尚云古人之言，女子不能取得家长身份者殆甚古。盖以夫唱妇随，情理之正，妻不得与夫争政。不然，夫妻相争，子无适从。如韩非云：

> 夫妻持政，子无适从。③

且男尊女卑之观念甚深，人人乐于生男而不喜生女。如《晏子春秋》云：

> 男女之别，男尊女卑，故以男为贵。吾既得为男矣，是二乐也。④

惟其如此，女子蛰伏男子势力之下，外事外物，概不予闻。故《周易》云：

> 家人女正位乎内，男正位乎外，男女正，天地之大义也。⑤

---

① 《孔子家语·本命解》。
② 《尚书·牧誓》。
③ 《韩非子·扬权》。
④ 《列子·天瑞》。
⑤ 《周易·家人》。

故母亲而不尊。如《礼记》云：

> 母，亲而不尊。①

以此推之，则母亲虽桑榆晚景，犹是家属，子若取得家长身份，纵弱冠未及而立，亦家长也。此制与罗马古法颇相同；而与现行律迥异，毋庸赘述。夫家政统于家长（《民草》第一千三百二十七条）。若家长之身体精神上有种种障碍，事实上不能管理家政，或并无何等障碍，但不愿留理家政，各国于此设有种种制度：一曰静养，二曰代理。《民草》取代理主义，规定于第一千三百二十五条、一千三百二十六条。我国古代于家长之代理亦已有之。如《史记·孟尝君列传》云：

> 初，田婴有子四十余人，其贱妾有子名文。……于是，婴乃礼文使主家待宾客。

文之主家，不外假婴之名义，摄行家政而已。家长之资格，仍属于最尊长与尊长。田婴并未失其家长之身份也。故后诸侯欲以文为太子，仍请于婴。（《史记·孟尝君列传》）与现代《律例》之蕴义，庸岂有间。此为家长代理之制，初不能谓为一家而有二长也。一家若有二长，实缺统率指挥之功，难收家庭和平之效，故家长不得有二。《礼记》云：

> 家无二主。②

《家语》云：

> 天无二日，国无二君，家无二尊。③

荀子学说，尊崇君权，其对于家，亦赞成主权一统，家长不得有二。《荀子·致士》云：

---

① 《礼记·表记》。
② 《礼记·坊记》。
③ 《孔子家语·本命解》。

> 父者，家之隆也。隆一而治，二而乱。自古及今，未有二隆争重而能长久者。

古代罗马家父权非常重大，毫无限制。我国古代家长权亦甚重大，盖不止包有私权之全部，并具有公法之性质，其对于家属，握有生杀予夺之权。兹言其权利如左。

（一）家长有指定家属居所之权

家长有董督家属之责，家属之居所，须由家长随意指定之。兹引其证，如《左传》云：

> 宫之奇，以其族行。

《左传》中类此载者，不胜枚举。则古代家属之居所，须由家长指定，实无庸疑。

（二）家长于家属之婚姻有主婚权

家族制度之结果，婚姻必待父母之命，实无庸疑。留于"婚姻"章"婚姻之成立"节论之。

（三）家长有司一家审判之权

罗马古代一家之有家长，犹一国之有国王。我国古代盖亦如此。如《荀子》云：

> 君者，国之隆也；父者，家之隆也。①

故家之有刑罚，犹之国之有刑罚也。《亢仓子》云：

> 怒笞不可僭于家；刑罚不可僭于国。②

怒挞之加，虽至流血，不敢疾怨。如《礼记》云：

---

① 《荀子·致士》。
② 《亢仓子·君道》。

父母怒不说而挞之流血，不敢疾怨。①

罗马十二表法中，家父对家子有生杀之权；至共和时代家父滥杀其子，有科以重罚之规定。我国古代有齐易牙者杀其子而为羹，时论以为残，而桓公不以为罪；一若父之杀子，无伤于义。故扶苏曰：

父而赐子死，尚安复请。②

（四）家长有卖却家属之权

古代罗马家父有卖却家子之权；迨十二表法实施，有家父三度卖其男子则丧失家父权之规定。较之古昔，稍有制限。我国古代卖却家属之有制限与否，典籍无载，不得而稽。于卖却家属之事，则如《左传》有"臣虽鬻妻子"之记载，则当时之卖却家属，而为国法所不禁，毋庸疑义矣。

（五）家长有管理一家财产之权

家长为一家之主宰，统摄家政，举一家之权利义务，悉由家长为代表，故家属无须更有财产也。依罗马法原则，凡一家之财产属于家属全体之所有；而支配之权，则归诸家父一人掌握，家子无置喙之余地。我国古代非特不准家属之有财产，且家属之让与借债之举，亦一并禁止。如《礼记》云：

子妇无私货，无私畜，无私器，不敢私假，不敢私与。③

又云：

父母存，不许友以死，不有私财。④

盖"家事统于尊也"（郑注），与罗马帝政时代家子握有"特有产"

---

① 《礼记·内则》。
② 《史记·李斯列传》。
③ 《礼记·内则》。
④ 《礼记·曲礼》。

及《民律草案》第一千三百三十条之所规定，迥然不同。后代遵从，垂为定例。即俸禄之收入，亦不能归诸私有，须呈诸父母。如己有所需，请于父母赐给，以济需用。如司马光云：

> 凡为子者，毋得蓄私财。俸禄及田宅所入，尽归之父母。当用则请而用之，不敢私假，不敢私与。[①]

三 家属

家属者，处于被家长董督之地位者也。《民律草案》规定于第一千三百二十八条。古代家属身份之得丧，亦如《民律草案》之所规定。若取得之原因，如出生，嫡子，庶子入父之户籍为家属；私生子之认领为家属是；立嗣，即嗣子入于所嗣父母之户籍为家属是；婚姻，即妻入夫之户籍为家属是。若丧失，如死亡，出嗣，出嫁，离婚，别立户籍是。散见各章中，不难参稽互证也。至如古代，则又何若？兹分权利义务二款述之。

第一款 家属之权利

（一）代理家长之权

《民草》规定于第一千三百二十五条、一千三百二十六条。古代之家长代理，引证已详见前节，于此不赘。

（二）受家长扶养教育之权

关于教育之语，各书记载甚多。如

> 《晏子》曰："父慈而教，子孝而箴。"[②]
> 《关尹子》曰："人之少也，当佩乎父兄之教。"[③]

---

① 《涑水家仪》。
② 《左传·昭公二十六年》。
③ 《关尹子·七釜》。

至如育养，诸书所载，尤不胜枚举。《诗》云："生我育我，恩斯勤斯。"

（三）遗产继承权

欧美各邦法例，概采个人主义，不认有家属制；故其所谓继承，只有遗产继承。我国古代宗法制度，实与继承制度息息相关，是为宗祧继承，当于"亲子"章论之。于此所研究者，即所谓遗产继承是也。稽之典籍，古代遗产继承，实已有之。如《列子》载：

> 卫端木权者，子贡之世也。藉其先赀，家累万金。

女子享有妆奁之权利，古代亦已有之。如《左传》载：

> 初辕颇为司徒，赋封田以嫁公女。①

杜注谓封内之田，悉赋税之，则以赋税充妆奁之资，可无疑矣。

第二款　家属之义务

现今之法制，不论家长与家属，均有人格，而为权利义务之主体；即家属之身份于人格无所损害。惟亲属法上，家长为一家之主宰者，有统率家属之任务；家属为一家之一员，而隶属于家长。故家长对于家属有特别之权利义务，而家属对于家长亦有特别之权利义务也。《民律草案》中家属之义务，只见于第一千三百三十一条："家长家属互负扶养之义务。"家长扶养家属，本属当然之事。然于家长不能自存，而于家属有扶养之资力时，亦应使之扶养家长，方合事理，此本条之所规定也。就法律规定家长权利之反面以观，在家长一方为权利，在家属一方为义务，其义甚明，无待繁言。古代不认家属有人格，愚前已数言之。故从礼书以观，家属之最大义务，端在于孝，实则家属之义务，概已包含在"孝"之中矣。曾子云：

> 孝有三：大孝尊亲，其次弗辱，其下能养。②

---

① 《左传·哀公十一年》。
② 《礼记·祭义》。

此言孝之范围，试略释言之：一为尊亲，尊亲者何？一是增高自己之人格，《孝经》所谓"立身行道，扬名于后世，以显父母"是也。二是增高父母之人格，所谓"先意承志，谕父母于道"是也。二为弗辱，弗辱云者，即《孝经》所谓"身体发肤，受之父母，不敢毁伤"之意。《礼记·祭义》所谓"父母全而生之，子全而归之"意旨亦同。概括言之，是不敢玷辱父母传与我的人格。曾子言此旨甚畅。如《礼记》云：

> 身也者，父母之遗体也。行父母之遗体，敢不敬乎？居处不庄非孝也，事君不忠非孝也，莅官不敬非孝也，朋友不信非孝也，战陈无勇非孝也。五者不备，灾及其亲，敢不敬乎？①

三为能养。能养者何？孔子有言云：

> 今之孝者，是谓能养。至于犬马，皆能有养。不敬，何以别乎？②

以上所言虽多属道德问题，而与现代风俗习惯认为家属之义务者，大旨所在，要皆相同。礼书所载家属于家长间，定有许多繁文缛礼。如家子于家长：

> 子事父母，鸡初鸣，咸盥漱，栉縰，笄总，拂髦，冠緌缨，端韠绅，搢笏。左右佩用：左佩纷、帨、刀、砺、小觿、金燧，右佩玦、捍、管、遰、大觿、木燧。偪屦着綦。……以适父母舅姑之所，及所，下气怡声，问衣燠寒，疾痛苛痒，而敬抑搔之。出入，则或先或后，而敬扶持之。进盥，少者奉槃，长者奉水，请沃盥。盥卒，授巾。问所欲而敬进之。③

若家属之未冠笄者，即

> 鸡初鸣，咸盥漱，栉縰，拂髦，总角，衿缨，皆佩容臭。昧爽而朝。问何食饮矣，若已食，则退。若未食，则佐长者视具。④

---

① 《礼记·祭义》。
② 《论语·为政》。
③ 《礼记·内则》。
④ 《礼记·内则》。

家属扶养家长，属事理之当然。而如礼书所云的许多仪注，成为刻板之文字，丧失孝之真意，然犹可言。

其束缚太过者，如

> 在父母舅姑之所，有命之，应唯敬对，进退周旋，慎齐。升降，出入，揖游，不敢哕噫、嚏咳、欠伸、跛倚、睇视，不敢唾洟。寒不敢袭，痒不敢搔，不有敬事，不敢袒裼，不涉不撅，亵衣衾不见裏，父母唾洟不见。[①]

总之，诸多缛礼繁文，均为巩固家长之权威而设。在古代家族制度之下，实当然之结果也。

（原文载于《中国亲属法溯源》，商务印书馆，1930，收入本书时有改动）

[①] 《礼记·内则》。

家制论（1936）

胡长清[*]

一

中央政治会议《民法·亲属编》"立法原则"第八点，对于家制应否规定，为一明确之解决曰，家制应设专章规定之，考其应设专章规定家制之理由，不外"我国家庭制度，为数千年来社会组织之基础，一旦欲根本推翻之，恐窒碍难行，或影响社会太甚，在事实上似以保留此种组织为宜。在法律上自应承认家制之存在，并应设专章详定之"。（见《〈民法·亲属编〉先决各点审查意见书》第八点说明）家属主义与个人主义之得失如何？郁宪章先生于其所著《论新亲属草案采取个人制之当否》及《家制余论》中言之详矣。不佞以为居今日而立法，如仍采所谓家属主义，固属弊溢于利，然窃以为尚须更进一步，探求我国家庭制度之真相，然后决定法律上应否承认家制之存在。

二

彼《〈民法·亲属编〉先决各点审查意见书》第八点说明，所谓"家庭制度为我国数千年来社会组织之基础"者，将指我国古代法制上之所谓家乎？不知我国古代法制上之所谓家，与宗法制度相为依倚，自宗法制度废，则家制陵夷，荡然无存。请申论之：盖我国古代以宗法统其宗，故凡属一大宗之系统者，为一本支之家；凡属一小宗之系统者，为一分支之

家；其由家而生之关系，对内则为：（1）主持祭祀。《礼记·典礼下》曰：支子不祭，祭必告于宗子。而宗子实为一家之长，故祭祀以家长为之为原则。（2）管理家产。礼内则子弟无私财，无私器，无私货，不敢私假，不敢私与。盖子弟不得私有其财产，而当总摄于一家；故一切之所有，皆为家财。（3）教育子弟。礼曰：古之教者，家有塾，党有庠，州有序，国有学。盖一家之子，必由一家督率而董教之；故子弟有不率教者，即为父兄之责。对外则为：（1）计家受田。《周礼·大司徒》曰："以造都鄙制其地域，而封沟之，以其室数制之，不易之地家百亩，一易之地家二百亩，再易之地家三百亩。"孟子曰："方里为井。井九百亩，其中为公田，八家皆私百亩，同养公田。盖计家而受田，八口之家受田百亩，家长之外则为余夫，仅得受田二十五亩，而附于本家之内，不得自为一家。"（2）负担赋役。《周礼·小司徒》曰："乃均土地，以稽人民，而周知其数，上地家七人，可任也者家三人，中地家六人，可任也者二家五人，下地家五人，可任也者家二人。凡起徒役，毋过家一人，以其余为羡，唯田与追胥竭作。《周礼·载师》曰：凡民无职事者，出夫家之征，注家税出士徒车辇，给徭役。"春秋鲁哀公作田赋，杜预注曰："邱赋之法，因其田财，通出马一匹牛三头，今欲视其田及家财各自为赋，故名田赋。"盖古者之赋役，皆对于家而征赋之，故力役则视其家可任之人，邱赋则视其田及家财。即所谓田赋者，田为一家之所有，对于田而征收，仍为对于家而征收。由是以言，古代之所谓于家，实为对于国家之重要组织。内之则主持祭祀，管理家产，教育子弟。外之则收受田亩，供给赋役。然在今日言之，祭祀为私家之关系，受田为过去之制度。财产当由于个人，教育当听诸国家，赋役尤当与国家相直接，皆不宜以家之权力介于其间。所谓"家制应设专章规定"者，如指此古代法制上之所谓家，则不待智者而知其非是者矣。

三

退一步言之，彼所谓家制应设专章规定者，将指近世法制上之所谓家乎？窃以为亦有待于商榷者。夫近古之世，上距三代，固已远矣；而家之制度犹有存者，则《大清律例》之所规定者是也。考律例之所载，关于家之规定，约有四端：（1）《户律·户役》"脱漏户口条"："凡户全不附籍，有赋役者，家长杖一百。"是一家之人，皆应附属于户籍，若有脱漏，则为家长之责。（2）《户律》"隐蔽差役条"："凡豪民，令子孙弟侄跟随官员，隐蔽查役者，家长杖一百。"是一家之男丁，皆应供应差役，若令其跟随官员，为隐蔽之行为，亦惟家长是问。（3）"欺抗田粮条"辑注曰："一户人口，家长为主，若言家长者，卑幼无立户之义，隐瞒诡寄，非家长所犯，而谁能主之。"是田粮亦以家长为主，若有欺隐，则罪坐之。（4）《户律》"别籍异财条"辑注曰："家政统于家长。"盖一户人口，家长为主，立户有禁，擅用示罚，故所有钱财，家长专之。夫家长对于国家既负有附籍应役纳粮之义务，故对于一家之人即享有教训约束共财之权力。盖家长介于国家与个人之间，实隐然自有其权力。而国家亦乐以权力予之，使其自治于家之内，而成效于国之外。然自今日以言，则调查户籍、征收赋税，皆由国家对于个人行之，而与家长无关。故别籍异财之禁，已成具文；而教训约束之权，亦难及于子弟。是昔日之家制，已消灭于无形，居今日而立法，乃不惜另设专章规定此"其骨已朽"之家庭制度，衡诸时代潮流，似不应尔者也。

四

法制上之家制，其递嬗如此。故当前清末年起草亲属法之际，应否规定家制，实一重大问题。彼编订亲属法者，既以家属主义相标榜，并决定家属主义优于个人主义（见第一次《亲属法草案·总则》总说明），于是不能不于亲属法中特设家制之一章。我国古代法制上之所谓家既难遽言恢复，而近世法制上之所谓家，又未便再行采用，无乃参酌日本法制，分家制为总则及家长家属之两节。于总则规定成立一家之事由，而于家长家属一节，先规定家长之资格，继以家长之权利，次及于家属。第二次亲属法草案仍之，而对家长之权利多所扩充（即家属不得反于家长之意设定住址，家属为婚姻及立嗣时须得家长之同意）。第三次《亲属法草案》以其不类，于是径仿日本法制，而于家制总则特设创家分家废籍复籍之规定，关于家长之权利，较之第二次草案尤为广大（同《亲属法草案》第九条以下）。不知日本民法之所谓家，乃以户主统辖一家之家族，而为共同生活之团体，家为社会组织之基础，一国之民，不为家长，则为家属，不属于此家，则属于彼家，故有创立一家分家废绝家再兴家诸规定。而其家长之权力，不仅及于家产，并及于家属之身份行为，如设定住址，剥夺家籍婚姻养子之同意，去家入家分家再兴家之同意，庶子私生子入家之同意皆是（日本民法第七三二条以下）。盖日本之所谓家，为继续系统者，与我国大宗小宗之意大略相同，故有家督相续遗产相续之分。家族制度为国家发达之障碍，吾人已习闻之，学者不察，从而效尤，其亦昧矣。虽然，第三次草案有可差强人意者，则家产之规定是已，良以我国自三代而下，宗法制度既已消灭，无世禄世爵以为宗子之世守，而敬宗合族之道，于是乎弛，有仁人君子者出，不忍使同一祖先之支系，疏浸浸远，以致漠视如路人，而思有以维系之，使得以相救而相恤。故自宋范文正公守乡郡，创立义田，以赡宗族，垂数百年而犹食其德，后世闻风兴起者，至今未已，立法者有鉴于此，特仿瑞士法制（《瑞士民法典》第三三五条以下），而于第二九条规定："以维持祖先祭祀祠堂坟墓，或支给家属之教育婚嫁扶养及其它与此相类诸费为目的，得由家属个人或共同另提一定财产，依总则之规定设定家产，作为家财团。"依此规定，所谓家长，即为管理家产之人；所谓家属，即为对于家产应受家长处分之人，故在立法当时，颇有主张"易家制之名为家产，而列于亲子一章之后者"（见陈宗蕃先生《民法亲属详论》第一四三页），观乎此，则家之为家，盖亦可以了然矣。

五

如上所私法律制度之家，既无可以恢复之理由，彼所谓"我国家庭制度为数千年来社会组织之基础"，而必设专章规定者，抑将指社会制度之所谓家乎？夫社会制度之所谓家，有指夫妇而言者，如《诗经》"靡室靡家，猃狁之故"及"宜尔室家，乐尔妻孥"。有指父子兄弟夫妇共同生活之团体而言者，如《诗经》所谓"宜其家人"，及《孟子》所谓"八口之家"及"数口之家"是。夫此二者，不但为我国数千年来社会组织之基础，即使欧西各国，亦莫不然，在彼并未规定家制，尚未见其窒碍难行，我自无以此为理由特设专章之必要。至如累世同居谓之家，不知累世同居之制，起于汉末三代以前，更无可征（见《大学衍义补》），《陔余丛考》有云："世所传义门，以唐张公艺九世同居为最。然不自张氏始也。《后汉书》，樊重三世共财。缪彤兄弟四人，皆同财业。及各娶妻，诸妇遂求分异。彤乃闭户自挞。诸弟及妇闻之，悉谢罪。蔡邕与叔父从弟同居，三世不分财，乡党高其义。如陶渊明《诫子书》云：颍川韩元长，汉末名士，八十而终。兄弟同居，至于没齿。济北氾稚春，七世同财，家人无怨色。是此风盖起于汉末。"此风既起，国家复从而奖之，汉唐以降，往往于累世同居者旌其门，复其役，然自唐律以次，已著别籍异财之禁，迄于近世，则累世同居者，较之全国户口之众，不过太仓之一粟。无论累世同居，有如郁先生所言，足以酿成经济上政治上及社会上种种之弊端（见本刊三六期论丛栏），藉曰无之，然亦无为此少数累世同居者特设家制规定之必要。是则所谓"我国家庭制度为数千年来社会组织之基础，一旦欲根本推翻之，恐窒碍难行，或影响社会太甚"者，乃断言其为必无之事。矧组成一家之分子，不外所谓父子兄弟夫妇，我《亲属法》立法原则，既就父子兄弟夫妇间之权义关系，规定甚详，而复有所谓家制之规定，则家之为家，不啻空中楼阁。吾人惟见其于虚无缥缈中，可望而不可即而已。或谓《民法·亲属编》立法原则之所谓家，既不同于历来法律制度之所谓家，亦不同于现行社会制度之所谓家，乃以共同生活为家制之本位，并置重于家长之义务（见同立法原则第九点），究其实际殆与瑞士之家制无异。不知瑞士之家制，除第三三一条规定家长权之要件，第三三二条至第三三四条规定亲长权之效果外，第三三五条至第三五九条皆属关于家产之规定（见本刊三五八期拙著《家产法制私案》）。换言之，即瑞士之家制，纯为家产而设，故不标题曰家，而曰家属的共同生活，家长之权义，仅及于家产。是即"所谓家长者，即为管理家产之人，所谓家属者，即为对于家产应受家长处分之人"。立法原则仅云"家制之规定，应以共同生活为本位，置重于家长之义务"，而于瑞士民法之基础要件的家产规定，独付阙如，是亦未可以为比拟也。

六

夫制度之良否，原无绝对之是非，我如仿瑞士法制，而设家属的共同生活之规定，固无不可。然若关于家产之规定，摒而不采，是即日人所谓"骨拔之法制"，居今日而立法，实非贤明之立法者所宜出此者也。"虽然，家人共同生活，弊害固甚，倘使兄弟妯娌深明大义，情感素笃，则相共居处，通力合作，天伦之乐，亦有可珍。"（引本刊三六五期郁著《家制余论》）惟此系属事实问题，彼关系重大如宗祧继承，我中央政治会议已决定其毋庸规定（见本刊三五六期《〈民法·继承编〉先决各点审查意见书》第一点），则事实上之家，纵不于亲属法上特设专章，当亦不至于"窒碍难行，或影响于社会甚大"。惟家制应设专章规定，既已定为立法原则，则根本上已属无可动摇，本文之作，是亦所谓不能自已者乎？

　　（原文载于《法律评论》第三六七期，摘自胡长清著《中国民法亲属论》，商务印书馆，1936，"附录二"部分，收入本书时有改动）

中国法律与中国社会·家族（1947）

瞿同祖[*]

一 家族范围

中国的家族是父系的，亲属关系只从父亲方面来计算，母亲方面的亲属是被忽略的，她的亲属我们称之为外亲，以别于本宗。[①] 他们和我们的关系极疏薄，仅推及一世，从母亲上溯至她的父母，旁推至她的兄弟姊妹，下推及她的兄弟之子及姊妹之子，外祖父母、舅父、姨母、舅表及姨表兄弟是我们的边际亲属，过此即无服，母之祖父母、堂兄弟姊妹[②]以及侄孙等与我们无亲属关系，外亲亲属的范围是异常狭窄的。同时，服制极轻，指示亲属关系之疏薄。外祖父母血亲关系同于祖父母，但服不过小功，等于伯叔祖父母。舅姨的血亲关系同于伯叔及姑，但服同于堂伯叔父母及堂姑，只小功。母舅之子及两姨之子则关系更疏，仅服缌麻，[③] 同于族兄弟姊妹。据《仪礼》，"外亲之服皆缌麻也"，[④] 外祖父母以尊，姨母以名才加至小功。[⑤] 舅本缌麻，唐太宗以舅之与姨亲疏相似而服纪有殊，

---

   * 瞿同祖，中国社会科学院近代史研究所研究员。

  ① 故《尔雅·释亲》于父宗曰宗族，而异姓亲曰母党，曰妻党。

  ② 唐玄宗以堂姨舅古今未制服，思敦睦九族，引而亲之，始制堂姨舅袒免（《唐会要》三七《服纪上》），然只是一代之制。

  ③ 《仪礼·丧服》。参看《元典章》三〇，《礼部》三，《礼制》三，《丧礼》，"外族服图"；《明会典》一〇二，《礼部》六十，《丧礼》七，《丧服》，"外亲服图"；《清律例》二，《丧服图》，"外亲服图"。

  ④ 《仪礼·丧服》。

  ⑤ 《仪礼·丧服》，开元二十三年，太宗敕文服纪之制有所未通，令礼官学士详议具奏。太常卿韦绍奏请外祖加至大功九月。太子宾客崔沔议曰："正家之道，不可以（转下页注）

理未为得，始进为小功。①

姑虽属于本宗，但嫁后归于异宗，所以出嫁便为降服，而她的子女与我们服只缌麻。②

以父宗而论，则凡是同一始祖的男系后裔，都属于同一宗族团体，概为族人。其亲属范围则包括自高祖而下的男系后裔。以世代言之，包含自高祖至玄孙的九个世代，所谓九族③是。以服制言之，由斩衰渐推至缌麻，包含五等服制。《礼记》云："亲亲以三为五，以五为九。上杀，下杀，旁杀而亲毕矣。"④ 又说，"四世而缌，服之穷也，五世而祖免，杀同姓也，六世亲属竭矣"。⑤ 很明显，所谓亲属团体，是以四世为限，缌服为断的。

(接上页注⑤)二，总一定议，理归本宗，父以崇尊，母以厌降，岂忘爱敬？宜有伦序，是以有齐衰，外服皆缌麻，尊名所加，不过一等，此先王不易之道也。"职方郎中韦述议曰："圣人究天道而厚于祖祢，系姓族而亲其子孙，近则别于贤愚，远则异于禽兽，由此言之，母党比于本族，不可同贯明矣。且家无二尊，丧无二斩，人之所奉，不可二也。……今若外祖及舅更加一等，堂舅及姨列于服纪之内，则中外之制，相去几何？废礼徇情，所务者末。……其堂姨舅既出于外曾祖，若为之制服，即外曾祖父母，及外伯叔祖父母，亦宜制服矣。外祖加至大功九月，则外曾祖合至小功，外高祖合至缌麻。若举此而舍彼，事则不均，弃亲录疏，理则不倾，推而广之，是与族无异矣。"礼部员外郎杨仲昌亦以"窃恐外内夺序，亲疏夺伦"为言。户部郎中杨伯成，左监门录事参军刘秩并同是议，皆谓不可。韦议遂寝。（《唐会要·服纪上》）。

① 《唐会要·服纪上》。
② 《仪礼·丧服》；《元典章》，"外族服图"；《明会典》，"外亲服图"；《清律例》，"外亲服图"。
③ 九族的解释，汉儒即有二说，一说以为包括异姓有服亲，夏侯、欧阳等今文学家主此说，谓父族四，母族三，妻族二（孔颖达《书经注疏》）。其详细内容，父族四：五族之内为一族，父女昆弟适人者与其子为一族，己女昆弟适人者与其子为一族，己之女子子适人者与其子为一族。母族三：母之父姓为一族，母之母姓为一族，母女昆弟适人者与其子为一族。妻族二：妻之父姓为一族，妻之母姓为一族（孔颖达《左传》桓公六年《注疏》）。《白虎通义》以父之姓为一族，不限五族之内，母族谓母之父母一族，母之昆弟一族，母昆弟子一族，亦与孔《疏》异。杜预谓九族为外祖父，外祖母，从母子，妻父，妻母，姑之子，姊妹之子，女子之子，非己之同族（《左传》桓公六年注，今本"非"或作"并"义异）。以为九族"皆外亲有服而异族者"，又姑姊妹及女适人，但取其子而去其母，皆与以上二说不同。孔安国、马融、郑康成皆谓九族仅限父宗，上自高祖，下至玄孙（见《尚书注疏》，《尧典》，孔《传》，陆德明《音义》，孔颖达《疏》及《左传》桓公六年孔《疏》）。后儒如陆德明、贾公彦、顾炎武等皆从此说，《日知录》论辩甚详。一般多以《丧服小记》以三为五、以五为九之说为根据，几为定论。明、清律明定本宗九族五服图，九族专指父宗，更成为定制矣。
④ 《礼记·丧服小记》。
⑤ 《礼记·大传》。

服制的范围即亲属的范围，同时服制的轻重亦即测定亲属间亲疏远近的标准。① 服制实具两种功用。本宗外亲亲属关系之比较只须比较其不同的服制，便一目了然。

家应指同居的营共同生活的亲属团体而言，范围较小，通常只包括两个或三个世代的人口，一般人家，尤其是耕作的人家，因农地亩数的限制，大概一个家庭只包括祖父母，及其已婚的儿子和未婚的孙儿女，祖父母逝世则同辈兄弟分居，家庭只包括父母及其子女，在子女未婚嫁以前很少超过五六口的。古人说大功同财，所指的便是同祖的兄弟辈。秦时民有二男以上不分异者倍其赋，又令民父子兄弟同室内息者为禁，② 可见那时兄弟与父母同居是很普遍的事。孟子说入以事其父兄，③ 又有养其父母兄弟妻子及父母兄弟妻子离散一类的话，④ 也可证明此点。韩元长兄弟同居至于没齿，樊重三世共财，蔡邕与叔父从弟同居，三世不分财，乡党高其义，⑤ 则是汉时一般的习惯，很少有父母已没兄弟仍同居至于三世的，所以乡党高其义而为史家所书，其为难能少见可知，一般人大约都如缪肜家兄弟原同财业，及各娶妻，遂求分异的情形。这还是士大夫之家，若为寻常人家，自不会有人如肜之闭户自挝，弟及弟妇闻而谢过的情形了。陶希圣以汉律夷三族罪及父母兄弟妻子，证明汉代的家以父母妻子同产为普遍范围，⑥ 但我们须注意家族的连带责任是不一定与家的范围必然相合的，后代有诛九族的法律，九族绝非同居的一家。即以夷三族而论，我们断不能说这种连带责任只限于父母在堂兄弟同居的时期。后代的法律只要求父母在时子孙不许别籍异财（详后），但兄弟同坐的连合责任并不因父母殁后兄弟异居而取消。

自然历史上也有累世同居的义门，包括数百人口的大家⑦，在这种情

---

① 父宗服制系统此文不述，可参阅《元典章》三〇，"五服图"；《明会典》一〇二《丧服》，"本宗九族五服正服图"；《清律例》二《丧服图》，"本宗九族五服正服图"。

② 《史记·商君列传》。

③ 《孟子·梁惠王上》。

④ 《孟子·梁惠王上》、《孟子·尽心上》。

⑤ 赵翼：《陔余丛考》。

⑥ 陶希圣：《婚姻与家族》，商务印书馆，1934，第66~67页。

⑦ 氾稚春七世同居，儿无常父，衣无常主（《晋书·儒林传·氾毓传》）。杨播、杨椿兄弟一家之内男女百口缌服同爨。椿尝诫子孙曰："吾兄弟在家必同盘而食……吾兄弟八人今存者有三，是故不忍别食也。又愿毕吾兄弟世不异居异财。"（《魏书》五八，（转下页注）

形之下，同居范围便扩大至族，家、族不分了。但这样庞大的家实为例外，只有着重孝悌伦理及拥有大量田地的极少数仕宦人家才办得到，教育的原动力及经济支持力缺一不可，一般人家皆不易办到。一般的情形，家为家，族为族。前者为一经济单位，为一共同生活团体。后者则为家的综合体，为一血缘单位。每一个家自为一经济单位，如史书所说的薛安都世为强族，同姓有三千余家①的情形。宋孝王《关东风俗传》谓瀛、冀诸刘，清河张、宋，并州王氏，濮阳侯族，诸如此辈，一宗将近万室，烟火连接，比屋而居，亦非同居合爨。

二 父权

家族的范围已如上述，现在我们当进而讨论此种亲属团体中的统率问题。中国的家族是父权家长制的，父祖是统治的首脑，一切权力都集中在

(接上页注⑦)《杨播传》博陵李氏七世共居同财，家有二十二房，一百九十八口（《魏书》八七《节义传·李几传》）。义兴陈玄子四世同居，家一百七十口（《南齐书》五五《孝义传·李延伯传》）。郭儁家门雍睦，七叶共居（《隋书》七二《孝义传·郭儁传》）。唐刘君良累代同居，兄弟虽至四从，皆如同气，尺布斗粟人无私焉，其家六院，唯一饲（《旧唐书》一八八《孝友传·刘君良传》，《新唐书》一九九《孝友传·刘君良传》）。张公艺九世同居（《旧唐书·刘君良传》附），为当时义门之最。宋代义居风气更盛，江州陈氏南唐时聚族已七百口，宋时至千口，每食必群坐广堂，其后族中人口且激增至三千七百余人（《新五代史》六二《南唐世家》；《宋史》四五六《孝义传·陈竞传》，《毗陵西滩陈氏宗谱》）。越州裴承询十九世无异爨。信州李琳十五世同居。河中姚宗明十世同居，聚族百余人。江州许祚八世同居，长幼七百八十一口。池州方纲八世同爨，家属七百口，居室六百区，每旦鸣鼓会食。其他十世同居，八世同居，七世同居，六世同居，五世同居，四世同居者多家。少者累数十百年，多者至三四百年（《宋史》四五六《孝义传·许祚传、裴承询传、方纲传、姚宗明传》）。元延安张闰八世不异爨，家人百余口（《元史》一九七《孝友传·张闰传》）。婺州郑氏自南宋以来，累代同居，至明时同居已十世，历二百六十余年（《宋史》四五六《孝义传·郑绮传》；《元史》一九七《孝友传·郑文嗣传》；《明史》二九六《孝义传·郑濂传》；宋濂《郑氏规范·序》）。石伟十一世同居（《明史》二九六《孝义传·石伟传》）。蕲州王臬七世同居，家人二百余口（《明史·孝义传·郑濂传》附）。其他四世、五世、六世、七世、八世同居，及五世同爨、八世同爨者多家（《明史》二九六《孝义传》）。

① 《宋书》八八《薛安都传》。按永嘉二十一年，安都与宗人薛永宗起义，击拓跋焘。永宗营汾曲。安都袭得弘农。拓跋焘自率众击永宗灭其族，其势力之雄大自非具三千家之强族不办，而为其族主者便为宗豪，在家族中、在社会政治上均具有极大潜势力，故《宋书》称安都之父广为豪宗，宋高宗以为上党太守。安都之所以得有政治势力，先为北朝都统，仕宋为建武将军者，盖其族家之强盛有以致之。

他的手中，家族中所有人口，包括他的妻妾子孙和他们的妻妾，未婚的女儿孙女，同居的旁系卑亲属，以及家族中的奴婢，都在他的权力之下，经济权、法律权、宗教权都在他的手里。经济权的掌握对家长权的支持力量，极为重大。中国的家族是着重祖先崇拜的，家族的绵延，团结一切家族的伦理，都以祖先崇拜为中心——我们甚至可以说，家族的存在亦无非为了祖先的崇拜。在这种情形之下，无疑的，家长权因家族祭司（主祭人）的身份而更加神圣化，更加强大坚韧。同时，由于法律对其统治权的承认和支持，他的权力更不可撼动了。

我们已经说过亲属团体的范围有家、族之分，我们说到父权或家长时也应分别其范围。在一个只包括父母和子女两个世代的家庭中，父亲是家长，在包括三个世代的家庭，则祖父为家长。家庭范围或大或小，每一个家都有一家长作为统治的首脑。他对家中男系后裔的权力是最高的，几乎是绝对的，并且是永久的。子孙即使在成年以后也不能获得自主权。

父字据《说文》："矩也，家长率教者，从又举杖。"父字本身即含有统治和权力的意义，并不仅止于指示亲子的生育关系。子孙违犯父亲的意志，不遵约束，父亲自可行使威权加以惩责。社会上承认父亲的这种权力，从法律的观点来看，则可说他的权力是法律给予的，《吕氏春秋》说："家无怒笞则竖子婴儿之有过也立见。"① 《颜氏家训》亦云："笞怒废于家，则竖子之过立见，刑罚不中，则民无所措手足，治家之宽猛，亦犹国焉。"② 我们应注意父亲对子孙的笞责实际上并不只限于竖子婴儿，子孙成年以后依然不能坚持自己的意志，否则仍不能避免这种处罚。典型的孝子，舜和曾子受杖的传说，在人心上，尤其是对读书人，有长久的影响。梁朝的大司马王僧辩的母亲治家极严，僧辩已四十余，已为三千人将，母少不如意，犹箠挞之。③ 典型的孝子受父母的扑责不但不当逃避，并且应当受之怡然，虽挞之流血，亦"不敢疾怨"，仍得颜色婉愉，"起敬起孝"。④

扑责子孙有时便难免殴伤致死的情事，法律上究竟容许不容许父母杀

---

① 《吕氏春秋·孟秋纪·荡兵》。
② 《颜氏家训·治家》。
③ 《颜氏家训·教子》。
④ 《礼记·内则》。

死子孙呢？这是很值得注意的一个问题。罗马时代父的生杀权（Jus vitae necisque）在中国是不是有相同的情形呢？宋司马华费遂子多僚与䝍相恶，谗于宋公，公使人告司马，司马曰，"吾有谗子而弗能杀"，乃与公谋逐华䝍，① 似乎那时的父亲是有生杀权的。那时是宗法时代，正是父权学说形成的时代，或也是父权最盛的时代，同时也发现父亲的生杀权，其巧合或不是偶然的。

秦二世矫始皇诏赐蒙恬及扶苏死，扶苏说："父而赐子死，尚安复请？"② 君之于臣，父之于子，都是有生杀权的，到了后来则只适用于君臣而不适用于父子了。法律制度发展到生杀权完全操纵在国家机构及国君手里，自不再容许任何一个人能随意杀人，父亲对儿子，也不能例外。他只能扑责儿子，断不能杀死他，否则便要受国法的制裁了。《白虎通义》云："父煞其子死，当诛何？以为天地之性人为贵，人皆天所生也，托父母气而生耳。王者以养长而教之，故父不得专也。《春秋传》曰：'晋侯煞世子申生'。"③ 直称君者甚之也。可见汉人的概念中，父已无权杀子。北魏律，祖父母父母忿怒以兵刃杀子孙者处五岁刑，殴杀者四岁刑，若心有爱憎而故杀者各加一等。④ 唐、宋律不问理由如何，杀死子孙皆处徒罪，子孙违犯教令而杀之，也只能较故杀罪减一等。殴杀徒一年半，刃杀徒二年。若子孙并未违犯教令而杀之，便是故杀了。⑤ 而且所谓违犯教令也是指"可从而违"的正命。⑥ 在正命之下可从而故违，子孙才受违犯教令的处治，否则子孙违犯教令罪不成立，而祖父母父母擅加杀害便不能委为违犯教令，须负故杀的责任。⑦

元、明、清的法律较唐律宽容得多，父母并非绝对不得杀子孙，除了

---

① 《左传·昭公二十一年》。

② 《史记·李斯列传》。

③ 《白虎通义·诛伐》。

④ 《魏书·刑罚志》。

⑤ 《唐律疏议·斗讼》，"殴詈祖父母父母"；《宋刑统》二二《斗讼律》，"夫妻妾媵相殴并杀"。

⑥ 《唐律疏议·斗讼》"子孙违犯教令"原注。故《疏议》云："祖父母父母有所教令，于事合宜，即须奉以周旋，子孙不得违犯……若教令违法，行即有愆，……不合有罪。"

⑦ 《唐律疏议·斗讼》，"殴詈祖父母父母"，《疏议》云："若子孙违犯教令，谓有所教令，不限事之大小可从而故违者；而祖父母父母即殴杀之者徒一年半，以刃杀者徒二年。故杀者各加一等，谓非违犯教令而故杀者。"

故杀并无违犯之子孙外，子孙有殴骂不孝的行为，被父母杀死，父母是可以免罪的。① 即使非理杀死也得无罪。

> 王起长子王潮栋恨弟王潮相不肯借钱，持刀赶砍，王起将王潮栋拉回，缚其两手，向其斥骂，王潮栋回骂。王起气忿莫遏，将王潮栋活埋。吉林将军照子孙违犯教令，父母非理殴杀律拟罪。刑部以子骂父，系罪犯应死之人，与故杀并未违犯教令之子不同，亦与非理殴杀违犯教令之子有间，依律勿论。②

子孙违犯教令，祖父母原有权加以扑责，而无心致死，亦非不可能，所以依法决罚邂逅致死是无罪的，非理殴杀有罪，罪亦甚轻。明、清时的法律皆只杖一百。③《清现行刑律》处十等罚，罚银十五两。④ 处罚较唐律为轻。

非理殴杀自然指扑责以外的残忍的虐待的杀害。例如勒毙活埋一类的事情，至于违犯教令，则含义极抽象含混，像赌博奸盗一类的行为，父加训责，不从，自然包括在内。

> 张二小子年十一，时常在外偷窃，其父张勇屡诲不悛，起意杀死，将二小子用麻绳勒毙，照子孙违犯教令，父母非理殴杀律拟罪。⑤

但有时同样的罪名，出入很大，例如同样是窃偷，如果目为惯窃匪徒，则罪又重于违犯教令，虽非理殴杀，父亦无罪。

> 李增财因子李枝荣屡次行窃，央同外人帮忙，将李枝荣捆住，用铁斧背连殴，致伤两肋。李枝荣喊嚷滚转。李增财随即将李枝荣两脚

---

① 《元史》一五《刑法志》三，"杀伤"；《明律例》（本书所用系《明会典》本）十《刑律》二，《斗殴》，"殴祖父母父母"；《清律例》二八《刑律》，《斗殴下》，"殴祖父母父母"。明清律皆云若违犯教令而依法决罚邂逅致死者勿论，元律则云："诸父有故殴其子女邂逅致死者免罪。"

② 《刑案汇览》44：1a－2a。

③ 《元史·刑法志》，"杀伤"；《明律例》，"殴祖父母父母"；《清律例》，"殴祖父母父母"。

④ 《现行刑律》，《斗殴》下，"殴祖父母父母"。

⑤ 《刑案汇览》44：3a－4b。

筋割断，身死。刑部以李增财因子屡次行窃，至使割断脚筋身死，与非理殴杀不同，从宽免议。①

又如子女犯奸，如声明淫荡无耻，玷辱祖宗，将其杀死，亦得免议。有三件案子，二人勒死犯奸之女，一人砍死犯奸之女，均免议。②

另一方面，我们应注意所谓违犯教令往往是些细微的琐事。

> 陈十子令其子陈存根同往地内和粪，陈存根托故不往，训骂之后，无奈同往，至地仍不工作，怒形于色，陈十子嚷骂，陈存根哭泣不止，陈十子忿激，顿起杀机，用带将其勒毙。晋抚以系有心故杀，依父故杀子律杖六十徒一年。刑部驳以陈存根不听教令，实属违犯，应依子违犯教令而父非理殴杀律杖一百。③

像这种案件，若不是非理殴杀，便可不论了。法律上所注意的不是是否违犯教令而是是否非理毙杀，这是客观的问题，前者则是主观的，只要父亲说儿子违犯教令，法司是不会要求提出原因的，亦不须法司加以认定。有的殴死违犯教令之子的案件，咨文上根本不曾说明原因，只有因子违犯教令将子殴死的字样。④

子孙不肖，法律除了承认父母的惩戒权且可以由父母自行责罚外，还给予父母以送惩权，请求地方政府代为执行。我们已经说过生杀权的被剥夺是父权的一种减缩，那么，家庭惩罚权移交于政府请求法官审判执行，如亨利·梅因所提示我们的罗马帝政时代晚期的情形，自也是父权的一种减缩。送惩的方式通常不外两种。父母可以子孙违犯法令为理由送请惩戒。

唐、宋的处分是徒刑两年⑤，明、清时则杖一百。⑥ 违犯教令的范围，上面已经说过，是很宽泛的，只要父母提出控诉，法司无不照准。尤其是

---

① 《续增刑案汇览》12：4ab。
② 《刑案汇览》44：2a－3a。
③ 《刑案汇览》44：5ab。
④ 《刑案汇览》44：10a。
⑤ 《唐律疏议》二四《斗讼》四，"子孙违犯教令"；《宋刑统》二四《斗讼律》，"告周亲以下"。《宋史·刑法志》载真宗时，民家子有与人斗者，其父呼之不止，颠蹶死，法官处笞罪。上曰："呼不止，违犯教令，当徒二年，何谓笞也?"
⑥ 《明律例》—《刑律·诉讼》，"子孙违犯教令"；《清律例》三《刑律·诉讼》，"子孙违犯教令"。

明、清的法律处分定得很轻。

除了违犯教令外，父母也可以不孝的罪名呈控子孙请求代为惩治。不孝的罪名显然较违犯教令为重，所以法律上的惩处亦较后者为重。法律对不孝的内容在名例（总则）上原已一一列举，包括告言诅骂祖父母父母，祖父母父母在别籍异财，供养有缺，居父母丧自身嫁娶，作乐释服从吉，闻丧匿不举哀，以及诈称祖父母父母死等项，① 如何治罪在条文（分则）上也有明确的规定，受理时是不会感到困难的。但并不是说不在列举范围以内的子女对父母的不逊，便不算不孝，而父母便不能告他。法理上和事实上父母同样可以告诉，只要告子孙不孝，法司是不会拒不受理的。

而且，还有一点需注意的是，父母如果以不孝的罪名呈控，请求将子处死，政府也是不会拒绝的，虽然不孝罪的处分除告言诅骂处死外，其余等项皆罪不至死。这里我们可以看出法律对父权的倾向，父亲对子女的生杀权在法律制度发展到某种程度时，虽被法律机构撤销，但很明显，却仍保留有生杀的意志，换言之，国家所收回的只是生杀的权力，但坚持的也只是这一点，对父母生杀的意志却并未否认，只是要求代为执行而已。我们或可信此即古时父亲生杀权之遗迹。

刘宋的法律，父母告子不孝欲杀者皆许之。② 唐时李杰为河南尹，有寡妇告子不孝，其子不能自理，但云："得罪于母，死所甘分。"杰察其状，非不孝子，对寡妇说："汝寡居惟有一子，今告之，罪至死，得无悔乎？"寡妇道："子无赖，不顺母，宁复悔乎？"杰曰："审如此，可买棺木来。"③ 此寡妇但云："子无赖，不顺母。"即处死，可见父母欲杀皆许之，原无须罪至死，亦无须提出确证。

但我们应注意并不是所有时代的法律对被控不孝的人都处以死刑。宋代即有例如此。真德秀知泉州时，有母告子不孝。审问得实，杖脊于市，髡发居役。④

① 唐、元、明、清律，《名例》，"十恶"，不孝条。
② 《宋书》六四《何承天传》云："母告子不孝，欲杀者许之。"注云，"谓违犯教令，敬恭有亏，父母欲杀皆许之。"按宋时法律，子不孝父母原为弃市（《宋书》八一《顾觊之传》引律）。
③ 张鷟：《朝野佥载》卷五。
④ 真德秀：《西山政训》（宝颜本）。

　　清代的法律给予父母以呈送发遣的权利，只要子孙不服教诲且有触犯情节便可依例请求。忤逆不孝的子孙因父母的呈送，常由内地发配到云、贵、两广，[1] 这一类犯人向例是不准援赦的（常赦所不原），除非遇到特旨恩赦或减等发落，询明犯亲，情愿伊子回家，才有释放的机会。如遇恩赦准即时释回，若恩诏只系减等发落，则减徒之后照亲老留养例，枷号一个月释放。[2] 照例军流人犯减等者，皆递减为杖一百、徒三年，满徒之日方准释回。呈送发遣之案办理不同系体贴犯亲迫不及待之意。父母呈送常出于一时气忿，及子孙远戍，又心存不忍，时时系念，舐犊情深，所以许其呈请释回，又恐近于儿戏，所以只能在指定情形之下办理，不能随意请求。立法原意原系曲体祖父母父母之心，并非对曾犯忤逆之子孙意存宽宥。所以有时犯人发遣未久，遇恩旨查询，而犯亲气忿未平，不愿领回，年久月深，又想儿子回家，呈请释放。虽与例不符，但为体念亲心，仍准解交原籍，照例减徒折枷释放。[3] 有时父母因儿子众多，一子触犯，即行呈送，后来余子死亡，无人侍养，又呈请释放，也能邀准，虽然与遇赦才能呈请的定例是不符的。道光时广西有林某因长子窃银花用，被父斥骂，出言顶撞，呈送发遣贵州，长子去后，次子病亡，三子病废，林某年逾七旬，茕茕无依，呈请释放。刑部以虽例无明文，然"其父残年待毙，望子不归，既非所以顺衰老之情，亦不足以教人子之孝"，准予枷责释回。[4]

　　释放回家原是因父母无人侍奉，体念亲心，所以子孙释回后必须合于在家侍奉的条件，如赦回后再有触犯，又经父母呈送，便加重治罪，发往新疆给官兵为奴了。[5] 如果侍养的对象已经不存在，同样地，他也就无须

① 参看《刑案汇览》I：64a 各案。
② 《清律例》四《名例律上》"常赦所不原"嘉庚六年续纂，十一年、十五年、十九年三次修改，二十五年改旧例。
③ 《刑案汇览》I：69b－71a，其说帖中查议之文有云："……并无赦后再行查询之例，惟查王法本乎人情，而送子发遣之案，遇赦得准向犯亲查询，则为子者之应否回归，又明予犯亲以权，使得自为专主，是施法外之仁，即寓委曲教孝之意……该氏惟念骨肉，愿子回归，如仍令羁留配所，该犯不得遂鸟兽之私，若谓蘖由自作，而犯亲侍养无人，桑榆暮景，反无以自慰，揆之天理人情，似未为允协。该犯系曾经遇赦查询之犯，似可推广皇仁，准其释回……此后如有似此案情，均可照此办理。"
④ 《刑案汇览》I：72a－74b。
⑤ 《清律例》"常赦所不原"条例。

释放回家了。① 除非该犯原案实系偶有触犯，并非怙恶屡犯，又有闻丧哀痛情状，经督抚将军咨部核准奏请的手续。② 有的人被父母呈送监禁后，闻父母身故，自忧失去释放的机会而竟在狱自尽。③

我们从呈送发遣的事例可以很清楚地看出祖父母父母对子孙身体自由的决定权力。他们不但可以行使亲权，并且可以借法律的力量，永远剥夺其自由，放逐于边远，子孙被排斥于家族团体之外，同时也就被排斥于广大的社会之外，包括边境以外的全部中国，不能立足于社会。这可以说明子孙永远是属于父祖的，永远是与家庭不能分离的，这与具有近代意识，以为脱离家庭可以自由在社会上获得自己生活的见解，是大相径庭的。

更重要的，我们从中也可看出父母在这方面的绝对决定权，剥夺自由与否的决定，执行一部分以后，免除其罪刑与否，全取决于他们的意志，法律只为他们定一范围及具体的办法，并代为执行而已，不啻为受委托的决定机构。从形式上来看，判决的是法司，从实质上来看，决定的还是向法司委托的父母，法律上早已承认他们的亲权。他们剥夺子孙的自由的合法权力，严格言之，实不自请求发遣之时始；同样地，他们免除原刑的权力亦不自请求释放之时始。

从清代遗留的案牍中，我们可以看出父母呈送触犯之案多系情节较轻者，大抵系因不服管束或出言顶撞一类情事。有一人因平日懒惰游荡不听母训，被呈送发遣。④ 有一人酗酒滋事，屡训不悛，由直隶发配广西。⑤ 有时则为供养有缺，有一人自家逃走，两年不回，不顾其父养赡，经呈送发遣至极边烟瘴地区充军。⑥ 许多则起因于偷窃财物，有一人偷卖伊父膳谷，被父查知，出言触犯，由四川发配广东。⑦ 有一人因性好游荡浪费，图窃

---

① 按乾隆六十年旧例原定忤逆发遣之人父母已故，便准释回。嘉庆十三年纂例以父母已故，便谓不致再有忤逆情事，即准释回，殊非情理，况该犯等于亲在时既敢于违犯失其欢心，又安望其有依想之诚耶？此一条着即删去，仍遵例不赦（同上条例）。

② 《清律例》，"常赦所不原"，嘉庆十九年续纂道光二十五年修改例。参看《刑案汇览》Ⅰ：76b－77a；77a－78a；78a－79b；80a－81b，82ab，83ab。

③ 《刑案汇览》Ⅰ：75b。

④ 《刑案汇览》44：56b。

⑤ 《刑案汇览》Ⅰ：82a。

⑥ 《刑案汇览》44：54a。

⑦ 《刑案汇览》Ⅰ：73b。

父银使用。① 又一人因赌博输钱，欲当母衣服偿欠。② 有时再度呈送发遣也并非了不得的大恶，有一人嗜酒游荡，经父呈送发遣，在配思亲情切逃回被获，适逢恩诏查询，犯亲情愿领回，枷责释放，嗣后该人又在外饮醉，其父气忿，复呈送发遣，依例枷号两月，仍发极边充军，永不准释回。③ 可以说都是属于违犯教令一类的。很清楚，若是有干犯殴詈的重大罪名，早已罪犯死刑，岂止发遣？条例上说得明白："凡呈告触犯之案，除子孙实犯殴詈，罪干重辟，及仅止违犯教令者，仍各依律例分别办理外，其有祖父母父母呈首子孙恳求发遣，及屡违犯触犯者，即将被呈之子孙实发烟瘴地方充军。"④ 故道光谕旨中有云："子于父母如有干犯重情，早经依律治罪，其偶违教令，经父母一时之怒送官监禁者，情节本属稍差。"⑤

于此我们不应忽略一重要点，子孙违犯教令或供养有缺，依照本律不过杖一百，可是犯了同样的过失，被父母呈送便发遣边地，终身不得自由了。这说明了处分的伸缩自由完全操纵在父母的手里。像刑部《说帖》所说："子孙一有触犯经祖父母父母呈送者，如恳求发遣，即应照实际之例拟军；如不欲发遣，止应照违犯之律拟杖。"⑥ 法律机构代父母执行惩戒权，处刑的轻重完全是遵父母的意志的，这和刘宋时代父母告子不孝，欲杀者皆许之，是同一道理。

呈控子孙忤逆不孝，司法机构是不会拒不受理的，同时也不要求呈控人提供证据。法律上明文规定"父母控子，即照所控办理，不必审讯"。⑦ "天下无不是的父母"，父母对子女的管教惩戒权本是绝对的，伦理告诉我们，子当"有顺无违"，这不是"是非"的问题，而是"伦常"的问题。在父母责骂时和父母分辩讲理，甚至顶撞不服，在孝的伦理之下，实是不可想象的事。父母将儿子告到官里，官府怀疑父母所陈述的理由是否充足，或是追问子女究竟是否忤逆不孝，也是不可想象的事。如果法官追问

---

① 《刑案汇览》Ⅰ：72b。
② 《刑案汇览》44：55a。
③ 《刑案汇览》Ⅰ：83ab。
④ 《清律例》三《刑律·诉讼》"子孙违犯教令"，嘉庆十五年修改例。
⑤ 《刑案汇览》Ⅰ：15b。
⑥ 《刑案汇览》44：56b。
⑦ 《清律例》二八《刑律·斗殴》下，"殴祖父母父母"，乾隆四十二年例。

谁是谁非，便等于承认父母的不是，而否认父权的绝对性了。

"是非"，毋宁说是系于身份的。我错了因为我是他的儿女。他的话和行为是对的，因为他是我的父亲。

其次，让我们来讨论财产权。

《礼记》曾屡次提到父母在不有私财的话，① 禁止子孙私有财产在礼法上可以说是一贯的要求。法律上为了防止子孙私自动用及处分家财，于是立下明确的规定。历代法律对于同居卑幼不得家长的许可而私自擅用家财，皆有刑事处分，按照所动用的价值而决定身体刑的轻重，少则笞一十二十，多则杖至一百。②

子孙既不得私擅用财，自更不得以家中财物私自典卖，法律上对此种行为的效力是不予以承认的。《宋杂令》说，家长在，子孙弟侄等概不得以奴婢六畜田宅及其他财物私自出卖或质举，便是家长离家在三百里以内并非隔阂者，同居卑幼亦受同样拘束，只有在特殊情况之下（家在化外及阻隔兵戈），才能请求州县给与文牒以凭交易，违者物即还主，财没不追。③ 元代也有类似的规定，田宅的典卖须有尊长书押才有契约上的效力。④

父母在而别立户籍，分异财产，不仅有亏侍养之道，且大伤慈亲之心，较私擅用财的罪更大，所以法律列为不孝罪名之一，⑤ 而处分亦较私擅用财为重。唐宋时处徒刑三年。⑥ 明、清则改为杖刑一百。⑦ 祖父母父母死后子孙虽无此种限制，但丧服未满仍不得别籍异财，否则也不能逃避法律制裁。⑧

---

① 《曲礼上》云：父母在"不有私财"。《坊记》亦云："父母在，不敢有其身，不敢私其财。"又《内则》云："子妇无私货，无私蓄，无私器，不敢私假，不敢私与。"

② 唐、宋律私辄用财者十匹笞十，十匹加一等，罪止杖一百（《唐律疏议》一二《户婚上》，"卑幼私辄用财"；《宋刑统》一二《户婚律》，"卑幼私用财"）。明、清律二十贯笞二十，每二十贯加一等，罪亦止杖一百（《明律例》四《户律·户役》，"卑幼私擅用财"；《清律例》八《户律·户役》，"卑幼私擅用财"）。

③ 见《宋刑统》一三《户婚律》，"典卖指当论竞物业"。

④ 《元史》一三《刑法志·户婚》。

⑤ 唐、宋、元、明、清律，《名例》，"十恶"，不孝。

⑥ 《唐律疏议》一二《户婚上》，"子孙不得别籍"；《宋刑统》一二《户婚律》，"父母在及居丧别籍异财"。

⑦ 《明律例》四《户律·户役》，"别籍异财"；《清律例》八《户律·户役》，"别籍异财"。

⑧ 唐、宋处徒刑一年（《唐律疏议》一二《户婚上》，"居父母丧生子"；《宋刑统》，"父母在及居丧别籍异财"）。明、清律杖八十（《明律例》，"别籍异财"；《清律例》，"别籍异财"）。

立法的原意是恶其有忘亲之心，同时我们可以证明父祖对财产的所有权及支配权在父祖死时才消灭，子孙在他未死以前，即使已成年，已结婚，或已生有子女，同时已经有职业，已经获得公民的或政治上的权利，他依然不能保有私人的财产或是别立一新的户籍。

法律对父权在这方面的支持以及对家族团体经济基础的维持，其力量是不可忽视的。再进一步来看，我们则可以发现，不但家财是属于父或家长的，而且他的子孙也被认为是财产。严格说来，父亲实是子女之所有者，他可以将他们典质或出卖于人。几千年来许多子女都这样成为人家的奴婢，永远失去独立的人格，子女对自己的人格是无法自主或保护的，法律除少数例外，也从不曾否认父母在这方面的权力。①

另一重要的父权为对子女婚姻状况的决定。父母的意志为子女婚姻成立或撤销的主要的决定条件，他以自己的意志为子授室，为女许配，又可以命令他的子孙与媳妇离婚，子女个人的意志是不在考虑之列的。社会法律皆承认他的主婚权，以社会法律的制裁作为有力的支持。子女的反抗是无效的。

从以上的分析中我们可以得一结论，父或家长为一家之主，他的意思即命令，全家人口皆在其绝对的统治之下。司马光云："凡诸卑幼事无大小，必咨禀于家长（安有父母在上而其下敢恣行不顾者乎？虽非父母，当时为家长者，亦当咨禀而行之，则号令出于一人，家始可得而治矣）。"②所说的便是这种情形。

在离去这个题目以前，我们对父权似应加以明确的解释，以免发生概念上的混淆。在上文中，我们常父母并言，社会、法律要求子孙对他们同样地孝顺，违犯教令及其他侵犯行为对父母是同样的处分，并无轩轾。但我们应注意，严格说来，只能说是父权而不能说是母权。这有两点意义：第一，母权是得之于父的，是因父之妻的身份而得的，"不为伋也妻是不为白也母"③的情形。可以说母权不是永久的，其延续性是决定于父之意志的。第二，母权不是最高的，也不是绝对的。我们晓得妻是从夫的，在

---

① 汉高帝尝颁诏令，民得卖子（《汉书》二四《食货志》）。旋又诏民以饥饿自卖为奴婢者得免为庶人（《汉书·高帝纪》）。《严助传》云"民得实爵赘子以接衣食"，淳如注曰："淮南俗卖子与人作奴婢名曰赘子，三年不赎，遂为奴婢"（《汉书》六四《严助传》）。风俗法律对父母出资子女的权利的承认，汉时已然。

② 司马光：《书仪》卷四《居家杂仪》。

③ 《礼记·檀弓》。

治家上居于辅从的地位，以父母来说，母亦居于辅从的地位。在父母双方的意志不相冲突时，他们的命令是一个，原不必分别父权母权——自法理言之，母既是从父的，根本便不应有冲突。但事实上当母权与父权冲突时，则夫权越于妻权，父权越于母权，子女应当服从父亲的最高的绝对的命令。许多家庭中母亲往往溺爱儿子，不加管束，父亲说打便打，母亲虽心痛，也无从拦阻。又如为子择媳，儿子固不能违背母亲的意志，但父亲有最后的决定权。所以古人说"家无二隆"，① "母亲而不尊"，明白承认家中只有一最高主宰，犹之国家亦无二隆，即以丧服而论，也可看出父尊而母卑，很长一个时期，父在只为母服期丧，开元时经过一场激辩，才改为齐衰三年，一直到明代才一律斩衰三年。

而且，严格说来，父权实指家长权，只有男人才能获得此权，祖母、母亲实不包括在内。我们应注意父权的行使者不一定是祖父或父亲，有时是祖父的兄弟、父亲的兄弟，有时是同辈的兄长。谁是家长谁便是父权的行使者，全家的所有卑幼都在他的统治之下。即使祖父、父亲是一家之长，他死后也不能由祖母或母亲来继承，她反而居于从子的地位，如果儿子还未成年，名义上也须由亲等最近的旁系男性尊亲属负教养监护之责，代行父权。最显明的是关于主婚权。

以上是父权在家中的行使。族既是家的综合体，族居的大家族自更需要一人来统治全族的人口，此即我们所谓族长。即便是不族居的团体，族只代表一种亲属关系时，族长仍是需要的，一则有许多属于家族的事务，须他处理，如族祭、祖墓、族产管理一类事务；再则每一个家虽已有家长负统治之责，但家与家之间必有一共同的法律、一最高主宰，来调整家与家之间的社会关系，尤其是在有冲突时。没有族长，家与家之间的凝固完整，以及家与家之间的社会秩序是无法维持的。族长权在族内的行使实可说是父权的延伸。

在远古的时代——周，我们看见宗法的组织。这种组织是"同姓从宗合族属"的一种结合，由大小宗分别来统率。大宗一系由承继别子（始封之祖）的嫡长子（大宗宗子）组成，② 是全族的共同组织，全族的男系后

---

① 《荀子·致士》云："君者国之隆也，父者家之隆也，隆一而治，二而乱。"
② 《礼记·大传》云："别子为祖，继别为宗，继祢者为小宗。"

裔，都包括在此宗体以内，^① 为全族所共宗，^② 可以说是最综合的、最永久的。其余嫡子及庶子则分别组成无数小宗，有继祢的（父宗），^③ 有继祖的（祖宗），有继曾祖的（曾祖宗），有继高祖的（高祖宗），分别统其同父之群弟、同祖之弟、同曾祖之弟、同高祖之弟。最后所有小宗则皆统于大宗，成为"大宗能率小宗，小宗能率群弟"的情形。^④

大宗是百世不迁的，同时亦是百世不易其宗的，^⑤ 凡是始祖的后裔，都包括在此宗体以内，皆以大宗宗子为宗主，所以大宗的体系是综合的，也是最永久的。小宗则是以高祖为始，五世则迁的，祖迁于上则宗易于下。祖迁于上影响祭礼的变动，宗易于下则影响宗体及统率关系的变动，所以小宗的范围不仅是较小的，而且是随时变动的，不是永久的。

宗者主也，宗本身即一种统率，宗子权即统率之权，所以汉儒说："宗，尊也，为先祖主也，宗人之所尊也。"^⑥ 又因为宗道以兄统弟，故宗道亦即兄道。^⑦ 孔子常说，入以事其父兄，周人每孝弟并论，此即宗道的意识，与后世所谓弟道不同。

宗子权中最主要的是祭祀权。在宗法系统中不是所有的子孙都有祭祀权，只有宗子才能祭其父祖。^⑧ 继别者祭别，继祢者祭祢，继祖者祭祖，继曾祖者祭曾祖，继高祖者祭高祖，各有所继，各有所祭，其余非所当继者皆不得祭。这些不祭的大小宗宗子之弟在祀时便分别敬侍宗子，同父的

① 《仪礼·丧服传》云："大宗者尊之统也，大宗者收族者也。"
② 《白虎通德论》云："宗其为始祖后者百世之所宗也。"（卷三下《宗族》）。
③ 《白虎通德论》云："宗其为曾祖后者为曾祖宗，宗其为祖后者为祖宗，宗其为父后者为父宗。父宗以上至高祖皆为小宗。……小宗有四，大宗有一，凡有五宗，人之亲所以备矣。"
④ 《白虎通德论》。
⑤ 《礼记·大传》云，"有百世不迁之宗，有五世则迁之宗。百世不迁者，别子之后也。宗其继别子之所自出者，百世不迁者也。宗其继高祖者，五世则迁者也"。《白虎通德论》衍释之云："宗其为始祖后者为大宗，此百世之所宗也。宗其为高祖后者五世而迁者也，高祖迁于上，则宗易于下。"
⑥ 《白虎通德论·宗族》。
⑦ 毛奇龄云："宗之道兄道也。"吾人或可说无兄弟相宗之法即等于无宗。
⑧ 李塨对此点解释得最清晰明白，他说："祭礼通俗谱曰：'祭必以子'，子必有兄弟，周制兄弟严嫡庶，而嫡庶又严长次，惟长嫡可以主祭，次嫡与庶皆名支子，皆不得主祭。盖封建之世，天子诸侯卿大夫惟长嫡得袭位，次嫡即不袭，故古之重嫡即重贵也。"

兄弟共侍父宗宗子祭父，堂兄弟共侍祖宗宗子祭祖，再从兄弟共侍曾祖宗子祭曾祖，族兄弟共侍高祖宗子祭高祖，大宗宗子祭始祖一系时则群宗皆来敬侍。故《白虎通义》云："宗将有事，族皆侍。"① 贺循云："若宗子时祭则宗内男女毕会。"② 大小宗宗子实为大小宗的主祭者。

第二，宗子负有全族财产权。《白虎通义》云"大宗能率小宗，小宗能率群弟，通其有无，所以统理族人者也"，③ 便是此意。宗法组织之下，昆弟虽"异居而同财，有余则归之宗，不足则资之宗"。④

此外，族中有大事皆当咨告宗子，故贺循云："奉宗加于常礼，平居即每事咨告，凡告宗之例，宗内祭祀、嫁女、娶妻、死亡、子生、行来、改易名字皆告。"⑤

以族人之婚姻而言，所以必告者不仅系大事必告，而且要求宗子普率宗党以赴役，⑥ 最主要的还是因为主婚权。所以《仪礼》说："宗子无父，母命之，亲皆殁，已躬命之，支子则称其宗，[宗子]之弟别称其兄[宗子]。"⑦ 又女子许嫁之后，祖庙未毁，教于公宫，毁则教于宗室，⑧ 宗室即宗子之家。

生子必告，告则宗子书于宗籍。⑨

宗子亦似有生杀权。楚归知罃于晋，楚王问何以为报。对曰："以君之灵，累臣得归骨于晋，寡君之以为戮，死且不朽。若从君之惠而免之，以赐君之外臣首[知罃父]，首其请于寡君而以戮于宗，亦死且不朽。若不获命，而使嗣宗职……"⑩ 戮于宗即宗子有生杀权之谓。

宗子在宗族中之地位既然如此高崇，所以宗子宗妇于礼最尊，贺循所谓"奉宗加于常礼"是。《礼记》云：适子庶子只事宗子宗妇，虽贵富，不敢以富贵入宗子之家，虽众车从，舍于外以寡约入，子弟犹归器，衣服

---

① 《白虎通德论》。《尚书大传》宗人作宗室，《诗》毛传则作宗子。
② 贺循：《贺氏丧服谱》（《通典》七三引）。
③ 《白虎通德论》。
④ 《仪礼·丧服》。
⑤ 《贺氏丧服谱》。
⑥ 《贺氏丧服谱》云："若宗内有吉凶之事，宗子亦普率其党以赴役之。"
⑦ 《仪礼·士昏礼》。
⑧ 《仪礼·士昏礼》；《礼记·昏义》。
⑨ 《贺氏丧服谱》。
⑩ 《左传·成公三年》。

丧衾车马则必献其上而后敢用其次也。① 宗子之尊可以想见。

宗法原是封建贵族的亲属组织，封建制度崩坏以后，宗法组织亦随之瓦解。封建时代爵位封邑的继承皆只限于一人，所以分别大小宗，独重长嫡，封建既废，官无世禄，此种分别自非必要，所以宗法组织亦成为历史的遗迹。后代虽好以长房当大宗，次房以下当小宗，实似是而非，后世并无百世不迁永远一系相承的支系，房断不可与宗混为一谈。

而且严格言之，宗道兄道也，宗法的中心组织在于以兄统弟，后世根本没有这种意识，也没有这种组织。兄长断没有统弟的权力，每一房的统治者是父而不是兄。

宗法组织消失以后，起而代之的为家长或族长，家长若为小宗宗子，即为一家或一支派之主；族长若为大宗宗子，即为全族之主（但有时家长、族长之分并不严格，广义的用法，族长亦可称为家长。从历史上的用语来看，似乎族长一名称是较后起的，较通俗的。陆九韶兄弟累世同居，史称家长，不曰族长。江州陈氏、婺州郑氏的家谱家规中，亦概称家长）。一般习惯，族长是公推的，多半择辈尊年长德行足以服众者任之，整个族的事都由他处理。

在宗族的团体中，全族的收入和各项消费都须缜密地计画、经营和支配，经济方面的功能是非常繁重的。金谿陆氏累世义居，推一最长者为家长（实即族长），岁迁子弟分任家事，田畴、租税、出纳、厨爨、宾客，各有主者。② 浦江郑氏家长（族长）之下分设主记、新旧掌管、羞服长、掌膳、知宾等名目，由子弟分任其职。③

族不一定是同居的共同生活体，许多时候每一个家都是各自分居的，在这种情形之下，每一单位家务的处理仍由每一单位的家长自行负责，族长是不干预的，他所过问的是关乎家与家之间的公务，例如族田、族祠、族学的管理，族田收益的分配等。

族长皆负有宗教功能，为族祭的主祭人，陆九龄兄弟家每晨由家长率众子弟拜谒先祠。④ 一般的家虽不每日叩祠，岁时祭祀的主祭人仍为

① 《礼记·内则》。
② 《宋史》四三四《儒林》四《陆九韶传》。
③ 郑文融、铉、涛等订《郑氏规范》（《学海类编》本）。
④ 《宋史·陆九韶传》。

族长。① 一般习惯是，家祠私祭由家长主祭，只有家内人口参加，岁时的族祭则于族祠举行，由族长主祭，全族的人皆参加。

除祭祀外，族长最重要的任务是处断族内纠纷。家内纠纷，自可由家长处断，族内家际纠纷则非家长所能解决。族长实等于族的执法者及仲裁者，族长在这方面的权威实是至高的，族内纠纷往往经他一言而决，其效力绝不亚于法官。有的权力甚至为法律所承认。例如族中立嗣的问题，常引起严重纠纷，有时涉讼不清，法官难以判断，断亦不服。只有族长及合族公议才能解决这种纠纷，往往一言而决，争端立息。法律上看清了这一点，所以明白规定："妇人夫亡，无子守志者合承夫分，须凭族长择昭穆相当之人继嗣。"② 又如，独子承继两房应取具合族甘结。③ 因争继酿成人命者，争产谋继及扶同争继之房分，均不准其继嗣，应听合族另行公议承立。④ 所谓合族公议实由族长主持。

招婿养老本应仍立同宗应继者一人承奉宗祀，但未及立继而死，自不得不由族长于同宗中择一人立继，法律上明文规定："从族长依例议立。"⑤

对于违犯族规及不服仲裁的族人，族长是有惩罚权的。许多宗族都有族规，有时是成文的。《郑氏规范》为最著称的一例。有些家族虽没有条规，但总有些传统的禁忌，凡足以破败门风、玷辱祖宗的行为都是族所不容的。往往触犯刑律的人同时也就是触犯族禁者，国法与家法有时是相合的。

族长实无异于奉行宗族法律（家法）的法官，为族法的执行者。他可以根据自己的意志判断曲直，酌定处罚（族中若没有规定处罚的条款，只得采取自由裁定的方式），他的话在族中即命令、法律，他可以使令赔偿损害，以及服礼道歉：

> 王荣万因堂弟王贵万将坍败公众厅堂修整居住，令出租钱不允，

① 浦江郑氏朔望岁时皆由家长（族长）主祭。（见《郑氏规范》、《义门郑氏家仪》、《通礼第一》、《续金华丛书》）。李塨《学礼》曰："公祠主祭实若族长，择行辈年齿高于一族，族众共推者为之，于是为祭主……祭时亦如家祠之祭，立阖族长主于族长后，灌毕，揖长支嫡长主初献礼，不敢忘始祖嫡长也。"（卷四《主祭》）。

② 《清律例》八《户律·户役》，"立嫡子违法"条。

③ 《清律例》八《户律·户役》，"立嫡子违法"条。

④ 《清律例》八《户律·户役》，"立嫡子违法"条。

⑤ 《清律例》十《户律·婚姻》，"男女婚姻"条例。

将王贵万钱抢走。王贵万投族，将王荣万寻获，处令还钱。①

饶念八兄病故，寡妇曹氏情愿守志。饶念八欲将曹氏嫁卖，且说恐曹氏破败门风，免得丢脸。曹氏投明族众，处令饶念八服礼。②

刘彩文素行不端，为母刘陈氏逐出另居。刘彩文偷窃族人刘章耕牛一只，为事主所悉。将刘彩文拉投族众。族长刘宾以做贼有犯族禁，倡言罚银八十两，置酒谢族，免其送官究治。③

更重的罪则处以身体刑，或开除族籍。家长族长之有身体惩罚权，在中国家族史上是极重要的，陆九龄、陆九韶兄弟家家法极严峻，子弟有过，家长责而训之，不改则挞之，终不改，度不可容，则言之官府，屏之远方。④ 婺州郑文嗣、文融兄弟家庭内凛然如公府，家人稍有过，虽颁白笞之。⑤ 族居时代，人口众多，关系极为复杂，极易引起冲突，若无家法，自难维持秩序。否则郑氏断不能十世同居，达二百数十年。

有时族长甚至下令将犯过的族人处死。

刘彩文经族长刘宾断令罚银谢族后，即将刘彩文交刘公允领交刘陈氏收管。彩文回家，欲卖陈氏膳田备酒。陈氏不允，彩文嚷闹，将陈氏推倒。次日，刘宾、刘章、刘大嘴（刘革之子）、刘公允等赴刘陈氏家催索罚银。陈氏声述昨天情事，求都同送官究治。刘宾云："做贼不孝，不如埋死，以免族人后累。"陈氏不允。刘宾说："如不埋死，定将卖膳田办酒示罚。"刘宾即令刘大嘴取出吊狗细练将刘彩文绞住，拉牵前走。彩文不肯走，刘宾又令刘彩文之大功服兄刘文登在后帮推，陈氏捆带稻草唤彩文之弟刘相刘牙同行，刘相中途逃走。刘牙哀哭求饶，刘宾不允，令刘文登挖坑，陈氏将稻草铺垫坑内。刘宾随令刘大嘴将练解放，同刘大嘴将刘彩文推落下坑，刘文登与刘陈氏推土掩埋。⑥

---

① 《刑案汇览》44：29。
② 《刑案汇览》7：78a。
③ 《驳案新编》10：1a。
④ 《宋史》四三四《陆九龄传》。
⑤ 《元史》一九七《孝友传·郑文嗣传》。其详细家规，某过该罚，某过该笞，皆载《郑氏规范》中。
⑥ 《驳案新编》10：1a－7b。

徐公举与侄女徐昭英通奸，经徐昭英之母、叔捉双捆绑，投明族长徐添荣送官究治，徐公举在途求释，不允，遂说，送官族长亦无颜面，徐添荣以其败坏门户，忿激之下，喝令徐添寿将徐公举推溺毙命。①

族长的生杀权固不是法律所承认的，前案刘宾病故不议，后案徐添荣照擅杀律科断。但我们应注意其传统的威权，族人肯服从他的命令，加以执行，便表示承认他的生杀权，并不曾有所怀疑。这类事在穷乡僻壤不知曾发生过多少次，若有记录，其数量定很惊人。

于此我们可见家长、族长在维持家族秩序及家族司法上所处的重要地位以及国法与家法的关系。在社会和法律都承认家长或族长这种权力的时代，家族实被认为是政治、法律之基本单位，以家长或族长为每一单位之主权，而对国家负责。我们可以说家族是最初级的司法机构，家族团体内的纠纷及冲突应先由族长仲裁，不能调解处理，才由国家司法机构处理。这样可省去司法官员许多麻烦，并且结果也较为调和，俗话说的清官难断家务是有其社会根据的。有许多纠纷根本是可以调解的，或是家法便可以处治的，原用不着涉讼，更有些家庭过犯根本是法律所不过问的，只能由家族自行处理。家长、族长除了生杀权以外，实具有最高的裁决权与惩罚权。

反过来看，法律既承认家长、族长为家族的主权，而予以法律上的种种权力，自亦希望每一单位的主权能使其单位团体的每一分子对法律负责，对国家负责。此等责任或为对国家的一种严格的义务。

公元前二世纪时，我们便看见中国法律上对家长所要求的这种责任，当时的占租律便是以家长为负责的对象，占租不实者有罪。② 脱漏户口，自古以来的法律都要求家长负责。唐、宋律脱户者家长徒三年，无课役者减二等，明、清律一户全不附籍，有赋役者家长杖一百，无赋役者杖百十，将他人隐蔽在户不报及相冒合户附籍者同罪。③ 暂时举家逃亡，家长

① 《刑案汇览》27：14b－20a。
② 《汉书》七《昭帝纪》，如淳引律。
③ 《唐律疏议》一二《户婚上》，"脱户"；《宋刑统》一二《户婚律》，"脱漏增减户口"；《明律例》四《户律·户役》，"脱漏户口"；《清律例》八《户律·户役》，"脱漏户口"。

处斩。① 户籍租税等事本系家长职权，故由家长独负其责。

有些事虽应由个人负责，但所有家族内人口都居于家长或族权之下，应随时督察，所以也应由家长负责。而且有过失之本人反不负法律上的责任。例如，服舍违式，明、清律俱罪坐家长，② 清律还规定，族长系官罚俸三个月。③ 又如，居丧之家修斋设醮，而男女混杂，饮酒食肉者，亦罪坐家长，杖八十。④

从家法与国法、家族秩序与社会秩序的联系中，我们可以说家族实为政治、法律的单位，政治、法律组织只是这些单位的组合而已。这是家族本位政治法律理论的基础，也是齐家治国理论的基础，每一家族能维持其单位内之秩序而对国家负责，整个社会的秩序自可维持。

（原文载于《中国法律与中国社会》，中华书局，1981，收入本书时有改动）

---

① 《晋书·刑法志》。
② 《明律例》一八《礼律·仪制》，"服舍违式"，《清律例》一七《礼律·仪制》，"服舍违式"。
③ 《清律例汇辑便览》"服舍违式"条引。
④ 《清律例》一七《礼律·仪制》，"丧葬"。

新中国十年来婚姻家庭关系的发展（1959）

芮　沐[*]

一

自新中国成立，把我们的婚姻家庭从封建压迫下解放出来，建立今天社会主义制度下男女真正平等、团结和睦的美满的婚姻家庭制度，是一个历史过程。

我们知道，婚姻家庭制度是和一定的社会制度密切联系着的，它随着社会制度的变化而变化，随着社会制度的发展而发展。旧中国的婚姻家庭制度是旧中国半殖民地半封建社会制度的产物，它具有和旧社会性质相同的封建主义和资本主义的两重性质。不过，由于几千年的封建统治，封建的婚姻家庭制度在旧中国占据统治地位；城市资产阶级的婚姻家庭关系，一般地说，也受着封建主义的影响。

封建的婚姻家庭制度是建立在封建经济基础上的婚姻家庭制度。这里男性掌握着财产的支配权，在这种制度下，妇女受着重重的社会压迫。毛泽东同志在《湖南农民运动考察报告》中指出，这里"这四种权力——政权、族权、神权、夫权，代表了全部封建宗法的思想和制度，是束缚中国人民特别是农民的四条极大的绳索"。

这种由封建礼教和严格的等级制所维护的罪恶的封建婚姻家庭制度有其特点：（1）在这种制度下，婚姻是包办强迫的婚姻，凭"父母之命，媒妁之言"，根据财产多寡和门第高低来订立。男女间的婚姻没有一点自由。（2）夫妇关系是男尊女卑，加上公开的多妻蓄妾制度。在这种制度下，妇

* 　芮沐，北京大学法律系教授。

女成为蹂躏和奴役的对象，封建礼教为妇女带上了"三从四德"、"七出"的枷锁，使妇女上天无路、入地无门。随着资本主义势力渗入旧中国，婚姻买卖的现象没有改变，公开卖淫更是合法存在。（3）在家庭里实行严酷的家长制，子女的利益被漠视，特别是女孩子是被鄙视的。子女成为封建家长任意蹂躏的对象，封建诫条是"天下无不是的父母"、"父叫子死，不敢不死"。（4）作为这种制度的附产，出现了童养媳、寡妇不能再嫁、结婚必须给彩礼、女子没有继承权等现象。

国民党的反动统治，由它的阶级性质决定，以资产阶级的法律门面词句掩盖并肯定了封建社会与商品买卖相结合的婚姻家庭制度。这不仅从当时的社会实际可以深刻地看出，而且从国民党反动立法、从它的法院解释例和判例中可以明显地看到这一点。

在漫长的中国历史中，千千万万的男女特别是妇女在历代统治者的压迫之下，成为这种野蛮落后制度的牺牲品，不少人葬送了他们的幸福与生命。

封建婚姻家庭制度，不仅是家庭痛苦的源泉，而且是社会生活的螯毒。封建的婚姻家庭制度在封建经济基础上产生，反过来成为数千年中国经济文化停滞与落后的重要原因之一。这种制度不改变是不行的了。为了把广大妇女从罪恶的封建深渊中解放出来，摧毁腐朽落后野蛮的封建婚姻家庭制度，建立新的适合于社会发展的婚姻家庭制度，就成为改变封建经济基础、摧毁整个旧制度全部任务中的一项迫切的革命任务。毫无疑问，妇女解放是全人类解放的重要组成部分，也是社会进步、消灭剥削的重要标志之一。

但必须明白，旧中国的封建婚姻家庭制度，是旧社会制度的必然结果，它得到这个社会的全部力量的维护。在国民党反动统治下，帝国主义、封建主义和官僚资本主义勾结起来，成为这个制度的支柱。因此，要废除封建婚姻家庭制度，必须首先推翻半殖民地半封建的政权。毛泽东同志在《湖南农民运动考察报告》中指出："地主政权，是一切权力的基干。地主政权既被打翻，族权、神权、夫权便一概跟着动摇起来。"所以，中国共产党历来就把解放妇女作为中国革命事业不可分割的一部分，而且中国革命要想取得胜利，也必须发动占人口 1/2 的广大劳动妇女的力量。

中国共产党从它诞生的第一天起，就把"废除一切束缚女子的法律，女子在政治上, 经济上, 社会上, 教育上一律享受平等权利" 确定在自己的革命纲领里。当中国共产党在根据地初建立政权的时候, 就于 1931 年 12 月 1 日颁布了《中华苏维埃共和国婚姻条例》。《中华苏维埃共和国宪法大纲》指出: "中华苏维埃政权以保证彻底的实行妇女解放为目的, 承认婚姻自由, 实行各种保护妇女的办法, 使妇女能够从事实上逐渐得到脱离家务的物质基础, 而参加全社会经济的、政治的、文化的生活。" 所有这些革命立法, 有力地支持了广大群众特别是妇女摆脱封建家庭束缚的正义斗争, 奠定了新婚姻家庭制度的原则基础, 从而促进了当时革命形势的发展。

二

中华人民共和国的成立, 推翻了代表帝国主义、封建主义和官僚资本主义的国民党反动统治。全国解放后, 通过土改, 广大劳动人民摆脱了封建主义在政治上和经济上的枷锁, 并在社会思想和生活上逐渐肃清其残余影响。

全国范围内的土地改革消灭了封建土地所有制。这个重大的革命改革, 从根本上摧毁了封建秩序赖以存在的经济基础。封建的生产关系消灭以后, 广大妇女要求摆脱封建婚姻制度的束缚, 要求婚姻自由的斗争是激烈的。这就应验了毛泽东同志早在《湖南农民运动考察报告》中所说的: "要是地主的政治权力破坏完了的地方, 农民对家族神道男女关系这三点便开始进攻了。" 男女要求平等、要求婚姻自由的呼声遍及全国; 在婚姻问题上新旧的斗争是严重的。婚姻案件当时在民事案件中曾占极大的比重。例如, 1950 年初华北地区的婚姻案件, 占民事案件的 64%, 有的县民事案件几乎全部是婚姻案件。这说明, 在反帝反封建反官僚资本的新民主主义革命深入发展以后, 封建的婚姻压迫制度无论如何都是没有存在余地的。

土地改革中妇女分到与男子同样的一份土地, 和男子一样能够在土地证上写下自己的名字。几千年以来, 妇女第一次有了土地权。这正像列宁所说的, 是 "在文明社会中唯一可能的坚固民主主义原则基础上", 巩固了家庭关系的前提。在这个前提下, 中国历史上第一次出现了在正常的生产劳动中，家庭全体人员在团结和睦、互助互爱的气氛中生活的新家庭的基础。

在土改进行的同时，为了支持妇女的解放斗争，在各方面肃清封建残余，1950 年 5 月 1 日我国颁布了《中华人民共和国婚姻法》。《中华人民共和国婚姻法》是我国广大劳动人民在党的领导下，进行长期反封建斗争获得的经验，并结合全国解放后具体条件而制定的法律文件。它是党对解放妇女、废除封建婚姻家庭制度的一贯政策的表现。婚姻法的公布加速了封建婚姻家庭制度的死亡，并对新制度的巩固与发展起了巨大的作用。

《中华人民共和国婚姻法》第一章规定："废除包办强迫、男尊女卑、漠视子女利益的封建主义婚姻制度。实行男女婚姻自由、一夫一妻、男女权利平等、保护妇女和子女合法利益的新民主主义婚姻制度。禁止重婚、纳妾。禁止童养媳。禁止干涉寡妇婚姻自由。禁止任何人借婚姻关系问题索取财物。"

在这样的原则下，父母包办强迫，第三者或"神"的干涉就销声匿迹了。男女结婚只能是出于双方本人完全自愿的自由结合。这里，离婚自由也受到国家法律的保障。把妇女当作玩弄对象的旧社会的形形色色的罪恶制度被彻底扫除。男女平等开始有了实现和贯彻的可能。子女在这种新社会的家庭中，不再是家长可以任意支配的私产，他们是社会的成员、新社会的主人翁。他们的合法利益将受到新社会、新国家的当然保护。

我们反过来看看国民党的立法。国民党民法是从来不敢提到婚姻自由的字样的。在它的司法院的解释例里，它还明确地肯定了买卖婚姻。民国 17 年解字第 161 号解释例云："习惯上之买卖婚姻，如经双方合意，虽出银实具有财礼之性质者，其婚姻应认为有效。"它也肯定了父母包办、子女在无意志状态下的早婚。近在民国 31 年（1942）的解释例院字第 2372 号中竟有这样的话："男女满七岁后有结婚之意思，经其法定代理人主持举行婚礼，并具备民法第 982 条之方式者，自应发生婚姻效力，从未合卺同居，但该配偶之一方，如于婚姻关系存续中复与他人结婚，仍应成立重婚罪。"另外，不论国民党民法亲属编第 985 条规定得怎样漂亮，说什么"有配偶者不得重婚"，在国民党司法院民国 26 年院字第 647 号的解释中却成了"娶妾并非婚姻，自无所谓重婚"。最高法院判例上字第 794 号说："夫之与妾通奸，实为纳妾的必然结果。故妻对于夫之纳妾，已于事前同意者，依民法第 1053 条，即不得以夫有与妾通奸之情事，请求离婚。"看它多么合乎"逻辑"！

在国民党的反动立法下，妻处于从属于夫的地位，这在无数的条文中是直接可以看到的。例如，妻必须冠以夫姓，必须以夫之住所为住所的第 1000 条、第 1002 条，绝对肯定丈夫财产统治权的法定财产制（联合财产制）的第 1017 条、第 1018 条、第 1020 条、第 1021 条等，以及非婚生子女必须经过生父认领才算婚生子女的第 1065 条等。

在我们的婚姻法中，夫妻间的关系是平等的关系。《中华人民共和国婚姻法》规定，"夫妻为共同生活的伴侣，在家庭中地位平等"，"夫妻双方均有选择职业、参加工作和参加社会活动的自由"，"夫妻有各用自己姓名的权利"。这样的夫妻平等的关系是"互爱互敬、互相帮助、互相扶养、和睦团结、劳动生产、扶育子女"的关系，是"为家庭幸福和新社会建设而共同奋斗"。这些规定不仅指出了新社会中夫妻关系的合理基础，还明确强调了新家庭中妇女与子女应有的地位，而且也反映了家庭与国家、社会间的关系，把家庭利益与国家及社会利益的有机结合表达出来。

在夫妻财产关系上，国民党民法亲属编作出了最无耻的骗人的虚构。譬如说，虽则它以冠冕堂皇地规定"夫妻得于结婚前或结婚后，以契约就本法所定之约定财产制中选择其一为其夫妻财产制"，这好像规定得很自由，可以任便男女双方处置婚后的财产，但是国民党民法关于夫妻财产制的全部规定，是坚决肯定了男权封建统治与资产阶级财产关系的事实的。这从它把联合财产制选作法定财产制这一事实固然可以看出。另外，国民党民法亲属编关于夫妻财产制全部四十余条条文中几乎没有几条曾经作为解释的对象，也没见之于判例这个事实，一方面可以看出在旧中国的广大地区，封建的生产关系没有改变，国民党统治从西方资本主义国家抄来的关于资本主义处理夫妻财产关系的方法，在这里成为纯粹的幌子，没有任何实际意义；另一方面从仅有的一些判例解释例中，也可以看出国民党民法亲属编不仅完全肯定了北洋政府时代的"属夫妻不明之产推定为夫所有"，而且一再重复宣示了封建和资产阶级财产关系里的男子特权与女子无权。例如，民国 21 年上字第 658 号说："将联合财产制宣告改用分别财产制，不过就联合财产中属于夫或妻之原有财产，使之独立，并非将联合财产不问原属何人所有，概令平分之意。"试问在反动统治的旧社会中，在这种统治阶级意志面前，原来没有财产的妇女处于怎样一种经济地位呢？与剥削社会内财产决定人身关系的情况截然不同，我们认为夫妻间的财产关系只是夫妇间基本关系的一个方面。《中华人民共和国婚姻法》第十条规定："夫妻双方对于家庭财产有平等的所有权与处理权。"这样规定之所以必要，不只是为了彻底否定封建社会公开剥夺女子财产权与处分权的封建法令，也可以彻底否定反映资本主义内部矛盾与妇女在经济上从属地位的资产阶级夫妻财产制，以及国民党反动立法的骗人勾当。对于劳动者来说，他的个人收入是劳动所得，在社会主义公有制下，公共福利的增长，就是个人福利的基础，按劳动所得归男女个人所有，这本来是显而易见的事。这一点在今天社会物质基础根本改变的情况下，更明显地成为用不着提的事了。

我们的婚姻法也规定了父母子女的关系。在封建社会和资本主义社会，以及半殖民地半封建的社会里，父母子女间的真挚感情，往往被封建特权、商品关系摧残。因此，虐待、遗弃甚至危害生命的行为是常见的事。这是旧社会制度下的一种罪恶现象。我们的婚姻法明确规定："父母对于子女有抚养教育的义务；子女对于父母有赡养扶助的义务，双方均不得虐待或遗弃。"对养父母与养子女的相互关系，加以同样处理。

《中华人民共和国婚姻法》实施中，由于党的正确领导，取得了显著与辉煌的成绩。司法机关在执行党关于贯彻婚姻法的政策过程中，有力地揭露、批判了婚姻家庭问题上的封建思想与封建恶习，支持了长期受封建压迫的女子对婚姻自由的要求，正确地处理了许多婚姻问题，这样广大的青年男女特别是妇女也由此提高了觉悟，社会上不合理的婚姻问题部分地得到了解决，自由婚姻与民主和睦的新家庭逐渐出现，从而也大大地提高了劳动男女的政治积极性及生产积极性。但是，几千年的封建社会制度虽然已被推翻，在婚姻问题和妇女问题上的封建思想的残余却并不是一下子就能被肃清。为了肃清这种封建残余的影响，1953年政务院发出了指示，在全国范围内开展了大规模的宣传婚姻法和检查婚姻法执行情况的运动。中共中央又于同年2月18日作出了《关于贯彻婚姻法运动月工作的补充指示》，来保证这个运动有力开展。

贯彻婚姻法运动开展后，广大群众与干部受到教育，提高了对婚姻法的认识，新的婚姻和家庭关系得到发展，家庭纠纷和离婚案件大大减少。

许多父母认识到自主婚姻"省钱、省心又和美"，包办婚姻是"隔山买老牛，好坏碰运气"，而不再包办儿女的婚事。在家庭关系上，很多人体会到"越封建、越争吵、越别扭、劳动情绪越糟糕"，越民主、越和睦、越痛快、劳动劲头越足。民主和睦的家庭在全国范围内从此占据了主导地位。

于此，男女平等关系和新家庭的地位与原则，在 1954 年《中华人民共和国宪法》中再一次得到肯定。宪法第九十六条规定："中华人民共和国妇女在政治的、经济的、文化的、社会的和家庭的生活各方面享有同男子平等的权利。婚姻、家庭、母亲和儿童受国家的保护。"

三

社会主义革命高潮的到来，资本主义工商业改造的胜利和合作化运动的伟大成就，从根本上改变了中国社会的生产关系。合作化运动使大约一亿一千万的农户由个体经营转变为集体经营，这就有了物质条件使中国农民在合作化的基础上能够进一步去完成农业的技术革命。农村中最后的剥削制度就此被消灭，几千年来妇女受压迫的根源被连根拔起。

在农业合作化后农村面貌根本改变的情况下，男女平等、互敬互爱、团结生产的新家庭，得到进一步巩固与发展。这里必须提到的一个突出的事实是：农村中亿万妇女参加了农业生产合作社的经常性劳动。

这真是一件了不起的大事。当全国合作化，由于生产繁忙，出乎许多人意料之外把男劳动力不足的情况摆在社会面前的时候，大家认识到，发动过去不参加生产劳动的广大妇女参加劳动，就成为极其重要的事情。毛主席说："中国的妇女是一种伟大的人力资源。必须发掘这种资源，为了建设一个伟大的社会主义国家而奋斗。"在农村，过去男社员轻视妇女劳动，以及妇女认为生产是男人的事的思想，因而随之消失。算了算翻身账，想想过去，比比现在，看看将来，妇女们参加生产的认识加深，信心增强了。妇女们说："现在我们不光是烧饭、洗碗、喂猪老三步了。"

在国家的大规模建设中，在全国的各条劳动战线上，各族妇女以高度的热情，积极地投入各项生产事业。1957 年，女职工人数比 1952 年增长了一倍，比 1949 年增长了五倍多。农村妇女参加生产的在 60% ~ 80%。随着社会主义革命的胜利、社会主义建设事业的发展，广大妇女积极性的提高，我国妇女解放事业大大向前迈进了一步。如果说，推翻反动统治、推翻封建地主阶级以及在各行业中进行民主改革，是男女劳动人民的彻底翻身，那么从合作化运动开始，妇女经常参加社会劳动，就成了妇女获得新社会经济地位并在思想上大大地迈进一步的基础。通过社会劳动，妇女进一步摆脱了经济上的从属地位，在家庭中获得尊重。广大妇女的政治思想面貌在社会主义改造和合作化后，的确起了极大的变化

在妇女参加劳动的同时，在农村，学习农业和副业生产的科学知识，参加农业技术革新运动，学习文化，成立托儿所等事业开始兴办。在妇女中涌现出大批积极分子。从事个体手工业的女子参加手工业合作化运动也为提高妇女生产技术、解决妇女特殊困难创造了条件。

新中国成立以来，很多妇女在生产中学习了新的技术，大批优秀的妇女于此涌现出来。女电气管理员、女拖拉机手、女建筑工人、女测量队、女钻探工、女列车调度员、女航天员等，这种新人新事一天天增多。这是我国历史上破天荒的事实，也是过去在剥削社会中不可能有的事。

对于妇女参加劳动生产，保护妇女的身心健康，党是始终予以最大关怀的。新中国成立以来有关的法律文件，都强调了这一点。例如，1951 年2 月，中央人民政府公布的《中华人民共和国劳动保险条例》，对保护女工生育健康即作了完备的规定。1951 年 5 月，中央人民政府人事部指示各机关在招考工作人员及学员时废除不收孕妇的规定。在农村，《高级农业生产合作社示范章程》指出："合作社在规定每个社员应该做多少劳动日的时候，要注意社员的身体条件，照顾女社员的生理特点和参加家务劳动的实际需要。"嗣后《关于人民公社若干问题的决议》中也同样有这类原则性的指示。

妇女因参加劳动取得与男子同等的报酬，这是决定她们经济地位的具体措施，这些措施于合作化各阶段的各项法律文件中被肯定。在农业社的初级阶段，男女农民在推翻地主政权后，于土改中已得到同样一份土地，妇女加入了合作社，也根据土地入股所得与男子取得同等的报酬。在劳动报酬方面，《农业生产合作社示范章程》第五十条规定："农业生产合作对于社员劳动的报酬，应该根据按劳取酬、多劳多得的原则，逐步地实行按

件计酬制，并且无条件实行男女同工同酬。"嗣后，《高级农业生产合作社示范章程》第二条指出："农业生产合作社按照社会主义的原则，把社员私有的主要生产资料转为合作社集体所有，组织集体劳动，实行'各尽所能，按劳取酬'，不分男女老少，同工同酬。"

这里明显可以看出，合作社的同工同酬无疑有力地保障了男女地位的平等。而在家庭关系方面，由于农业社从基本上解决了社会主义时期中国占人口绝大多数的农民从小私有者变为社会主义集体劳动者的问题，因而使合作化后中国农村中的家庭不再是个体经济的生产单位。这种情况必然可以严重破坏夫权制和家长制残余的统治。

但是在封建残余逐步肃清后，一个时期内也出现了另一种情况。由于对婚姻自由的不正确理解，青年男女中出现了草率结婚和轻率离婚的现象。社会主义与资本主义两条道路的斗争也同样存在于人民内部的婚姻家庭纠纷中。党在处理婚姻家庭问题上的正确方针一贯是：必须贯彻有利于生产、有利于人民内部团结、有利于巩固社会主义婚姻家庭关系、有利于男女双方和子女的政策；在执行这个政策中贯彻群众路线，对具有不正确的思想的人进行说服教育。

农村初级合作社发展到高级社，特别是经过 1957 年的全民整风运动、反右斗争和社会主义教育运动，结合这些运动又贯彻了干部下放参加劳动的政策，农民的社会主义觉悟空前提高，劳动热情空前高涨，这就极大地影响了对婚姻家庭的看法。青年男女都以"身体好，劳动好，学习好，政治进步"作为选择对象的标准。

在这个社会主义觉悟空前提高，劳动热情空前高涨的基础上，跟着 1957～1958 年社会主义建设事业"大跃进"而来的人民公社化，新中国的社会关系，跃进到新的历史阶段。

四

人民公社制度的发展，对中国人民的生产与生活具有广大深远的意义。它指出了中国农村逐步向工业化发展的道路，农业中的集体所有制逐步过渡到全民所有制的道路，社会主义的"按劳分配"逐步向共产主义的"按需分配"过渡的道路，城乡差别、工农差别、脑力劳动和体力劳动的差别逐步缩小以至消失的道路，以及国家对内职能逐步缩小乃至消失的道路。

人民公社目前虽仍是社会主义性质的，但是已经包含共产主义的萌芽。今天的人民公社与高级合作社不同，它是比高级社大得多的集体，它是多种经济的综合经营者，它不仅是一个经济组织，而且是政治、经济、军事、文化的统一组织；不仅是集体生产的组织者，而且是集体生活的组织者。

回到婚姻家庭问题上来，我们特别看到人民公社兴办的公共食堂、托儿所、敬老院等集体福利事业，正像《关于人民公社若干问题的决议》所指出的一样："公社适应广大群众的迫切要求，创办了大量的公共食堂、托儿所、幼儿园、敬老院等集体福利事业，这就特别使得几千年来屈伏在锅灶旁边的妇女得到了彻底的解放而笑逐颜开。"上述集体福利事业，都是为使妇女在劳动时能够摆脱家累而兴办起来的。此外，幼儿园、托儿所的兴办不仅解决了妇女安心从事生产劳动的问题，也解决了儿童的社会教育问题。

今天妇女在生产上已成为完全的社会劳动者，她不再受家庭束缚，劳动自觉性大大提高，人们对妇女的看法也不断地改变。今天农村的任何劳动生产已离不开妇女。例如，根据河间县诗经村乡君子馆村的调查，以一个拥有大约 600 人的生产队为例，这个生产队参加劳动的妇女共118 人，占整个生产队劳动力的 54%，其中全劳动力 71 人，半劳动力29 人，附带劳动力 18 人。她们参加的劳动是多方面的，有农活、工业劳动、服务性劳动及多种经济劳动等。参加劳动的人数，比公社化前多出 32 人，出勤率大大提高。我国农业上的"大跃进"其中有一半是妇女的贡献。根据统计，在城市中，由于"大跃进"的鼓动，大城市中有30% ~50% 的家庭妇女，中小城市中有 70% 的家庭妇女参加了各种社会劳动，这可与农村妇女媲美。在这种情况下，"娘儿们顶得啥事"的闲话没有了，过去是"妇女打井，水不出"，"妇女下海船要翻"，现在是"妇女落田，喜庆丰年"，"妇女下海，龙王送鱼船满载"。对妇女的舆论大大改变。这一切证明了妇女的解放必须以一切女性重新参加社会劳动为第一个先决条件，这是共产主义伟大理想家提出的真理，我们今天正处于这样的一个伟大时代。

社会主义按劳动来分配报酬。人民公社化后，广大男女农民开始领到自己的工资。而且，人民公社的分配带有一定的供给制成分。这些物质条件从根本上摧毁了夫权与家长制的最后残余。

公社化后中国农村的家庭已根本改变了面貌。在集体生产中，农民的社会主义觉悟大大提高，在家庭中树立起了以民主平等对待一切成员的优良共产主义作风。家庭不再是束缚妇女智慧、消磨妇女精力的场所，而是真正幸福的民主团结的家庭生活的实现。在人民公社崭新的物质基础上，男女真正平等的理想今天在中国成为现实。家庭生活变得更丰富多彩了。男女青年的接触增加，在集体生活与劳动生产中获得了建立真正爱情的机会。家庭中充满真诚、友爱团结的气氛，增加了新的生活内容。

在这种情况下，婚姻案件、家庭纠纷的大量减少，就成为很容易理解的事了。而且，其中一大部分家庭争吵，因为政法工作上群众路线的贯彻，都可以由群众自己来调处解决，不必再到法院去了。

我们这样就摧毁了婚姻家庭方面所存在的腐朽落后的制度。必须说明，我们要消灭的是封建社会遗留下来的男子特权家长制的婚姻与家庭，我们要消灭的是资本主义社会建筑在金钱关系上的婚姻家庭制度。不论帝国主义反动派怎样加以污蔑，这都是我们坚定不移的方针。

五

马克思列宁主义认为，家庭、婚姻、社会、国家的形式并不是什么永远不变的东西，它们的产生、发展与改变决定于人们物质生活方式的产生、发展与改变。违反生产力发展的任何生产关系、社会制度，都将被社会前进的车轮辗得粉碎。

自私有制产生以来，以妇女问题为核心的婚姻家庭制度问题，在社会历史发展的过程中，始终同时是一个要求改革社会基本制度的问题，被压迫阶级反抗压迫阶级的问题，为消灭剥削进行斗争的问题。所以，在我国，从封建的四权压迫下的旧婚姻家庭制度，转变为今日社会主义下男女真正平等、团结和睦、美满的婚姻家庭制度，没有无产阶级领导的人民民主专政政权的建立，没有共产党的领导，使生产关系发生根本改变，这一切是不能想象的。只有在中国共产党的领导下，全国人民才得以翻身，封建的婚姻家庭制度才得以铲除，妇女才得到真正的解放，理想的婚姻家庭制度才得以逐步确立。

婚姻家庭制度，在新中国人民政权成立以后十年来的发展情况和它在法律上的体现，就是这样的。

（原文载于《法学研究》1959 年第 5 期，收入本书时有改动）

中国古代的家庭制度（1987）

史凤仪[*]

一 家庭的本质与中国古代剥削者和被剥削者的家庭境遇

（一）家庭的本质与作用

在中国古代，宗与族是家庭的综合体，它们仅由血缘纽带所联结，家庭是一定范围的亲属并包括奴婢在内的共同生活单位，是组成宗或族的个体组织。

家庭是在原始社会末期，随着私有制的产生和母系制的瓦解、父系制的确立逐渐形成的。家庭的形成，改变了群婚制，将人们组成小的单位，成为人们从事生产、征服自然和繁衍子孙的社会细胞。家庭的出现是人类文明时代开始的一个重要标志，是生产关系的一大变革，在人类历史上起了很大的进步作用。

家庭作为生产单位和生活单位，人们在家庭里组织生产，从家庭里获取生活资料，家人同生存、共荣辱，往往被人看作美好生活的象征，称之为"天伦乐园"。古代不少文人描写颂扬过家庭的温暖与乐趣。陶渊明在《归去来兮辞》中赞美隐居的家庭生活："携幼入室，有酒盈樽""悦亲戚之情话，乐琴书以消忧。"然而，家庭并不是脱离社会而存在的世外桃源，什么样的物质生活条件，什么样的社会制度，必然产生什么样的家庭制度。在奴隶社会和封建社会只能建立起父权家长制家庭，在用财富衡量一切的资本主义社会里，家庭"是建筑在资本上面，建筑在

---

[*]　史凤仪，中国社会科学院法学研究所研究员。

私人发财上面的"①。在阶级社会里，社会中的阶级矛盾必然反映到家庭生活中来，扰乱家庭生活的平静和安宁。即使在同一社会形态里，由于各个阶级所处的社会地位不同，不同的阶级也有着各自不同的家庭面貌。《红楼梦》里刘姥姥赞叹荣国府的一次消遣性的小东道就够"庄稼人过一年了"，显然荣、宁二府膏粱锦绣的生活和刘姥姥家力耕不辍尚不足温饱的生活不能相比，这是问题的一个方面。另一方面，虽然从物欲的享受看，荣、宁二府这类钟鸣鼎食之家像是人间乐园，被剥削的农民家庭是悲苦的地狱，而实际上，富丽堂皇的荣、宁二府内，在诗礼簪缨的围墙后面，人与人之间却充满争夺、仇恨、忌妒、欺诈、陷害等重重矛盾，经常掀起波澜；像刘姥姥那样的劳动人民家庭倒是享受着互相体贴爱护、相依为命的真正的天伦之乐。所以，对于蒙上伦理面纱的家庭这种社会现象，必须用历史唯物主义、辩证唯物主义的观点加以透视，才能廓清扑朔迷离的外部表现形式，看清各种家庭的本质。

家庭是社会的细胞，担负着多种社会职能。由于各种类型家庭的本质是由其物质生活条件决定的，是为统治阶级的政治制度所支配的，因此，各种类型家庭的职能不可能等齐划一。奴隶主的家庭，在家庭内组织农事、畜牧、加工作坊等生产活动，并且组织家庭成员的消费生活；家庭所有的财产和奴隶都属于家长所有，家长不仅对奴隶有生杀予夺之权，对家庭成员和自己的妻子儿女也有绝对统治权。封建主的家庭，摆脱了对宗族的经济依附，成为组织生产的社会完整细胞。家长经营家业，压榨农民，聚敛家产，组织家庭消费；家长对家庭成员也有支配权，妻子儿女也是他们的统治对象。奴隶主家庭与封建家庭共同的特点，一个是家庭内部反映出社会上的阶级压迫关系，家长统治压迫家属；另一个是同样都是剥削单位，其主要作用是组织对奴隶和农民的剥削活动。而奴隶和贫苦农民的家庭，则与奴隶主家庭和封建家庭不同，它没有生产资料，不是生产单位，连真正的消费单位也谈不上，只能略以果腹延续生命；家长对家属的统治比较薄弱，家人互相同情、互相爱护，天伦之乐散发的光和热支持着全家团结一致共同苦熬下去。

家庭使人类由群婚制进入了文明时代，虽然在历史上起过进步作用，

---

① 《共产党宣言》。

但伴随私有财产的产生而产生的父权家长制，当其确立巩固之后，就走向了反面。在奴隶社会和封建社会的漫长岁月中，父权家长制的家庭成为禁锢人们的桎梏，严重地摧残了人们的身心健康，埋没了人们的聪明才智，挫伤了人们的生产积极性，阻碍了社会生产力的发展。尽管劳动人民家庭内，家长和家属同样受剥削，同样参加劳动，家属对家庭事务有一定的发言权，但是作为一种制度，父权家长制是普遍存在的，因而它阻碍社会前进的反动作用也是各种类型家庭普遍存在的，只是程度不同罢了。毛泽东在《湖南农民运动考察报告》中，曾经指出旧中国反动统治阶级用以维护统治的"四条绳索"，即政权、族权、神权和夫权，而要抓紧这几条绳索，无论哪一条，都需要借助家长之手。历代统治阶级之所以不遗余力地强化家长的权力，提倡孝道，其目的，一是为本阶级培养"孝子贤孙"，二是以孝作为忠的保障，使劳动人民驯服于统治；"父为子纲"，正是"君为臣纲"的缩影，家庭中充满的矛盾，正和社会中的阶级矛盾相呼应。巩固了家庭秩序，自然就给国家施行统治奠定了可靠的基础。归根结底，以齐家作为治国的手段，正是为了维护反动的一统天下。这从家庭与政权的关系来考察可以看得很清楚。奴隶主家庭是奴隶制国家政治、经济统治的分支机构；封建家庭既是封建政权的帮手，又是封建国家施行统治的对象；农民家庭被迫将自己的劳动果实，通过地租、纳税、劳役各种渠道送给地主和各层剥削者，则是提供剥削的一个直接客体。然而，在父权家长制社会里，不论哪种家庭，都有一个共同的特点，就是家属没有独立的、完整的权利能力和行为能力，实际上家庭是以家长为代表人的类似法人的组织。古代历朝反动政权都根据"齐家治国平天下"的政治理论，把家庭作为组织国家生活的直接对象，而不是把每个人看作统治对象。国家法律赋予家长统治家属的权力，承认家长的权威，同时要求他们对国家负责。早在公元前二世纪汉代的法律就要求家长对国家负责。当时的占租律就是以家长为负责对象，占租不实者有罪，要处罚家长。① 脱落户口，历代法律都要求家长负责。《唐律·户婚》规定："脱户者家长徒三年，无课役者减二等。"《明律·户役》规定："凡一户全不附籍，有赋役者家长杖一百，无赋役者杖八十；另居亲属隐蔽在户不报及相冒合户附籍者各减二等；若隐

---

① 《汉书·昭帝纪》。

漏自己成丁人口不附籍及增减年状妄作老幼废疾以免差役者，一口至三口家长杖六十，每三口加一等，罪止杖一百；不成丁三口至五口笞四十，每五口加一等，罪止杖七十；若隐蔽他人丁口不附籍者亦如之。"晋代更加严厉："举家逃亡，家长处斩。"[1] 法律还课以确认家长对家属负有督察责任，家属的某些犯罪，犯罪者本人不负责任，家长倒要受惩罚。例如穿衣服、住房子超过了等级标准的，叫作"服舍违式"，明、清法律均规定，家属服舍违式的坐罪家长。[2] 清律还规定："诸居丧之家，修斋设醮而男女混杂，饮酒食肉者，罪坐家长，杖八十。"[3] 历来法律对于家人共同犯罪，都拿家长是问。如《唐律·名例》规定："诸共犯罪者，以造意为首，随从者减一等；家人共犯，止坐家长。"

（二）历代剥削者和被剥削者的家庭境遇

在中国古代等级森严的社会里，因等级的不同，人们的生活方式在吃穿住行各方面都设有许多限制。"天子食太牢，诸侯食牛，卿食羊，大夫食豚，士食鱼炙，庶人食菜"，[4] 衣服的颜色、质地、样式和住宅的面积、装饰，以及什么人可以坐车，什么人可以骑马，什么人可以骑驴，都设有标准，超过规定的标准便视为违法行为；前面已经说过，服舍违式的要受法律制裁。剥削阶级的家庭靠榨取他人劳动果实过寄生生活，他们衣绫罗，食珍肴，荒淫糜烂，豪华奢侈，挥霍无度；帝王贵族的家庭更远非常人所能比。劳动人民家庭，人人都是被剥削、被奴役的对象，他们"衣牛马衣，食犬彘之食"，"乐岁终年苦，凶年不免于死亡"。下面从奴隶主和奴隶以及地主和农民两个相对立的阶级来观察中国古代不同阶级的家庭境遇。

西周时代，在分封制度下，各级领主都分得土地和奴隶，剥削农奴是他们的生活来源。《国语·晋语》说："公食贡，大夫食邑，士食田，庶人食力。"领主称君子，农奴称野人。《孟子·滕文公》说，"无君子莫治野人，无野人莫养君子"，道破了剥削者和被剥削者的关系。当时主要剥削

① 《晋书·刑法志》。
② 《明律例》十八、《清律例》十七。
③ 《清律例》十七。
④ 《国语·楚语》。

方法是农奴为公田无偿劳动，前于宗法组织一节已经说过，八家一起分得一块井田，大家都必须先耕种中间那块公田，"公事毕"才能耕种自己的小块土地。除这种劳役地租外，农奴还要用自己的织物"为公子裳"，用自己猎取的皮毛"为公子裘"，还要"献豜于公"。① 农奴劳苦一年最后填不饱肚子，只能吃野菜度日。到了冬季，农奴还要替领主从事各种家务劳役，如修理房屋、凿冰、割草、搓绳等。特别是要服兵役，农奴长期远戍在外，常常使田园荒芜。《诗经》里的《豳风·七月》、《豳风·东山》就是描写这些情景的史诗。领主无所事事，经常以打猎为消遣，打猎时常常将农奴的妻女猎回加以奸淫玩弄。《诗经·豳风·七月》中"女心伤悲，迨及公子同归"，正是这种事实的写照。除依附于土地的农奴外，奴隶主还拥有"人鬲"、"臣妾"等单身奴隶。这种单身奴隶从事领主的各种手工业和其他家庭劳役。《国语·晋语》中有"工商食官"，就说明了各种专业工匠是吃领主官饭的奴隶，他们没有家室。

春秋战国时期，井田制崩溃，封邑中的农奴有的转化为地主的佃农，有的成为国君的佃农。《汉书·食货志》说，秦自商鞅废井田后，"庶人之富者或累巨万，而贫者或不厌糟糠"，又说，"富者连田阡陌，贫者无立锥之地"，可见当时贫富分化到了极点。据《汉书·食货志》记载，李悝对战国时农家收支情况的计算是：五口之家的小农，种田百亩，百亩之田收一百五十石粟，交纳十一之税需十五石，五人全年口粮需九十石，余下的四十五石出售后可得一千三百五十钱，而全家衣着、祭祀两项支出就需一千八百钱，这样每年尚亏空四百五十钱，疾病、丧葬之费以及其他苛捐杂税还未计算在内。可见"乐岁终年苦，凶年不免于死亡"是当时农民的真实生活情况。史料记载，当时"嫁妻鬻子"者、流亡沦为奴隶者甚多。

秦始皇统一天下后十几年中，为了筹集军费和大规模的土木建筑费用，大大增加了人民租赋力役的负担，据《汉书·食货志》载，达到了"力役三十倍于古，田租、口赋、盐铁之利二十倍于古"的程度，出现了"男子力耕不足粮饷，女子纺绩不足衣服，竭天下之资财以奉其政"的严重局面。在这种情况下，大批自耕农出卖土地沦为佃农，不得不以"见税

---

① 俱见《诗经》。

什五"的苛刻条件耕种豪门大地主的土地。广大佃农"衣牛马衣，食犬彘之食"，不得不纷纷逃往山林举行暴动。

汉代，地主阶级掠夺土地现象严重，官僚地主更为突出。萧何在关中"贱强买民田宅数千厅"[1]；田蚡、霍去病、淮南王刘安、衡山王刘赐都曾大量侵夺民间田宅。西汉时自耕农被剥削的程度较秦有所减轻，然而按当时生产力水平，农民的租赋负担仍很重。据《汉书·食货志》载，五口之家的农户种田百亩，不计副业收入，每年收粟一百五十石，除去食用和田租约剩五十余石，民年十五岁至五十六岁纳百二十钱，叫算赋，七岁至十四岁儿童纳二十钱，叫口赋；通常每户应服兵役、徭役的男丁约为二口，为了不误耕作要以每人每月三百钱的代价雇人代役。这样卖粟所得的钱去掉纳算赋、口赋和雇人代役的费用后所剩无几。而生产的支出以及衣着杂费只好靠副业收入解决。所以《盐铁论》中"贤良文学"们叙述农民入不敷出的情况时说：田虽三十税一，如果"加之以口赋、更徭之役，率一人之作，中分其功。农夫悉其所得，或假贷而益之。是以百姓疾耕力作，而饥寒遂及己也"。[2]

三国魏实行屯田制，屯田大量由军士耕种，直接由国家管理。另外，有大量豪强地主用租佃方式组成自己的大庄园，同时也有自耕农。自耕农和佃农的境遇仍不见好转。

晋代，徭役十分繁重，范宁曾上疏说："今之劳扰殆无三日休停，至有残形剪发要求复除，生儿不复举养，鳏寡不敢妻娶。"[3] 可见当时农民的生活已经穷困到极点。

南北朝时，大土地所有者继续存在，千百户的佃客、部曲成为大地主的"包荫户"。北魏，北方来的拓跋部贵族强占土地也采取这种办法压迫农民，形成"宗主督护制"。自耕农的生活十分贫困，许多沦为佃农或奴隶。北魏中期虽实行均田制，实际是迫令无地农民开荒，对原来的大地主经济没有多少触动。南朝时，地主占夺土地的数量越来越多。"权门兼并，强弱相凌，百姓流离不得保其业。"[4] 谢灵运在他的《山居赋》中夸耀自己

---

① 《史记·曹相国世家》。

② 《盐铁论·未通》。

③ 《晋书·范汪传附子宁传》。

④ 《宋书·武帝纪》。

田宅富足："春秋有待，朝夕须资，既耕以饭，亦桑贸衣，艺菜当肴，采药救痾。"① 这说明地主家庭的一切生活需要都可以自给自足，无须仰赖于市场。

隋统一了南北重建统一王朝后，初期为巩固统治、缓和阶级矛盾，减轻了刑罚和赋役，并进行了检括户口的工作，颁布了均田和调赋新令，② 逃亡的农民回到土地上来，荫户摆脱了豪强的控制。但至后期，从隋文帝起将大批良田赐给大官僚，"良田不赡"的情况严重起来。隋炀帝每年远出巡游，大肆挥霍，很多郡县强迫农民预交几年的租调。大修土木工程和远征多在农忙季节进行，有上百万壮丁死于徭役，致使"耕稼失时，田畴多荒"。③

唐灭隋后，面临残破的社会经济，不得不采取一些措施恢复生产，以保税收。武德七年四月颁布了均田令和租庸调法。在隋末农民战争中，地主逃散死亡了许多，其土地有的转入农民手中，有的成为国家控制的荒田。唐朝的田令承认了农民占有土地的合法性，并允许无地农民依令向国家请领荒田耕种。均田制的实行，对唐初农业生产的恢复和发展起了积极推动作用。到天宝时期，最高统治者"视金帛如粪壤，赏赐贵宠之家无有极限"④。在赋役繁重的情况下，本不富裕的农民更加贫困，有的农民"虽有垅亩无牛力"，有的"农桑之际多缺粮种，咸求倍息"，落入了地主富户的高利贷之网。地主、官僚乘机兼并土地，农民又陷入困境。安史之乱后，百姓田地"多被殷富之家、官吏吞并"，⑤ 大量的自耕农成为地主的佃户、寄庄户、客户、逃户和隐户。德宗建中元年，宰相杨炎制定了两税法。两税法以财产的多少为标准收税，多少改变了一些贫苦农民的境况，但对土地兼并并未加以限制。此后三十年间，"百姓土地为有力者所并，三分逾一"，⑥ 到处可以看到"富者兼地数万亩，贫者无容足之居"的现象。⑦ 唐代农民的贫困状况从下面几位诗人的诗句中可窥知一二："君不闻

---

① 《宋书·谢灵运传》。
② 《册府元龟》卷四十八《赋税》。
③ 《续资治通鉴·大业七年》。
④ 《续资治通鉴·天宝八载二月》。
⑤ 《唐会要》。
⑥ 李翱：《李文公集·进士策问第一道》，《四部丛刊集部》，商务印书馆，1922 年影印本。
⑦ 《陆宣公翰苑集》卷二十二。

汉家山东二百州，千村万落生荆杞。纵有健妇把锄犁，禾生陇亩无东西。"① "春风吹蓑衣，暮雨滴箬笠。夫妇耕共劳，儿孙饥对泣。田园高且瘦，赋税重复急。官仓鼠雀群，共待新租入。"② "田家少闲月，五月人倍忙。夜来南风起，小麦覆陇黄。妇姑荷箪食，童稚携壶浆，相随饷田去，丁壮在南岗。足蒸暑土气，背灼炎天光，力尽不知热，但惜夏日长。复有贫妇人，抱子在其旁，右手秉遗穗，左臂悬敝筐。听其相顾言，闻者为悲伤，家田输税尽，拾此充饥肠。今我何功德，曾不事农桑，吏禄三百石，岁晏有余粮，念此私自愧，尽日不能忘。"③ "白发星星筋力衰，种田犹自伴孙儿。官苗若不平平纳，任是丰年也受饥。"④ 从这些诗里可以看出，所谓大唐盛世，不过是剥削阶级的乐园而已，广大劳动人民则被压榨到山穷水尽的境地，"任是丰年也受饥"。

北宋政府把全国居民分为主户与客户两类。主户占有土地，是承担赋役户，客户是住在农村没有土地的农民。当时实物地租占支配地位，佃户和佃客对地主的人身依附关系有所减弱，生产积极性有所提高。然而，到了仁宗时，土地兼并又严重起来，达到"势官富姓占田无限，兼并伪冒羽以成习，重禁莫能止"的地步。神宗时王安石等人先后制定了一些新法，使兼并土地的豪强和高利贷者受到一定限制，农民得到一些好处。因为这种政策触犯了豪绅大地主利益，神宗死后守旧派重掌政权，罢废了全部新法。徽宗即位后奢靡挥霍，刮掠民财，成立了"西城括地所"，掠夺了大量土地，使原业主充当佃户，成千上万农民为此冻饿而死。经杨戬手掠夺的良田多达三万四千三百多顷。⑤

宋政权南迁之初，皇室和祖籍北方的官僚在南方并无土地，他们到了南方之后便利用政治权力大肆掠夺土地。原籍南方的官僚也乘政局紊乱、土地账簿在战争中遗失的机会与"乡村保正乡司通同作弊，霸占他人土地据为己有"。⑥ 当时四大将中的张俊，在解除兵权家居时，岁收租米达六十

---

① 杜甫：《兵车行》。

② 齐己：《耕叟》。

③ 白居易：《观刈麦》。

④ 杜荀鹤：《田翁》。

⑤ 《宋史·杨戬传》。

⑥ 《宋会要·食货志》。

万斛，所占土地在六七十万亩。①

元初忽必烈统治时期，赵天麟上疏指出："今王公大人之家或占民田近于千顷，不耕不稼谓之草场，专放孳畜。"② 统一全国后，元世祖为了巩固统治，对任意践踏良田为牧场的做法设置了禁令，诏书中指出要"使百姓安业力农"，这些措施使农业生产有所恢复。然而，当时土地集中现象仍很突出，据《元史·武帝纪》记载，"富室有蔽占王民役使之者动辄百千家，有多至万家者"，广大佃户在地主奴役下过着贫苦生活，法律竟公然规定主人打死佃户仅杖责一百七。可见当时佃户的身份也降低到与奴婢相同的地位。

明初，因农民战争，土地所有关系发生了极大变化。蒙古族贵族逃走后出现大量荒地，洪武元年承认农民归耕，土地可归己有，又把荒地分给农民，每人十五亩，菜地二亩。并且，佃户的身份有所提高："佃见田主，不论齿序，并如少事长之礼。"③ 采取这些措施的目的是增加税收，客观上对农业生产的恢复和发展起了积极作用。明代中叶，土地兼并又趋严重，王公勋戚、宦官所设置的庄田数量之多超过以往任何时代，一般地方豪绅也大量兼并土地，"阡陌连亘"，"一家而兼十家之产"。农民的境遇则是"佃富人田，岁输其租"，"至有今日完租而明日乞贷者"。④ 在土地日益集中、租赋日趋加重的情况下，农民衣不蔽体，食不果腹，"供税不足，则鬻男卖女"，许多农民结队逃亡。正统时从山西流亡到南阳的人不下十万户。⑤ 流亡的农民扶老携幼，露宿荒野，采野菜吃树皮，妻啼子号，辗转千里。这些流民流亡的结果是大部分仍然沦为佃户、雇工和奴婢。神宗万历九年，张居正在丈量土地的基础上实行"一条鞭法"，把一部分差役逐渐转入地亩之中，使无地少地农民减轻了一点负担。然而，到了明朝末年，土地集中又发展到了空前的程度。王公勋戚、豪绅地主疯狂兼并土地，许多地方的良田大部分被他们侵占。河南的缙绅富室占田少者五七万亩，多者十余万亩。⑥ 与此同时，佃客所受剥削更加苛重。明末江南一亩田的收入多者三石，少者一石，而私租重至一石二三斗，苏州多至一石八

---

① 《通考·市籴考》。
② 《钦定四库全书·史部·历代名臣奏议》。
③ 《明太祖洪武实录》。
④ 《日知录集释·苏松二府田赋之重》。
⑤ 《明英宗正统实录》。
⑥ 《明史·钱士升传》。

斗，个别送两石，[①] 致使许多农民沦为长工或奴婢。麻城、徽宁等地的地主豪绅，不用佃农，而是用钱买来奴仆为他们种地，称为"世仆"、"伴当"，其身份地位相当于普通奴婢。

　　清初，满洲贵族随便圈占土地、霸占民田。康熙八年下令禁止圈地，农民又回到土地上成了自耕农。清政府把明代豪强霸占的土地称为"更名田"，承认归农民所有，并把佃户列入良民行列，设有"勿许大户欺凌"佃户的规定，同时将"世仆"、"伴当""开豁为良"，列入民籍，"概不得以世仆名之"，[②] 雇工人的身份也较明代有所改善。采取这些措施以后，康、雍、乾统治时期农业生产有了显著的恢复和发展，然而佃农仍受繁重的地租盘剥，"岁取其半"或"四六派分"，甚至把七八成的收获交纳给地主。因此，即使在康乾盛世，农民仍然不断进行抗租斗争。自乾隆末年起，土地集中日趋严重，京畿一带无地可种的农民越来越多。统治阶级越发奢侈腐化，官吏贪污成风，阶级矛盾日趋尖锐，农民不断起义。《红楼梦》通过叙述贾、史、王、薛四大家族的衰亡史，从侧面反映了清代雍、乾两朝地主对农民的残酷剥削以及地主和农民的家庭境遇。只要看看乌进孝交租的那张单子，[③] 就可以了解到在荒年官僚地主阶级是用怎样残酷的手段压榨农民的。面对那么多农民的膏血，贾珍还不满足，见了单子立刻沉下脸说："这够什么的""这一二年赔了许多，不和你们要找谁去？"可见官僚地主的贪欲永远填不饱，即或吸尽了农民的血汗，也无法满足他们日益增长的挥霍的需求。荣、宁二府统治着几百口人的几十个主子，整日里忙忙碌碌，尔虞我诈，围绕的一个中心内容就是他们自己的享受。平日里他们在衣食住行上挥霍无度已很可观，遇到婚丧大事，奢华靡费更加惊人。荣府为了元妃省亲修建了豪华的大观园，宁府为秦可卿之死"尽其所有"大办丧事。而这末世的繁华比起过去接待皇帝的盛况已经是差得多了。[④] 反过来看看农民的生活又是什么样呢？用刘姥姥的话说：贾府消遣性的一次小东道用的钱就够"庄稼人过一年了"。这些虽是小说中的描写，却是当时的真实写照。

----

① 《嘉靖吴江县志》。
② 《史学通讯》1957 年第 1 期所载雍正时开豁为良的碑文。
③ 《红楼梦》第五十三回。
④ 《红楼梦》第十六回赵嬷嬷和王熙凤的回忆。

二 家庭组织

（一）家长

中国古代的家庭由家长与家属组成，同时也包括家中的奴婢。历代统治者都以家为直接统治对象，家长对内统辖家政，对外代表家庭。在家族内，家长地位极尊，权力极大。统治阶级确认家长的权威，正是因为它把家庭作为自己实施统治的对象。家长实际是统治阶级在家庭中的代理人，家长控制家庭，利于巩固整个统治秩序。"齐家治国平天下"的政治理论，正是当时社会经济制度、政治制度与家庭关系一致性的反映。

1. 家长资格

正因为家长地位极尊，所以家长只能有一个，不能由多人分权。《礼记·坊记》说："家无二主。"《孔子家语·本命解》说："天无二日，国无二君，家无二尊。"《荀子·致士》说："父者，家之隆也。隆一而治，二而乱。自古及今，未有二隆争重而能长久者。"

家长握有管理家庭的人身、祭祀、经济大权，居于统率支配地位，掌握全家的命运。因此，一般得此身份者必须是一家中的最尊长者。在一个只包括父母子女两个世代的家庭里，父亲是家长；在包括祖孙三代的家庭里，则祖父是家长。如《宋通典》有"祖为家主"的提法，《宋刑统》有"应典卖物业须是家主尊长"，《宋史·陆九韶传》说"其家累世义居，一人最长者为家长"，这都表明家长由最尊长者担任。但在后世也有例外情况，如明代广东南海的《霍氏家训》①规定："凡立家长，惟视材贤，不拘年齿，若宗子贤即立宗子为家长，宗子不贤，别立家长，宗子只主祭祀。"

尊长虽是对男性、女性的通称，但在男尊女卑、男治外女治内的礼教下，妇女虽是尊长，一般情况下也不能当家长。《书经·牧誓》说："古人有言曰，牝鸡无晨，牝鸡司晨，惟家之索。"意思是女子统率家政是阴阳反常，将使家道索然，陷于贫穷。只是在户内无男人时才可由女性尊长担当"女户"的家长。《唐律·户婚》规定："诸脱户者家长徒三

---

① 涵芬楼秘笈本。

年，……女户又减三等。"这里说的就是"若户内并无男夫"，女人可以充当家长。"妇人在家制于父，出嫁制于夫，夫死从长子，妇人不专行，必有从也。"① 丈夫死后如有儿子要服从儿子，由儿子当家长。如敦煌发掘出土的西凉户籍册中有不少家有祖母、母亲而由男性小孩担任户主的实例，有的小孩年仅九岁就当家长。②

2. 家长的权力

人类古代社会都经历过父权家长制时代。从罗马法里可以看到，古罗马奴隶社会里，家长对家属有生杀予夺之权和无限的惩戒权，家长可以决定为子娶妻、嫁女与人，可以决定子女离婚，可以将子女送与别人收养，可以将子女卖给异族。中国古代虽然标榜"亲亲为本"，但实际上以父权为核心的家长权力也是极大的。

父母的权力、父权、家长权，虽然提法不同，意思基本上是一致的。俗谚说，"家有家法，铺有铺规"，古代大家庭都订有"家范"、"家训"、"家规"、"家仪"等规范，作为家长约束家属行为的准则。如宋代司马光的《司马氏居家杂仪》、赵鼎的《家训笔录》，元代的《郑氏家范》、《郑氏家仪》，明代霍渭南的《家训》等，都是著名的家训规范。这些家法都体现了家长的意志和权威，它们充分得到国家法律的认可。归纳起来，中国古代的家长权主要表现在以下三个方面。

（1）教令权与惩戒权

所谓教令权，是指子孙要遵从父祖的意志，要接受父祖的管束。惩戒权，是指子孙违反父祖的意志不受约束时，父祖可以行使权威加以惩戒。因此教令权与惩戒权互为表里，实际是一种权力。

《吕氏春秋·荡兵》说："家无怒笞，则竖子婴儿之有过也立见。"《颜氏家训》说："怒笞废于家，则竖子之过立见，刑罚不中，则民无所措手足，治家之宽猛亦犹国也。"这些都是礼制上的要求，《唐律·斗讼》规定，"即有违反教令，依法决罚"，则是有国家法律作为后盾。

宋代《陆氏家仪》规定："卑幼不得抵抗尊长，其有出言不逊，制行背戾者，姑诲之，诲之不悛者则重箠之。"《司马氏居家杂仪》规定："子

① 《春秋谷梁传·隐公二年》。
② 参见仁井田陞《唐宋法律文书的研究》、東京大學出版會、1983。

孙所为不肖，败坏家风，仰主家者集诸位子弟堂前训饬，俾其改过；甚者，影堂前庭训，再犯再庭训。"所谓庭训就是责打。

上古奴隶社会至封建社会初期，法律容许父祖杀害子孙。《史记·李斯列传》记载，秦二世假借秦始皇的名义赐扶苏死，有人劝扶苏上表请求赦免，扶苏说，"父而赐子死，尚安复请"，马上自杀，就是明证。后来生杀之权操纵在国家机构和皇帝手里之后，虽然不再允许父祖杀害子孙，但对杀害子孙的却处罚极轻。唐律不问理由如何，杀死子孙的都处徒刑，殴打致死徒刑一年半，用刀器杀死的徒刑二年。元、明、清律较唐律更宽，除故意杀害并无违犯行为的子孙要受惩罚外，子孙如有不孝行为被父祖杀死，父祖是可以免负刑事责任的。①

法律除了承认父祖的惩戒权外，还给予父祖以"送惩权"，即请求地方官代为惩罚的权力。父祖以子孙违反教令为理由送请惩戒的，唐代和宋代都判处被送惩的子孙徒刑二年，明、清时则杖一百。② 父祖如以不孝的罪名呈控将子孙处死，一般情况下官府是不加拒绝的。可见，法律制度完备的时代，国家虽然收回了父祖直接杀害子孙的权力，但对父祖杀害子孙的意志，仍然给予法律上的支持。

另外，法律还给父祖以呈送流放子孙的权力。子孙不服教诲且有触犯情节，父祖可以请求官府"发遣"，即由内地流放到边远地区。清律明白规定，"父母控子，即按所控办理"，不必审讯。③ 前述《郑氏家范》规定："子孙赌博无赖，及一应违于礼法之事，家长度其不可容，会众罚拜以愧之，俱长一年者受三十拜，又不悛则会众而痛箠之，又不悛则陈于官而放绝之。"可见呈送官府发遣子孙，元代即已有之。

（2）统理财产权

礼制和法律上仅承认家庭财产为家长所有，禁止子孙动用、处分家产。《礼记·曲礼》说："父母存不许友以死，不有私财。疏：不有私财者，家事统于尊，财关尊者，故无私财。"《礼记·内则》说："子妇无私货无私畜无私器，不敢私假，不敢私与。"历代法律对同居卑幼私擅用财都有刑事处分。《唐律疏议》说："诸同居卑幼私辄用财者，十匹笞十，十

① 《唐律·斗讼》、《明律例》十、《清律例》二十八。
② 《唐律·斗讼》、《明律例》十、《清律例》三十。
③ 《清律例》二十八。

匹加一等，罪止杖一百。……疏议曰：凡是同居之内必有尊长，尊长既在，子孙无所自专。若卑幼不由尊长私辄用当家财物者，十匹笞十，十匹加一等，罪止杖一百。"① 宋律与唐律同。明、清律的户役篇均设有"卑幼私擅用财"的专门条文，其刑事处分是："二十贯笞十，每二十贯加一等，罪止杖一百。"《清律·户役·田宅》明白规定："一户以内所有地粮家主为之，所有钱财家长专之。"

因水灾或战事阻隔，家长远在外地，家中亟须处分财产，这种特殊情况怎么办？必须请求官府发给文凭才能进行交易，违者物还原主，金钱没收归官。如《宋刑统·杂令》规定："诸家长在，如子孙弟侄等不得辄以奴婢、六畜、田宅及余财物私自质举及卖田宅。其有质举，卖者，皆得本司文谍然后听之。若不相本问，违而辄与及买者，物即还主，钱没不追。"

子孙在父祖未死以前，即使已经成年结婚，并生有子女，依然不能持有私有财产或者另立新的户籍。"子孙别籍异财"在唐、宋、元、明、清各代法律中都被视为犯罪行为。唐律将其列入"十恶"重罪之中，判处徒刑三年。宋与唐同。明、清稍放宽，改为杖一百。②

（3）婚姻决定权

家长的意志是子孙婚姻成立或解除的决定条件。家长可以为子孙择妻，为女嫁夫，子孙必须遵从包办的婚姻不得违抗，否则要受惩罚。同样，家长对娶来的子孙之妇不满意的，可以命令子孙离弃她们。前面已经讨论过，这里不再重复。

（二）家属

家庭成员除家长外均为家属，或称为家人。汉代多称为家属，如《汉书·外戚传》："前平安刚侯夫人谒，坐大逆罪，家属幸蒙赦令，归故郡。"《后汉书·光武纪》："高年鳏寡孤独及笃癃无家属，贫不能自存者如律。"都用的是家属字样。唐代则多称家人，如《唐律·名例》说，"若家人相冒杖八十"，"若家人共犯，止坐家长"，都称作家人。

家属成员，原则上是在一起共同生活的人。几世同居同财的大家庭包

① 《唐律疏议》十二。
② 《唐律·户婚》、《宋刑统》十二、《明律例》四、《清律例》八。

括直系亲属、旁系亲属和有宗族关系的人。如以高祖为共同祖先的五世同居的大家庭中，族父（缌麻亲）、三从兄弟（缌麻亲）也包括在一个家庭之中，即所谓"缌服同爨"。六世同堂时，祖免亲的四从兄弟也包括在一个家庭之中。如果超过六世同居，同居的范围已经包括无服亲在内。

古代家属的身份范围，是一个有争论的问题。旧中国学者的意见颇不一致，这是由唐律前后提法不同引起的。《唐律·贼盗》注文说："注云，同籍及期亲为一家，同籍不限亲疏，期亲虽别籍亦是。"期亲，指期年丧服亲属说的，如兄弟姊妹、伯叔父母、姑、长子及长子之妇、侄、嫡孙等都是期亲。这些期亲不问是否同一户籍都视为一家。"同籍不限亲疏"，应该理解为，即便没有亲属关系，凡是同一户籍的人都算家属。这就带来一个问题，奴婢算不算家属？《唐律·卫禁》"家人相冒条"疏文说："家人不限良贱。"《唐律·斗讼》疏文说："部曲奴婢是为家仆，事主须存谨敬。"若按这两句解释，显然承认奴婢是家属。可是《唐律·名例》疏文又说："奴婢贱人，律比畜产。"《唐律·户婚》疏文说："奴婢即同资财，合由主处分。"从这两句又看不出对奴婢以家属相待的意思。究竟奴婢算不算家属，从实际情况看，视为家属的说法是对的。部曲、奴婢和主人既然共同生活在一起，而且户口也被登记在主人的户籍簿上，他们和主人的子侄一样称主人为家主，因此可以把部曲、奴婢算作家庭中的成员。当然他们与一般家属的阶级地位不同，一边是主，一边是奴；一边是剥削者，一边是被剥削者。

前面说过，家庭中一切权力统归于家长，家属处于无权地位，一切要服从家长。家属的本分在于孝亲，家属的义务可以说都包括在孝字当中。曾子曾说："孝有三，大孝尊亲，其次弗辱，其下能养。"① 这里说的孝的范围包括三个层次。第一个层次是尊亲。所谓尊亲就是要出人头地，光宗耀祖，就是《孝经》所说的"立身行道，扬名于后世，以显父母"。第二个层次是弗辱。所谓弗辱就是不损伤、玷污父祖的门庭和人格。《孝经》说："身体发肤受之父母，不敢毁伤。"《礼记·祭义》说："身也者，父母之遗体也，行父母之遗体敢不敬乎？居处不庄非孝也，事君不忠非孝也，莅官不敬非孝也，朋友不信非孝也，战陈无勇非孝也。五者不遂，灾

---

① 《礼记·祭义》。

及其亲，敢不敬乎！"按此说来，损伤自己身体的，居处不庄的，事君不忠的，莅官不敬的，朋友不信的，战阵无勇的，都要"灾及其亲"，都有辱于父祖门庭。第三个层次是能养。所谓能养就是能很好服侍、侍奉父母。《礼记·内则》给子女规定了许多侍奉父母的繁文缛节，如"子事父母，鸡初鸣，咸盥漱，……以适父母舅姑之所。及所，下气怡声，问衣燠寒，疾痛疴痒，而敬仰搔之。出入，则或先或后而敬扶持之。进盥，少者奉槃，长者奉水，请沃盥。盥卒授巾，问所欲而敬进之"。"在父母、舅姑之所，……有命之应唯敬对，进退、周旋、慎齐，升降、出入，揖。不敢哕噫、嚏咳、欠伸、跛倚、睇视，不敢唾洟。寒不敢袭，痒不敢搔。不有敬事，不敢袒裼。不涉不撅，亵衣衾不见裹。父母唾洟不见。"这样一些繁杂的礼仪都是为了巩固家长权威而设。

（三）部曲、奴婢在家庭中的法律地位

奴隶社会的奴隶完全没有人格，不过是会说话的工具，用不着讨论。中国古代漫长的封建社会里，人始终存在等级的差别。最大的区别是良民与贱民的区分。良民又分有特权阶级、士、平民（齐民）等不同阶层。贱民中有官户、杂户、部曲、奴婢等各种类型。人的身份不同，各自在法律上的地位也不相同。

从经济关系说，部曲、奴婢依附于各个家庭，与主人共同生活，为主人服役。唐代以来，部曲、奴婢登记在主人的户籍簿上，《唐律·户婚》明白规定："诸脱户者家长徒三年，……（部曲、奴婢亦同）。"尽管身份地位不同，但部曲、奴婢应该算为家属。

部曲和奴婢在经济生活上都依附于家主，在这一点上二者是相同的，然而他们的身份地位不同，各自的权利能力和法律地位是有差别的。

1. 部曲

部曲的含义，从汉代至唐代有过三阶段的变化。第一阶段，部曲是指军队里的建制"部"和"曲"，像现在师、团的建制一样，笼统地说，称管辖的队伍为部曲。第二阶段，部曲是指隶属于某人的官兵或私兵。第三阶段，部曲完全成为依附于私人、为私人服役的人员，已不限于兵员。与部曲身份地位相同的有部曲妻、客女。部曲妻不论其结婚前是良民还是贱民，结婚后都和部曲拥有同样的身份地位。客女，主要是部曲所生之女。

她们与其父母在法律上享受同等待遇。

部曲虽然对主人有身份隶属关系，但他们与奴婢不同，法律上承认他们有人格。《唐律疏议》说："部曲不同资财，故特言之。部曲妻及客女并与部曲同。奴婢同资财，故不别言。"也就是说，奴婢可以作为买卖客体任凭主人买卖，而部曲不是物权客体，不是买卖的标的物。按唐律与宋律综合观察，部曲在法律上的地位是：享有一定权利能力，可以成为自己财产的主体；可以合法结婚，而且可以与良人通婚，在刑法上他们的人身权利受到保护，又是独立的责任能力者；在诉讼法上，他们有诉讼上的行为能力。他们的权利能力受到限制的只有两点，一个是不得就任官职，一个是没有迁居自由。

清代法学家薛允升所著《唐明律合编》说："至唐律之部曲，明律大半改为雇工人。"明代以来雇工人的法律地位与部曲基本上是相同的。

2. 奴婢

男奴称奴，女奴称婢。男奴有童、仆、僮奴、僮仆、奴僮、奴仆、家童、家奴、苍头等称谓。女奴有青衣、女奴、家婢、丫鬟等称谓。元代称男奴为驱、驱丁、驱奴，称女奴为驱妇。奴婢在法律上具有半人半物的性质。

（1）奴婢的物的性质

首先，奴婢在法律上没有人格。《唐律疏议》说："奴婢贱人，律比畜产"，"奴婢即同资财，合由主处分"。《宋刑统赋解》说："称人不及于奴婢。解曰：奴婢贱隶难同人比，按贼盗律云，惟于以盗之际杀伤及与支解称人，其余俱同财物论之。歌曰，奴婢贱隶，难同人比，因应杀伤，或为对证，除此二者，权为人类，其余论之，俱同财例。"也就是说，奴婢除被杀伤或当证人时权且当作人看，其他情况下是物不是人。

其次，奴婢可以作为权利客体由主人任意买卖。《唐律·杂律》规定："买奴婢、马、牛、驼、骡已过价不立市券，过三日笞三十。"

再次，奴婢本人及其子女的婚嫁任凭主人决定。奴婢私将女儿嫁人等于是偷了主人的东西，要受法律制裁。唐律与宋律的《贼盗篇》均规定："奴婢私嫁女与良人为妻者，准盗论，知情娶者与同罪，各还正之。"《唐律疏议》疏文说："奴婢既同资财，即合由主处分，辄将其女私嫁于人，须计婢赃，准盗论罪。"

（2）奴婢的人的性质

首先，奴婢的人身权利受到一定保护。唐律与宋律于《贼盗篇》、《斗讼篇》中均规定："强盗……伤人者绞，杀人者斩，杀伤奴婢亦同。""其良人殴伤杀他人部曲者减凡人一等，奴婢又减一等。若故杀部曲者，绞；奴婢流三千里。"

其次，奴婢得为自己所有物的财产权利主体。唐律与宋律均规定，部曲、奴婢"相侵财物者各依凡人相侵盗之法"。元代法律规定："诸图财杀死他人奴婢者，同图财杀人论。"

再次，奴婢对自身的身份有诉讼请求权。《后汉书·光武纪》载："十二年三月诏，陇蜀民被略为奴婢，自讼者以狱官未报，一切免为庶人。"唐律与宋律对本非奴婢妄被人压迫为奴者，都允许诉之官府，"自理诉得脱"。《元史·刑法志》载："诸诉良得实，给据居住候原籍亲戚收领，无亲属者听令自便。"

（四）家庭人数

旧中国法学家研究家庭人数都是一概而论，对古籍中记载的家庭人数何以有的不超过十人，何以又有累世同居的"义风"，理不出头绪，说不清道理。我们用马克思主义的阶级分析方法观察，可以得出结论：由于剥削阶级的家庭与被剥削阶级的家庭职能不同、境遇不同，因而不同阶级的家庭人数也不相同。

劳动人民的家庭，只是提供劳动力供人剥削，度日艰难，朝不保夕，每个成员都在冻馁中挣扎，生活既不稳定，家庭组织自然也较松散。自古以来劳动人民很少有大家庭，一般的不超过三代同居，人数在十人以下。殷周奴隶社会，一夫受田百亩，算作一个家庭单位。据《周礼·地官·小司徒》记载："以七人六人五人为率者，有夫有妇然后为家，自二人以至于十为九等，七六五者为其中。"这反映当时农民家庭一般为七口、六口、五口之家，多也超不过十人。《孟子·梁惠王》记载："百亩之田无夺其时，八口之家可以无饥矣。"《礼记·王制》记载："制农田百亩。百亩之分，上农夫食九人，其次食八人，其次食七人，其次食六人，下农夫食五人。"《孟子》讲"八口之家"，《礼记》讲五人至九人，都没超过十人。古人常以"大功同财"划定家属范围，所指的便是同一祖父的亲属。秦代为了多收户口税，规定："民有二男以上不分异者，倍其赋。"① 意思是家有两个以上成年男子不分居的就要加倍纳税，可见那时三代同居的也在少数。《汉书·地理志》中经常出现"数口之家"、"五口之家"的叙述，《汉书·食货志》有"今一夫挟五口，治田百亩，岁收亩一石半，为粟百五十石"的记载，可知汉代前后农民家庭人口以五口为多数。唐代前后的农民家庭，根据麟德元年怀州周村十八家造塔记②记载，人口大约在五口至十口之间，以七口为多数。敦煌发现的天宝六载的一份户籍册则比这个数字大，人口在七口、八口的为多数，十口以上的将近半数。然而，这份户籍册中记载有妻妾二人以上的共六户，这六户显然是地主家庭而不是农民家庭，真正的农民家庭也以六口、七口、八口为多数。宋、元、明、清以来，农民家庭人口与唐代相仿。

奴隶主家庭与封建地主家庭不同于劳动人民家庭。一个是他们占有土地和生活资料，一个是讲究虚假的孝悌伦理，既有经济支持力，又崇尚门面，因此他们的家庭人数一般比农民家庭人数多。赵翼所著《陔余丛考》说："世所传义门，以唐张公艺九世同居为最，然不自张氏始也。《后汉书》樊重三世共财，缪肜兄弟四人皆同财业，及各娶妻，诸妇遂求分异，肜乃闭户自挞，诸弟及妇闻之悉谢罪。蔡邕与叔父、从弟同居三世不分财，乡党高其义。"又陶渊明《与子俨等疏》云："颍川韩元长，汉末名士，八十而终，兄弟同居至于没齿，济北氾稚春七世同财，家人无怨色。是此风盖起于汉末。"

累世同居见于史籍的最高纪录有十八世、十九世的，甚至二十多个世代的。如《嘉泰会稽志》载："平水云门之间有裴氏，自齐梁以来七百余年无异爨，……盖二十四五世矣，犹如故。……内外无间言，畜犬化之，一犬不至，群犬皆不食。"《宋会要》载："青阳县民方纲，……家属七百口，居舍六百区，每旦鸣鼓会食。"可见家庭规模之大。

剥削阶级家庭兴起累世同居之风以后，社会竞尚"义门"，国家又加奖励。汉、唐以来对于累世同居的家庭，官府往往在其家门悬挂匾额以示表彰，并且免除差役。张公艺一家曾被北齐、隋、唐三朝表彰；郑濂一家

---

① 《史记·商君列传》。
② 《金石续篇》卷五。

曾在宋、元、明三朝的史书上被表彰。唐代不仅提倡累世同居，还设了"别籍异财"之禁，父祖生前不许分居另过和分辟家财。以后各封建王朝也都因袭此规定，直至晚清法律还禁止别籍异财。《旧唐书·刘审礼传》在表彰刘审礼一家时说："审礼，……再从同居家无异爨，合门二百余口，人无间言。"若说"人无间言"是假，而豪门大姓之家人口达二三百口却多有其例。

三　家庭财产与继承制度

（一）家庭财产

中国古代社会，根基于小农经济，一家一户为一经济单位，国家以家庭为统治对象，实行的是家庭共有财产制，不存在夫妻财产和个人财产问题。《仪礼·丧服》说："父子一体也，夫妻一体也，……而同财，有余则归之宗，有余则资之宗。"这说的是宗法时代以宗为单位的大家庭。《新唐书·刘君良传》说："……四世同居，族兄弟犹同产也。门内斗粟尺帛无所私。"《旧唐书·刘审礼传》说："再从同居，家无异爨。"这些则是封建社会实行家庭共有财产制的实际记录。历代封建法律都规定父祖生前不许子孙另立户籍分异财产，因此，原则上不承认家庭成员有各自特有的财产。然而，在实际生活中，个别家庭成员持有个人财产的情况是存在的，特别是宋代以后，有时还得到家法、国法的承认或默许。

1. 家庭共同财产

家庭共同财产称作"同财"、"共财"、"公众产业"、"众份"、"众财"、"众分田业"等。

家庭共同财产的范围，不仅包括不动产，也包括动产。如《太平御览·续齐谐记》记载了汉代田真兄弟分割家庭财产状况："金银珍物各以斛置，田业生赀平均如一。"这说明家庭财产包括土地、家畜和金银珍物。奴婢也算共同财产，如《后汉书·樊宏传》载："三世共财，……课役童隶各得其宜。"《旧唐书·李知本传》载："子孙百余口，财物童仆纤毫无问。"不仅祖传的财产算作共同财产，家庭成员自己取得的财产，原则上也要归为共同财产。如宋代的《郑氏规范》规定："子孙倘有私置田业，私积货泉，事迹显然昭著，众得言之家长，家长率众告于祠堂，击鼓声罪而榜于壁，更邀其亲朋告与之。所私即纳公堂。有不服者，告官以不孝论。"至于在外边做官所得官俸如何看待？原则上仍然算作共同财产。《礼记·曲礼》说："父母存，……不有私财。"宋代的《司马氏居家杂仪》说："凡为子妇者毋得蓄私财，俸禄及田宅所入尽归之父母舅姑，当用则请而用之，不敢私假，不敢私与。"金代与元代在这个问题上比较通融一点。《元典章》引金令说："应分家财，若因官及随军或妻家所得财物不在分限。"可见，对于官俸和随军掠夺来的财物以及妻从母家得来的财产，金、元两代并不强制归到共同财产中去。

在父权家长制下，直系尊亲属对卑幼握有绝对的教令权，这种教令权与共同财产管理权混同在一起。因此，父祖当家长的，他们对家庭共同财产无论怎样管理与处分，卑幼都不得提出异议。《明律·户役》规定："同居共财，孰非己有，但总摄于尊长，卑幼不得而自专也。"《清律·户役》规定："一户以内所有地粮家主为之，所有钱财家长专之。"然而，旁系尊亲属当家长时，对家庭共同财产则只有管理权而无绝对处分权；如果在处分共同财产时侵犯了卑幼的权益，允许卑幼向官府控告。《唐律·斗讼》规定："诸告期亲尊长，……虽得实徒二年，……其相侵犯，自理诉者听。"在疏文中解释说："其相侵犯，谓期亲以下缌麻以上或侵夺财物或殴打其身之类，得自理诉。"本来卑幼不准控告尊长，控告尊长即或所告属实，也要对控告者即卑幼加以惩办；例外的情况是，如果期亲以下的尊长侵夺了自己的财物或者无故殴打自己，则允许控告，不算犯罪行为。

在剥削阶级的大家庭中，全家的各项收入与支出都要周密计划，经营管理事务很繁杂。家庭共同财产管理权虽然总摄于家长，家长照管不过来的，往往把一些事务委任给子孙。《宋史·儒林传》记载：金谿陆氏"累世义居，一人最长者为家长……岁迁子弟分任家事，凡田畴、租税、出内、庖爨、宾客之事，各有主者"。① 蒲江郑氏，家长之下分设主记、新旧掌管、羞服长、掌膳、知宾等名目，由子弟分任其职。②

卑幼虽对家庭共同财产享有一定份额，但依个人意志恣意消费或处分是不允许的。《唐律·户婚》规定："诸同居卑幼，私辄用财者，十匹笞

① 《宋史·列传第一百九十三·儒林四》。
② 郑文融、铉、涛等订《郑氏规范》，《学海类编》本。

十，十匹加一等。"家庭成员对外发生法律行为，必得家长在文契上与之共同署名方为有效。因战争、灾病等特殊情况，家长远在外地，家中需要紧急处分财产的，必须向当地官府申请，领得执照后卑幼方得处分家产。无视这种规定发生的法律行为，不但无效，有的当事人还要受到惩罚。[①]

2. 特有财产

古代对于家属个人特有财产常用"私财"、"私货"、"私畜"来表述。《礼记·曲礼》说："父母在，不有私财。"《礼记·内则》说："子妇无私货无私畜无私器"。在法规上，"私财"一词较为普遍。

按礼制和法制的要求，卑幼在与尊长同居过程中不准积蓄私财。但是根据资料考察，唐代前后，实际生活中确有积蓄若干私财的例证。《宋书·顾觊之传》记载："觊之家门雍睦，为州乡所重。……绰（第三子——引者注）私财甚丰，乡里士庶多负其责，觊之每禁之不能止。及后为吴郡，诱绰曰：……绰大喜，悉出诸文券一大厨与觊，觊之悉焚……绰懊叹弥日。"[②] 顾绰大放高利贷，"乡里士庶多负其责"，可见他的私财数额很大。唐、宋以后，蓄私财的事例逐渐增多。宋代《袁氏世范》评论说："朝廷立法，于分析一事，非不委曲详悉。然有果是窃众营私却典买契中称系妻财置到，或诡名置产，官中不能尽行根究。又有果是起于贫寒，不因父祖资产自能奋立，营置财业。或虽有祖宗财产，不因于众，别自殖立私财，其同宗之人必求分析。至于经县经州经所在官府……连年争讼。……果是自置产业，分与贫者，明则为高义，……贫者亦宜自思，彼实窃众，亦由辛苦营运以至增置，岂可悉分之。况实彼之私财，而吾欲受之，宁不自愧。"[③] 可见袁采的主张已经不是绝对不承认私财。他的这种主张来源于实际生活，同书中列举了许多蓄私财的事例：有的在同居共财生活中蓄私财怕被纳入共同财产，买成金银埋藏地下，或将私财寄存在妻家或其他姻亲家里；还有的假借妻子名义买入；等等。正是由于当时蓄私财现象已很普遍，所以连严遵礼教的儒家名士也不得不改变看法。

个人官俸收入，唐代以前必须纳入共同财产，金与元不强制归到共同财产中去，已如上述。这个问题在宋代看法与做法已经颇不一致。《郑氏

---

① 《宋刑统·杂令》、《明律·户役》、《清律·户役》。

② 《宋书·顾觊之传》，中华书局，1974，第2081页。

③ 《袁氏世范》卷上《睦亲》，中华书局，1985，第9页。

规范》要求把俸禄纳入郑氏公堂，规定："子孙倘有出仕者，……若在任衣食不能自给者，公堂资而勉之。其或廪禄有余，亦当纳之公堂，不可私与妻孥竞为华丽之饰，以起不平之心。违者天灾临之。"南宋赵鼎的《家训笔录》只是希望将俸禄纳入公产，是从提倡"义风"的角度提出的，并没作硬性规定："仕宦稍达，俸入优厚，自置田产，养赡有余，即以分给者，均济诸位之用度不足或有余者。然不欲立为定式，此在人义风何如耳。能体我均爱子孙之心，强行之则我为有后矣。"

唐宋以后蓄私财的事例逐渐增多，无疑是经济发展的结果。唐、宋以来，封建社会处于上升阶段，手工业和商业兴盛，并逐渐兴起对外贸易与海上贸易。商品经济的发展开始冲击以一家一户为单位的自然经济。消费品种类增多，家庭内部的供应已经满足不了家庭成员的个人需求。在生活需求低的情况下，凡所需要从家庭中都可得到满足，自然安于家庭共同财产制，没有蓄私财的必要；生活需求提高后，人们的私有观念随之逐渐增强，为满足个人需要，蓄私财的事例便逐渐增多。

（二）继承制度

中国古代的继承，不单纯是财产继承，还包括祭祀继承、封爵继承等身份地位的继承。剥削阶级的财产继承是经济权利的转移，是剥削手段的延续；身份地位的继承是政治权力的转移，是统治地位的接替。由于经济权利可以分割，政治权力不容分割，所以财产继承与身份地位的继承各有不同的继承制度。

1. 财产继承

（1）财产继承的一般原则

在实行家庭共产制的中国古代社会，家庭财产虽然称为"公众产业"，但在直系尊长任家长时，不许子孙"别籍异财"或"私擅用财"，实际上全部财产归家长所有。家长生前可以任意处分，临终前可以用遗言的方式决定处分家庭财产，给谁多少都可任意决定，子孙不能争竞，法律也不加干涉。当家长死亡丧期终了、子孙决定分家另过时，假如父祖临终没有遗言，便出现了继承问题。由于封建法律着眼于维护家庭共有财产制，不提倡分散财产，因此，历代法律中都没有继承一词，只有分割家产的提法。

关于家产分割，唐代以前未见于法律明文，从有关史料看，多数采取均分主义，只对嫡妻长子多分给一些财产用作祭祀费用。也有少数做法：有的不仅分给儿子还分给女婿；有的儿女全不分给，全部留给妻妾；也有的分给各个儿子，多寡不一，甚至有的儿子一点不给。如《晋书·石崇传》："崇少敏惠，勇而有谋，苞临终分财物与诸子，独不及崇。"

从唐代开始，家产分割的法律逐渐完备。唐《户令》专设了"应分条"，规定："诸应分田宅及财物者，兄弟均分；妻家所得之财不在分限；兄弟亡者，子承父份；兄弟俱亡，则诸子均分；其未娶妻者别与聘财，姑、姊妹在室者减男聘财之半；寡妻妾无男者承夫份，若夫兄弟皆亡同一子之份（有男者不别得分、谓在夫家守志者，若改适，其现在部曲、奴婢、田宅不得费用，皆应分人均分）。"分解这条律文，其含义是：第一，兄弟平均继承，没有嫡庶区别。第二，妻从母家所得财产不得混入遗产中分配，归其丈夫所有。第三，兄弟之中有死亡者，由其子代位继承。第四，老辈兄弟均已死亡，不再按大股均分，而在从兄弟之间平均继承。第五，未婚的男子在继承份额外，另给一部分准备将来娶妻的聘财。第六，未婚的女子（姑、姊妹）没有继承权，可以分给一点将来结婚用的嫁资，其数目极少，只相当于未婚男子聘财的一半。第七，寡妻、寡妾没有儿子代父位继承的，可以代承夫份。第八，寡妻、寡妾同辈男人均已死亡，在晚辈兄弟均分的情况下，如果她们没有儿子，可以分得一个晚辈人的份额；如果她们有儿子就不分给她们。第九，寡妻、寡妾代承夫份也好，代承子份也好，前提是她们必须守节不改嫁；如果事后改嫁，她分得的遗产不许动用或带走，应当归还给夫家，由原来的继承人平均分配。

《宋刑统》沿袭唐律，不分嫡庶实行众子均分的办法。金律与元律与此不同，实行嫡庶异分的办法。《元典章》引金令规定："检照旧例，应分家财，妻之子各四份，妾之子各三份，奸良人及幸婢子各一份。"妾生子比妻生子少一份，非婚生子和与奴婢发生性关系生的儿子比妻生子少三份，皆因母亲身份地位不同，儿子只好跟着倒霉。明代基本上恢复了唐代的立法精神，原则上实行诸子均分的办法。明《户令》规定："其分析家财田产，不问妻妾婢生，止以子数均分，奸生子依子数量与半份。"不仅妾生子，就连婢生子待遇也提高了，只对非婚生子仍予歧视，仅分给众子份额的一半。

综观各代分割家产的律文，可以看出中国封建社会的财产继承制度有以下几条原则。

第一，妇女没有继承权。未嫁女儿只能分得少量嫁资。寡妻、寡妾虽然可承夫份或子份分得部分遗产，但这不能算作继承，她们必须择昭穆相当的同宗之人立为嗣子，立嗣以后，这份遗产自然归嗣子所有。个别不立嗣的，也只能作为"养老之资"，不许变卖，改嫁时更不许带走。如宋代《清明集》的判语中有"此田以为养老之资则可，私自典卖固不可"，"妾守志则可常享，或去或终当归二子"。明《户令》规定："凡妇人夫亡无子守志者，合承夫份，须凭族长择昭穆相当之人继嗣；其改嫁者，夫家财产及原有妆奁并听前夫之家为主。"

第二，在老辈兄弟多数在世的情况下，遗产在老辈兄弟间平均继承（金与元嫡庶异分），个别兄弟死亡的，其子代父位继承。在老辈兄弟都已死亡的情况下，不按老辈股份分配，而在从兄弟间平均继承。

第三，妻从母家得来的财产，不列入遗产分配，归其丈夫所有。

（2）户绝遗产的继承

唐《丧葬令》规定："诸身丧户绝者，所有部曲、客女、奴婢、店宅、资财并令近亲（亲以本服不以出降）转易货卖，将营丧事及量营功德之外，余财并与女，无女均入以次近亲，无亲戚者官为检校。若亡人存日自有遗嘱处分，证验分明者不用此令。"也就是说，家无男子又无同宗应继的继承人的绝户，死亡人未留遗嘱的，从遗产中扣除丧葬一切开销，余下的给死者女儿；如果没有女儿，遗产按远近顺序给其他没有继承权的近亲属；连近亲属也没有的，收归官有。

宋代对户绝财产的处理，前期与后期有所变化。宋初，对女儿和近亲属的承受权严格限制，遗产大部分收归官有。《宋刑统》所收建隆年间的定例是："今后户绝者，所有店宅、畜产、资财、营葬功德之外，有出嫁女者，三分给与一分，其余并入官。如有庄田，均与近亲承佃。"天圣四年七月的定例是："今后户绝之家，如无在室女有出嫁女者，将资财、庄宅、物色除殡葬营斋外，三分与一分；如无出嫁女，即给与出嫁亲姑、姊妹、侄一分。余二分，若亡人在日，亲属及入舍婿、义男、随母男等自来同居、营业、佃莳至户绝人身亡及三年以上者二分，店宅、财物、庄田并给为主。如无出嫁姑、姊妹、侄，并全与同居之人。若同居未及三年，及户绝人子然无同居者，并纳官；庄田依令文均与近亲，如无近亲即均与从来佃莳或分种之人，承税为主。若亡人遗嘱，证验分明，依遗嘱施行。"
此例文的含义是：死者有未嫁女儿的，遗产给未嫁女儿；无未嫁女儿的，
扣除丧葬花费外，三分之一给出嫁女，无出嫁女的，这三分之一给出嫁了
的亲姑母、亲姊妹或亲侄女；其余三分之二给予死者生前曾同居三年以上
的近亲属、入舍女婿、义子、随母改嫁来的继子以及其他共同生活三年以
上的人。如无出嫁女及亲姑、姊妹、侄，全部财产都给曾与死者生前同居
三年以上的那些人。如果死者孑然一身并无同居三年以上的人，则将财产
收归官有。庄田按照官田处理，平均分给死者远亲耕种，无亲属的，交给
以前耕种或分种过这块土地的人耕种，按章纳税。如果死者留有遗嘱，经
过验证属实，按遗嘱处理。这就大大扩展了承受户绝遗产人的范围。

　　明、清《户令》均规定："凡户绝遗产果无同宗应继者，所生亲女承分，
无女者入官。"这里虽承认了亲生女儿对户绝遗产的承受权，但在审判实践
中对在室女与出嫁女以及嫡出、庶出则有分别不同的解释。据《清会典》
载，旗人无嗣者，给亲生女之家产有三分之一、五分之一等各种不同情况。

2. 身份地位的继承

（1）祭祀的继承（宗祧继承）

　　宗法制度与宗法观念支配下的中国古代家庭，非常重视祖先的祭祀问
题。家的永存与祭祀的永存是一致的。传宗接代是为了接替香火，所谓继
承香火，就是对祖先祭祀。有嫡长子的，嫡长子是合法的祭祀继承人；无
嫡长子的，必须"立嫡"作为祭祀继承人。《唐律·户婚》规定："诸立
嫡违法者，徒一年，即嫡妻年五十以上无子者，得立庶以长，不立长者亦
如之。"《唐律疏议》对此律文解释说："立嫡者本拟承袭，嫡妻之长子为
嫡子，不依此立是名违法，合徒一年。即嫡妻年五十以上无子者，谓妇人
年五十以上不复乳育，故许立庶子为嫡。皆先立长，不立长者亦徒一年，
故云亦如之。依令无嫡子及有罪疾，立嫡孙，无嫡孙以次立嫡子同母弟，
无母弟立庶子，无庶子立嫡孙同母弟，无母弟立庶孙，曾玄以下准此，无
后者为户绝。"也就是说，祭祀继承人的选定顺位为嫡长子→嫡长孙→嫡
子同母弟→庶子→嫡孙同母弟→庶孙……必须依此顺序立嫡，违反法定顺
序要受惩罚。

　　自己没有子孙继承香火的，得收养同宗昭穆相当之男子（如兄弟之
子）作为祭祀继承人。如果连这样的嗣子都不存在，在被继承人死后则用

其他方法确定立嗣问题，这叫"继绝"。"继绝"有两种，一为"立继"，一为"命继"。宋《清明集》户婚门的按语说："案，祖宗立法，立继者，谓夫亡而妻在，其绝则其立也当从其妻。命继者，谓夫妻俱亡，则其命也当惟近亲尊长。"也就是说，丈夫身亡既无实子又无嗣子，寡妻为夫确定香火继承人的行为叫立继。夫妻都已死亡，由丈夫的近亲尊长为他立继的行为叫命继。继绝必须遵守昭穆相当的条件。《清明集》通过一个案例规定了继绝应遵守的规则："方天禄死无子，……子固当立，夫亡从妻。方天福之子既是单丁亦不应立。若以方天福之子为子，则天禄之业并归天福位下，与绝支均矣，……其合归天禄位下者，官为置籍，仍择本宗昭穆相当者立为天禄之后。"也就是说，不但要遵守昭穆相当的条件，而且要看被立人是不是独子，独子也不得立继。明《户令》规定："如未立继身死，从族长依例立继。""凡妇人夫亡无子守志者，合承夫份，须凭族长择昭穆相当者继嗣。"看来明代与宋代不同，不许寡妇为丈夫立继，必须遵从族长"依例议立"。

（2）封爵继承与食封继承

封爵继承。所谓封爵，是帝王授予皇室亲属以及有功官员的一种荣典。爵位可以世袭，由子孙延续继承。封爵制度从周代就已经开始实行。周制分为五等爵位，秦、汉分为二十等，魏、晋、南北朝分数等到十余等。从晋到宋、齐、梁，有王、公、侯、伯、子、男等爵位。到陈朝时多起来，爵位有王、嗣王、藩王、开国郡公、开国县侯、开国县伯、开国县子、开国县男、沐食侯等。北魏、北齐有三等爵位：王、公、侯。北周有五等爵位，在上面都加上开国二字，开国是加封的意思。隋开皇年间有九等爵位——国王、郡王、国公、郡公、县公、侯、伯、子、男，至炀帝时唯留王、公、侯三等。① 唐代实行九等爵位。《唐六典》载："司封郎中员外郎掌邦之封爵，凡有九等：一曰王，正一品，食邑一万户；二曰郡王，从一品，食邑五千户；三曰国公，从一品，食邑三千户；四曰郡公，正二品，食邑两千户；五曰县公，从二品，食邑一千五百户；六曰县侯，从三品，食邑一千户；七曰县伯，正四品，食邑七百户；八曰子，正五品，食邑五百户；九曰县男，从五品，食邑三百户。""皇兄弟、皇子皆封国，

———————————————

① 以上见于《通典》卷三十一。

谓之亲王；亲王之子承嫡者为嗣王；皇太子诸子并为郡王；亲王之子承恩泽者亦封郡王，诸子封郡公；其嗣王、郡王及特封王子孙承袭者，降授国公。"从这一规定可以看出，亲王、郡王都是授予皇室的，但郡王有时也授予庶姓。国公、郡公、县公、侯、伯、子、男袭爵时不降爵位，而亲王、国王、郡王的子孙袭爵时，则不是承袭父祖的爵位，而是降为国公、郡公。宋制与唐代相同。元代有王、郡王、国公、郡公、郡侯、郡伯、县子、县男等爵。明代有王、郡王、公、侯、伯。清代，宗室共有十四等爵位，功臣有公、侯、伯、子、男等共二十七等爵位。

　　西汉末年以前，承袭爵位以实子为原则，如果没有实子，只好"国除"，去掉这一封爵，不允许嗣子与孙承袭爵位。以后逐渐扩大范围，东汉以后的封爵继承，只要有子孙的都可"传国不绝"，不限于实子。南北朝时不限于子孙，旁系亲属也有继承爵位的。例如，"子长成袭爵，卒无子，弟德成袭爵"；[①] "追赠散骑常侍，无子，弟秉以子承继封"；[②] "孝祖子悉为薛安都所杀，以从兄子慧达继封"。[③] 唐代的封爵继承制度是："公、侯、伯、子、男身在之日不为立嫡，亡之后嫡承袭，庶子听仕宿卫也。袭爵嫡子无子孙而身亡者国除，更不及兄弟""诸王、公、伯、子、男皆子孙承嫡者传袭，若无嫡子及有罪疾立嫡孙，无嫡孙以次立嫡子同母弟，无母弟立庶子，无庶子立嫡孙同母弟，无母弟立庶孙。曾玄以下准此。无后者国除""诸王公以下，无子孙以兄弟为后，生经侍养者听承袭，赠爵者亦准此。若死王事，虽不生经侍养者亦听承袭。"[④] 明代规定："凡文武官员应合袭荫职事，并令嫡长子孙袭荫。如嫡长子孙有故，嫡次子孙袭荫，若无嫡次子孙，方许庶长子孙袭荫。若无庶出子孙，许令弟侄应合承继者袭荫。若庶出子孙及弟侄不依次序搀越袭荫者，杖一百，徒三年。"[⑤] 可以看出，明代与唐代的王室承袭制度精神一致，而不同于唐代人臣的承袭制度。唐代公、侯、伯、子、男死后无子孙的要"国除"，不许兄弟等旁系承袭，而明代则允许。

　　秦、汉时代的封爵，多止于称号，不给食邑，只领俸禄。三国的魏，

---

① 《魏书·王洛儿传》。
② 《宋书·宗室列传》。
③ 《宋书·殷孝祖传》。
④ 见于唐《封爵令》、《唐六典》。
⑤ 《万历会典》卷六。

对国王、国公、国侯等爵位的享有者给以特定的食邑；国伯以下的爵位只在名义上给以食邑，没有租税收入，叫作"虚封"。晋、南北朝与此相同。唐代，在授予封爵的同时授予食邑。所谓食邑，就是在封地内收取税赋。受封者称为"封家"，缴纳税赋的课户称为"封户"，"封户"内的人员称为"封丁"。爵位等级不同，食邑范围大小不同，有万户、五千户、三千户等。唐代有些食封也是虚封，为了区别实封、虚封，凡是实封的上面都冠以"实"或"真"字。①

食封继承。食封，主要是食邑，同时包括其他封赏物。食封源于爵位，本是爵位的附属物。然而到了唐代，法律上将爵位继承与食封继承分开，规定为两种不同的继承制度。封爵的爵位不能分割，只能单独继承，而食封属于经济利益，允许分割继承。《唐六典》规定："食封人身殁以后，所封物随其男数为分，承嫡者加与一分；若子亡者，即男承父份；寡妻无男承夫份；若非承嫡房，至玄孙即不在此限，其封物总入承嫡房，一依上法为分。其分承嫡房，每至玄孙准前停。其应得分房无男有女在室者，准当房分得数与半，女虽多更不加。虽有男，其姑、姊妹在室者，亦三分减男之二。若公主食实封，则公主薨乃停。"从这个规定可以看出，食封继承制度既不同于爵位继承，又与财产继承不完全相同。不同于爵位继承而与财产继承相同的是均分继承，其不同于财产继承之处有两点：第一，不是绝对平均继承，受封爵人的嫡长子可以继承双份；第二，承认女子有限额继承权。女子的限额继承有两种情况：其一，在应得分房没有男人的情况下，同房在室的女子可以继承占同房男子应继份一半的食封；这个份额是固定的，不能因同房在室女子多寡而有所增减，一个人继承那么多，三个人也是继承那么多，只好三个人再均分。其二，在室的姑、姊妹，在同房应继份里也可以分到占男子三分之一的份额。食封继承另一个特殊情况是，公主的食封不能作为继承的标的，公主一死，国家收回。这恐怕是表示对皇族的特殊待遇，不许臣下与之共同享受，借以显示皇族的尊严。

（原文载于《中国古代婚姻与家庭》，湖北人民出版社，1987，收入本书时有改动）

---

① 以上见《通典》卷十九、三十一及《唐六典》、《唐会要》。

《钦定户部则例》与清代民事法律探源（2001）

张晋藩　林　乾[*]

中国古代虽然没有严格的近代意义上的民法典，但是却不能说中国古代不存在民事法律。笔者在15年前《论中国古代民法研究中的几个问题》一文中已经阐明了这一观点。尤其是清代在继承前代民事法律的基础上，在民事制定法方面取得了较大进步，其突出表现是《大清律例》中《户律》例文的增加，以及《钦定户部则例》的多次编纂及颁行。

一　六部二十四司体制的突破与民刑分野的推进

刑法在中国古代法律体系中占有主导或支配地位，这是毋庸置疑的客观事实。但是，值得注意的是，自明代始，中国古代法典编纂体例发生了重大变化，确立了以国家机关——吏、户、礼、兵、刑、工分类的法典结构体系。这使得法律调整的对象更为明晰和集中，适应了宰相制度被废除后强化专制主义中央集权的需要，同时也为民事法律从传统的诸法合体的法典体例中脱胎出来，进一步实现民刑有分创造了条件。

自隋唐以来，实行尚书省下六部——吏、户、礼、兵、刑、工分辖四司的中央行政管理体制。各部的第一司名称与部名同，称为子司，又称头司或本司。如户部四司为户部、度支、金部与仓部。这种体制带有专业分工的性质，是不断演进的结果，因此七百多年间递相因沿。但至明洪武十三年废除中书省以后，六部直接听命于皇帝，凸显了六部作为中央最高行政机关的地位。与此同时，为了加强对地方的统辖、管理与领导，改行省

* 张晋藩，中国政法大学法律史学研究院教授；林乾，中国政法大学法律史学研究院教授。

设三司——承宣布政使司、都指挥使司、提刑按察使司，分掌各省行政、民事和司法。三司互不统属，听命于中央，实现了六部对地方的条条管理。由于地方刑名钱谷是大政，事务冗繁，已非原有四司所能涵盖，因此户、刑二部打破了四司体制，向按省设司转变。

明初设六部时，"户部权最重"。① 朱元璋说："古者六曹之设，任天下之务，次独户曹。"② 按以职设官、以官统事的机构设置原则，户部掌管民政、财政事务，其中民事工作相当繁重，如田土侵占、投献、诡寄、影射，禁止户口隐漏、逃亡、朋充、花分，禁止违反律令规定的继嗣、婚姻，以及民间交易等也多归属户部。

废除丞相制后户部初设五科：一科、二科、三科、四科、总科。后改为四属部：总部（后改为民部）、度支部、金部、仓部。洪武二十三年又按地域改为河南等十二部，每部仍设四科，二十九年改十二部为十二清吏司。宣德十年，定制按十三布政司辖区设十三司，而原来的部下降为科，即各司下属四科，其中民科主管所属省府州县地理、人物、图志、古今沿革、山川险易、土地肥瘠宽狭、户口、物产之登记，金科负责市舶、渔盐、茶铺等税收。③

刑部的改革与户部同步进行。最初设总部（后改为宪部）、比部、都官部、司门部，后按地区划分，改为河南等十二道。宣德十年，与户部一样，定为十三清吏司；司下不再分科；刑部受理天下刑名，但民间狱讼，非通政使司转达于部，刑部不得听理。直到嘉靖三十九年，五城御史才接受民间词讼，"不复遵祖制矣"。

清代在明代建制的基础上，户部增置江南司，为十四司；刑部于明十四司外，增置直隶、奉天、督捕（原隶兵部，康熙年间改入）三司，另分江南为江苏、安徽二司，共为十八司。

刑、户二部按布政司辖区，分设主管司，属于中央对地方的垂直管理。这表明了封建社会晚期行政管理水平的提高，同时也打破了隋唐以来的六部二十四司体制。

户、刑二部按地区管理体制的确立，适应了中国封建社会后期中央

---

① 邓之城：《中华二千年史》卷五《明清上》。
② 索予明：《明太祖御笔释例续编》，《故宫季刊》第 2 卷第 3 期，1967 年。
③ 《明会典》卷二、卷十四。

对地方直接统属的发展趋向，也是商品经济关系发展变化的需要。商品与交换关系的发展，促进了以契约关系为基础的民事法律关系的发展。在这一过程中，由于民事争议骤然增加，中央政府过去的管理体制已无法应付。

值得一提的是，户部也是第一个设置两位侍郎的部，这也反映出原有的户部体制不能适应民政财政事务繁多而不得不加以变革的事实。

户部突破传统四司体制，而按省设司，属垂直型条条管理。这种变革要求法律与之相适应。清末沈家本指出：明废丞相制后，"政归六部，律目亦因之而改。千数百年之律书，至是而面目为之一大变者，实时为之也"。① 日本学者内藤乾吉也认为，自明代始律例采《周礼》六官法，自有渊源，"可作种种考虑"。其中之一是为适应政治体制改革的需要。②

与之相对应，在法律编纂的内容上，也反映了民事法律重要性提高的趋向。如《唐律疏议》五百条三十卷，其中户婚、厩库共四卷，计七十四条，占全部篇幅的近七分之一。而《大明律》四百六十条，户律共七卷九十五条，占全部篇幅的五分之一弱。清乾隆五年律，户律仅有八十二条，而至晚清修律前，户律例文已达三百条，一百五十年间增长三倍，其中相当部分含有民事制定法的性质。

二 《钦定户部则例》的编纂及颁行

清因明制，法律编纂体例和国家机构设置，基本沿袭明朝。但在依法调整社会关系方面，均较明朝有较大发展。清人曰："用人行政，二者自古皆相提并论。独至我朝，则凡百庶政，皆已著有成宪，既备既详，未可轻议。"③ 这里所说的"成宪"，主要指《会典》及各部则例。

康熙初年开始按六部统编则例，康熙八年颁行《六部考成见行则例》，不久又颁行《新定六部考成见行则例》。而作为上述则例缩编的《六部成

---

① 沈家本：《寄簃文存》卷六《重刻明律序》。
② 〔日〕内藤乾吉：《大明令解说》，载刘俊文主编《日本学者研究中国史论著选译》第8卷，中华书局，1993，第390页。
③ 《曾国藩全集》奏稿一《应诏陈言疏》。

语》（满汉合璧），成为“清代满汉士子入仕捷径所必须具备的条件之一”。① 于此可见其重要性。

康熙十二年，颁行《六部题定新例》，这是清朝第一部较为完整的则例书，其目的是使“用法者唯其所从”，“奏法者”能有“所守”。康熙帝对编纂则例的立法工作十分重视，经常令“将所察则例开入本内”②。在涉及旗民间的民刑立法时，更为慎重。如康熙十八年讨论修订法律时，当时旗民案件由刑部审结，左都御史魏象枢建议“斗殴小事，悉归州县审结，大事方将赴刑部告理”，康熙帝说从前旗民案件归州县管理，“遂有言庄屯受屈者”，后归章京审理，民人又多苦累，“故立法甚难”，为此他令九卿等确议具奏。③ 每遇大“灾异”，便令各衙门重新核实原有定例是否有差谬，如康熙十八年京师大地震后，他几次召集大学士、九卿等议“应行应革之例”。但总的趋向是，坚持法令的稳定性。当时身为都察院长官的左都御史魏象枢也持此议，认为“凡事皆有定例。从来一法立，则一弊生。目前亦无必当更改之法”。大学士明珠也赞成道：“若欲改立一法，则一弊复生，实有如宪臣魏象枢所言者，似于治理未为有宜。”④

经康、雍两朝的休养生息，尤其是在“滋生人丁永不加赋”政策的刺激下，清代人口急剧增加，社会经济得到较快发展，至乾隆时期进入极盛之世。与此相适应，法律修纂也加紧进行。自乾隆中叶始，六部则例开始分部编纂，而且形成定制。有清一代户部则例的编修情况，据民国初年《清代则例参考书目》⑤，介绍如下：

1. 《钦定户部新例》，不分卷，有乾隆十六年五月例，钞本四册。
2. 《钦定户部续纂则例》，二十八卷，和珅等纂，乾隆五十一年修，八册。
3. 《钦定户部则例》，一百三十四卷，和珅纂，乾隆五十六年修，四十八册。
4. 《钦定户部则例》，一百三十四卷，嘉庆七年修，三十二册。

---

① 王钟翰：《序》，载李鹏年等编著《清代六部成语词典》，天津人民出版社，1990。
② 《康熙起居注》，中华书局，1984，第 1947 页。
③ 《康熙起居注》，中华书局，1984，第 544 页。
④ 《康熙起居注》，中华书局，1984，第 520 页。
⑤ 中国社会科学院历史研究所图书馆藏书。

5. 《钦定户部则例》，一百三十四卷，托津纂，嘉庆二十二年修，六十册。

6. 《钦定户部续纂则例》，十三卷，托津纂，嘉庆二十二年修，十册。

7. 《钦定户部则例》，九十九卷，道光十一年修，四十册。

8. 《钦定户部续纂则例》，十五卷，潘世恩纂，道光十八年修，六册。

9. 《钦定户部则例》，九十九卷，赛尚阿纂，咸丰元年刊，七十二册。

10. 《钦定户部则例》，一百卷，倭仁纂，同治四年修，四十八册。

11. 《钦定户部则例》，一百卷，宗室戴龄纂，同治十三年修，六十册。

其他户部单行则例如茶法例、军需则例、漕运全书、海运全案、商税则例、进口税则、筹饷章程、筹赈事例、外办新捐章程、出使章程、支款章程等达九十种之多。其中仅现行常例即有十几种，而道光朝的现行常例就有六年本、八年本、十一年本、十九年本、二十五年本。

单行则例的增多是适应乾隆以后尤其是鸦片战争以来社会经济转型的需要。

实际上，户部所订则例远比以上所列要多。据同治四年纂修户部则例大臣所奏，"计自乾隆四十一年至咸丰元年先后十三次奏请纂辑成书"，①按此，五十三年间平均每四年续修一次，远超出律例"五年一小修"的规定。据此推断《钦定户部则例》至少有十六部之多。纂修次断之多，在六部中称最，这与该部事务繁杂，民事案例不断出现有直接关系。

《钦定户部则例》与《大清律例》不同，需要不断续修。乾隆曾明确指出："各部为直省案件总汇，其常行事例多有因地因时，斟酌损益者，不得不纂为则例，俾内外知所适从。然甫届成书，辄有增改，故每阅数年或十余年，又复重辑一次，并不能为一成不易之计。"② 由于户部为钱粮总

---

① 《钦定户部则例》（同治四年）卷首。
② 《清高宗实录》卷九六三，乾隆三十九年七月壬申。

汇，涉及民政事务繁杂，"例案较繁，兼有随时更改之处"，因此，"若非续纂通行，恐今昔事宜，难免歧误"，① 这也是乾隆四十一年至咸丰元年间前后十三次编纂颁行《钦定户部则例》的主要原因。章学诚曾说："今六部条例须十年一修，十年之中，改易旧例，已奉明文，虽前例已刊，后例未出，人亦不能作弊，正相同也。"②

编纂《钦定户部则例》是重要的立法活动。大体说来，采入《钦定户部则例》的条款经过由案到例的编纂过程，一般经过臣僚或各部奏请开馆、皇帝下旨勒限修纂、各部选择提调总纂等官编辑、部堂官复核后缮具黄册进呈、皇帝御览后旨命颁行、户部刊刻、各省及中央有司请例等过程。由于皇帝对《则例》的编纂颁行自始至终起领导作用，尤其是涉及重要变更事项及条款要单折请旨，因此，《则例》均为"钦定"。

在编纂的各环节中，纂修官的选任至关重要，因为《则例》"一经编辑成书即为将来办案程式，若办理不得其人，或借手吏胥，词意含混，易滋上下其手之弊"，因此，嘉庆十六年"清厘例案之时"，皇帝发布上谕，"着各该堂官等择其在署年久、熟谙政务、平素端谨之人，责令详慎修辑，务使义意贯通、词句明显，以便永远遵守"。③ 嘉庆帝的这一上谕被载入《钦定户部则例》"通例"门中。

编纂官确定后即开馆修纂，编纂的原则大体如下。

一是将皇帝自上届《则例》颁行以来发布的上谕载入新纂则例中，以为指导。但由于上谕多已纂入《会典》，为免重复，自同治四年户部则例始，"凡有关例义"的上谕，照旧载入，"有应遵纂例文者，即敬谨补纂"，"其无关例义者"，"例内不复恭录"。这既保证了皇帝的上谕作为修例的法源，同时也对无关例义的上谕"不复恭载"，使《则例》体例更为完善，更具有操作性。

二是在例、案之间进行取舍，这是所有编纂工作的核心。由于在《则例》颁行过程中出现许多新案，这些新案的相当部分经过题准、奏准或钦颁谕旨等程序，已作为"现行之案"发生法律效力，这无疑是对旧例的完善与补充。因此，同治四年《户部纂辑则例》规定："旧例有与现行之案

---

① 《钦定户部则例》（同治四年本）卷首《奏折》。
② 《章氏遗书》卷二七《通志检稿》，《湖北通志辨例》。
③ 《钦定户部则例》（同治十三年本）卷九十八《通例》。

不符者，逐条逐案详查折中"。采取的办法是："例均舍案存例，案均改例从案。"即是说，当现行之案较多，而例与之相矛盾时，将案上升到例，即所谓"新例"，而原例或删除，或作为案保留在例中，以体现不以案废例的原则。

三是鸦片战争以来，中国社会迈向近代，许多新的问题出现，给立法修例带来很大挑战。清朝没有按照原有的则例编纂框架束缚自己，而是不断将新例编纂成单行例，清后期几百种单行例的出现弥补了立法工作滞后于社会变革的缺陷。但战争状态下形成的带有权宜性的新案，则没有纂入新例中，以保证中央政令的统一适用。军需奏销、坐地筹饷等即是。户部在修纂奏折中说："其咸丰三年以后各项钱法、票钞及一切减成、放款，均因办理军务，为一时权宜之计，拟另行立簿存案，毋庸纂入则例。"对于现办各口洋税章程，依照上届修例办法，"另抄存卷"没有纂入。

四是对"修改删除之例，逐条各加按语"。据户部奏，同治四年修例时，"计修改、新增、删除共例二百五十一条"。①

总体而言，同治四年户部则例较以往则例有明显进步，这主要体现在编纂体例更符合法律文本的规范，包括：无关例义之上谕不载；旧例将通例附入户口门，不伦不类，新例将通例单列一门，起到提纲挈领的作用；旧本杂出各门的各款很多，新例依类归并；旧例有原纂例条经续纂修改而原例未删，又有一事而分门并载义涉两歧者，新例于两条中酌定删除一条，以归划一；旧例有事本一类而分为数目数十目者，新例修并归于一目；旧例例目有的多至数十字，新例例目改为几个字，使文简意赅；旧例没有总目，例目散于各卷，"易致忽略，今于每门各加总目，以备查阅"。

由于此次修例，"成案章程多于寻常数倍，且有应行钞档备案之件较上届情形颇为繁重"，因此户部奏请简派一名堂官"专司勘定底本"，② 同治帝遂派户部侍郎董恂专办。这也是此次修例较为成功的重要原因之一。

三　《钦定户部则例》与《大清律例·户律》的关系

清代户部每隔四五年即重新修纂颁行则例，在六部中极为突出，这些

---

① 《钦定户部则例》（同治四年本）卷首。
② 《钦定户部则例》卷首户部片。

则例有什么功用？与《大清律例·户律》是何种关系？这是研究者经常思考的问题。本文认为，由于中国封建时代的统治者重公权，轻私权，以及商品交换关系相对不发达的现实，因此民事法律始终处于从属地位。然而自明代始，商品交换关系的发展催生了资本主义关系的萌芽，而清中叶以后，人口的爆炸性增长、社会关系的迭次重要变革及其所引发的新的民事法律关系的出现与社会矛盾不断激化，都要求制定民事法律予以调整。由于《大清律例》具有相对稳定性，司法实践中新案又不断出现，致使官员"舍例就案"，因此不修例就不能及时调整来适应现实的需要。道光十年，发布上谕，以则例不能依限完成，致使数年间"官员既无新例可遵，又谓旧例已改，茫无所措"为由，革除乾隆时所定十年修例的定限。① 《钦定户部则例》的多次编纂不仅适应了这一发展要求，而且就其内容及条目而言，越来越具有"民法"的性质。有些较《大清律例》更为明晰具体，如户口门的"继嗣"条，为区别旗、民分别制定了不同的规定，而《大清律例》牵混一处，有些则较《大清律例》详尽，如田赋门（卷十）关于撤佃条款、出旗带地、置产投税、旗民交产、违禁买卖（附押借长租）、重复典卖、认卖认赎、盗卖盗耕等；尤其是对汉族与少数民族之间的经济民事立法更补《大清律例》所未有。而载入《通例》的"现审田房词讼"达24条之多，堪称清代的民事诉讼法规。

以下从几个方面简要论述《钦定户部则例》与《大清律例·户律》的关系。

首先，应该指出，《钦定户部则例》与"律令相表里"，在法源上具有统一性。由于《大清律例·户律》中的相当部分例文取自《钦定户部则例》，因此《钦定户部则例》是修订《大清律例·户律》的重要根据。

邓之诚在论及《大清会典》时说："清以例治天下，一岁汇所治事为四季条例。采条例而为各部署则例。新例行，旧例即废，故则例必五年一小修，十年一大修。采条例以入会典，名为会典则例，或事例。"② 这是对由案（条例）到例再到典的最精确概括，它同样适用于由案到例再到律例之例这一过程。因此，从法源上讲，《钦定户部则例》的例文与《大清律

---

① 《钦定户部则例》（同治十三年本）卷一〇〇《革除修例定限》。

② 《中华二千年史》卷五下，中华书局，1988，第531页。

例》中的例文，有相当一部分是同源的，清末法学家薛允升在《读例存疑》中已有详尽考辨。早在康熙三十四年将《刑部现行则例》载入清律时，便明确提出"别部事例，间有与律义相合者，亦照刑部见行例采入。如律例内有应具题请旨者，俟别题请旨"。① 这就是说，其他各部事例"与律义相合者"，也将载入律例。

正是为了修订清律避免与五部则例发生歧义，顺治初修成《大清律集解附例》时，便以刑部左侍郎党崇雅为主，会同吏、户、礼、兵、工五部官员共同参加编纂。

此后乾隆年间修订律例，均将此作为修纂原则。如乾隆三十二年五月大清律例修竣后，大学士管刑部事务的刘统勋奏称："所有历年钦奉上谕及议准内外臣工条奏，并吏、户、礼、兵、工等部议准有与刑名交涉应纂为例者，各详细复核，分类编辑。"② 乾隆四十三年修纂律例时再次重申："吏、户、礼、兵、工等议准有与刑名交涉应纂为例者，详细复核，分类编辑。"③

清末法学家沈家本指出："原疏所列修律之员，吏、户、礼、兵、工五部各一人，盖以刑部律例与五部多相关涉，必须五部之人，方通晓五部则例，遇有修改，不至与五部互相歧异，此前人办事精密之处。后来修律，但用刑部之人，不复关照五部之人，于是刑部之则与五部往往歧异，援引遂多抵牾，竟至久同虚设。由此观之，谓前人胜于后人，尚何说之辞。"④

基于以上的修纂要求与做法，《钦定户部则例》中的一部分内容被收入《大清律例》中。换言之，《大清律例·户律》中相当多的例文，是采自《钦定户部则例》的。这不仅在乾隆年间吴坛完成的《大清律例通考》中有明显的反映，尤其是薛允升所著的《读例存疑》考证出户律中的民事法律例文，多数源于《钦定户部则例》。

其次，《钦定户部则例》与《大清律例·户律》在实践中具有互补性。

第一，《钦定户部则例》调整的范围远比《大清律例·户律》宽泛，而且具有因"时地异宜"及时修订的灵活性。《钦定户部则例》"通例"

① 《乾隆大清会典则例》卷一百二十四《律纲》。
② 《大清律例通考·奏疏》。
③ 《大清律例通考·奏疏》。
④ 《寄簃文存》卷八《顺治律跋》。

门"奏折"条规定："凡各处咨请部示事件，除有例可循者照例核议、咨覆外，或时地异宜，必须斟酌更订者，无论应准应驳，即行酌议具奏，并将应奏不奏之大臣附参交议。毋得据咨率准，亦不得沿用不便据咨遽议字样率行咨驳，违者一并严议。"① 借以保证则例的及时修订，发挥应有的调整作用。

第二，由于受律例文字表述的限制，在入律后的例文中，有些不尽合《钦定户部则例》的原意，甚至相互龃龉、冲突，为法律适用带来不便。因此，律学家薛允升反复强调：很多入律的例文必须查找《钦定户部则例》中的原例，才能知其所以然。

第三，嘉道以后，中国社会在动荡中发生裂变，以《大清律例》为核心的刑法典体系明显滞后于社会现实，以旗民交产与通婚为例，实际上已经打破《大清律例》的禁例，却没有作出相应的修改。而《钦定户部则例》却几次修纂，作出变通规定，弥补了《大清律例》的严重缺陷。

第四，《大清律例》在历次修订时，就整体而言，例文有增无减，有改无删，这就使许多例文前后抵触，自相矛盾。薛允升称，例文与现实不符者"甚多"，他还说："盖专就修例时年岁核算，每届重修时，即应奏明更正此办法也。乃二百年来，从无改正一条，何也？"② 这反映了立法者对于祖宗成法所持的保守态度。与此相比较，《钦定户部则例》能够将奏准、题定或钦遵上谕而形成的新例，及时加以补充，或用于取代旧律，表现出很强的现实性和时效性。

第五，《户律》中的一部分例文，在实施时必须参照《钦定户部则例》相关条款才能生效。例如，《户律·脱漏户口》"雍正十二年例文"规定："八旗尺遇比丁之年，各该旗务将所有丁册逐一严查，如有漏隐，即据实报出，补行造册送部。如该旗不行详查，经部查出，即交部查议。"此例文中的"送部"、"经部察出"，均指户部而言。《钦定户部则例》户口门"比丁"等条的规定较之《大清律例·户律》详细，以致《户律·脱漏户口》律文无法颁布生效。薛允升称："户部定有专条，较为详明。此例无关引用，似应删除。"③

---

① 《钦定户部则例》卷九十九。
② 《读例存疑》卷九《户律一》。
③ 《读例存疑》卷九《户律一》。《钦定户部则例》的法律效力于此可见。

综上所述，由于《大清律例》是祖宗成法，具有严格的修律程序，而且涉及吏、户、礼、兵、刑、工各个方面，不可能根据变动的民事状况及时地作出补充修订。《钦定户部则例》所调整的对象主要是民事行为，因而有可能及时地修订，确认和调整新的民事法律关系。特别是嘉道以后国势日非，固有的修例之制也难以维持。至于《钦定户部则例》与《大清律例·户律》之间发生矛盾，一是不能及时修订户律附例所致，再者也反映了当时立法技术的水准。

再次《钦定户部则例》在内容上较之《大清律例·户律》不仅具体，而且体现了法与时转的特点。

（一）旗民婚姻关系与财产继承

《户律·婚姻》"嫁娶违律主婚媒人罪"附例如下："八旗内务府三旗人，如将未经挑选之女许字民人者，将主婚人照违制律，杖一百。若将已挑选及例不入选之女，许字民人者，照违令律，笞五十。其聘娶之民人一体科罪。"这是清初基于实行满汉不通婚政策而订立的律文。但随着旗民间经济往来的频繁，旗民婚嫁也随即出现。因此，《钦定户部则例》的规定较之《户律》尤为详细，而且不乏酌情变通之处。如按律例科断后，"仍准完配，将该族女开除户册"，即惩罚后仍视为合法婚姻。则例本条还增加了小注："惟告假出外在该省入籍生有子女者，准照同治四年六月奏案办理。"同治四年六月奏准案的内容为："旗人告假出外已在该地方落业编入该省旗籍者，准与该地方民人互相嫁娶。"又曰："若民人之女嫁与旗人为妻者，该佐领族长详查呈报，一体给予恩赏银两。"只是旗人娶长随家奴之女为妻者，严行禁止。这反映了旗人法律地位与民人的平等，以及旗民通婚禁条的弛禁。

不仅如此，则例还规定："八旗满蒙汉及各省驻防人等聘定未婚女子，因夫物故，矢志守节，或母家实无依倚，夫家尚有父母，并前妻子女情愿过门倚奉翁姑、抚养子女，着该旗查明咨部，准其收档入户，照例办理。"[1] 这不仅弥补了律例之不足，而且也反映了满汉婚姻关系的发展变化，以及法律所持的肯定态度。

---

[1] 《钦定户部则例》卷一《户口》，"旗人婚嫁"。

《大清律例·户律》"立嫡子违法"条，禁止立异姓之子为嗣，养子虽有财产继承权，但"不许将分得财产携回本宗"。《钦定户部则例》与此相同，但增加以下一段："至抱养之子，除初生抛弃者，不准捐考外，如果在周岁以后者，非初生暧昧不明，准其应考报捐，即用养父三代。"① 既明确了养子的身份，同时又保护养子的出仕为官权，对抚养人有利，对稳定抚养人与被抚养人之间的关系有积极意义，也弥补了《户律》对继嗣没有区别旗、民，致使刑例不能旗民两适的缺陷。

《大清律例·户律》不准立异姓为子的立法原意是通过严禁旗人立民人之子及户下家奴子孙为嗣，以保证旗人财产、支领银粮不外流。然而，《钦定户部则例》在"八旗立嗣"条下，不但放宽立嗣条件，而且明言："如实无昭穆相当之人，准继异姓亲属，取具该参佐领及族长族人生父，列名画押，印甘各结送部，准其过继。"② 兵部例文也与此相符。此例文由于符合乾隆四十年上谕"立嗣亦不致以成例沮格"、"从权以合经"的立法精神，即允许立旗人异姓亲属之子为嗣，因此一直保留下来。这与刑律例文显然冲突。因此，薛允升指出："刑部改，而别部例文未改，有犯，碍难援引。"③ 但实际上八旗人口稀少，异姓之间多为亲戚关系，因此异姓承嗣并不少见，在这方面《钦定户部则例》的效力高于《大清律例·户律》。

此外，律例中八旗无子立嗣例文说："寻常夭亡未婚之人，不得概为立后，若独子夭亡……准为未婚之子立继。"但对"夭亡"无年龄限定，《钦定户部则例》则载明："子虽未婚娶，业已成立当差，年逾二十岁身故者，亦准予立继。""凡未婚而年在二十岁以下夭亡者无后，在父自当先从故子同辈中按照服制次序为其父立继，如阖族中实无故子同辈可继之人，亦只得为未婚夭亡之子立继，不得重复议继，致滋讼端。"可见，既有年龄规定，又在法律上堵塞了争讼漏洞。

从整体看，《钦定户部则例》由于按清代最明显而又最重要的民事主体之不同，将八旗与民人继嗣分为两门，明示区别，因此比《大清律例·民律》之混于一处更为完善。例如，"清厘旗档"条规定，民人之子自幼随母改嫁与另户旗人者，成丁后取结报部，令其为民，实际上明确了民人

---

① 《钦定户部则例》卷三《户口》"民人立嗣"条。
② 《钦定户部则例》卷一《户口》。
③ 胡星桥、邓又天主编《读例存疑点校》，中国人民公安大学出版社，1994，第177页。

之子的身份并不因其母改嫁而改变。与此同时，凡旗下家人之子随母改嫁与另户民人之子随母改嫁与族下家人及家人抱养民人之子者，丁册内注明，均以户下造报。这明确了此等人不具有和民人一样的法律地位。①

（二） 出旗为民及旗人出外谋生的法律认定与调整

咸丰后出旗为民的旗人的大量涌现，以及旗人出外谋生禁条的废止，促使户部及时制定了相关民事责任管辖的法律条文。《钦定户部则例》"旗人告假出外"条规定："旗人有愿出外营生者，准将愿往省分呈明，该参佐领出具图结报明，该都统给予执照，填写三代年貌家口，盖用印信注明册档，随时分咨户、兵二部，准其出外营生，或一人前往，或携眷前往，均听其便。""有愿在外落业者，即在该管州县将愿领执照呈请详缴，由该省督抚分咨部旗，编为该地方旗籍……有愿入民籍者即编入民籍。所有户婚田土词讼案件统归地方官管理。"② "各省驻防兵丁及由驻防升用官员及由京补放官员，情愿在外置业者，也悉从其便。"③ 对"旗民杂处村庄"则规定：旗人有犯，许民人举首；民人有犯，许旗人举首。地方官会同理事同知办理。这些规定，对旗民畛域的破除、旗民法律地位的趋于平等，尤其是对改变旗人倚食官府、出外谋求生计有积极意义，并且补充了户律"人户以籍为定"例文所不备。

此外，《钦定户部则例》卷三《户口门》"民人奴仆"、"人户籍贯"、"豁除贱籍"等例条，对民事主体关系的调整，均详于户律。

（三） 调整旗民之间产权、典权关系的规定

清代前期，出于维护满族贵族及旗人的优越地位，法律严禁民交产。《户律》"典买田宅"例文，是针对八旗而言，此例据雍正十三年上谕，遵旨纂定，惩处甚严。但《钦定户部则例》"违禁置买"条有小注曰"驻防兵丁不在此例"④，即驻防八旗不受此条法律限制。薛允升曾经指出修订

---

① 《钦定户部则例》卷一。
② 《钦定户部则例》卷二《户口》。
③ 《钦定户部则例》卷二《户口》，"驻防官兵置产"。
④ 《钦定户部则例》卷十《田赋门》。

《大清律例》时"未经添入（此小注），系属遗漏"。①

嘉庆十三年《户律》"典买田宅"例文，仍然严禁民人典买旗产。但咸丰时修订《钦定户部则例》，对"旗民交产"条作出详尽规定，如民人承买旗地，准赴本州县首报地亩段数，呈验契据，该管官验明后发给旗产契尾，令其执业。② 不但京旗屯田、老圈、自置，俱准旗、民互相买卖，而且"照例税契升科"，"均准投契执业"，③ 由此旗民交产合法化。不仅如此，还对旗人违法买卖作出惩罚规定："如旗人将祖遗及自置田房典卖与人，不将原契跟随，或捏造民契过税出卖后，本人物故，其子孙恃无质证持原契控告者，审实，照契价计赃，以诓诈论，有禄人加一等治罪。"④

对民人契典旗地，《钦定户部则例》确定了回赎期限（20年），如果超过立契期限，"即许呈契升科（小注：无论有无回赎字样），不准回赎"。如果在期限内，仍准回赎。对期限内无力回赎欲改为绝卖者，"许立绝卖契据，公估找贴一次"；如果买主不愿找帖，"应听别售，归还典价"。"如或不遵定限，各有勒掯找赎情事，均照不应重律治罪。"⑤ 这既保护了双方的利益，又限制了不法行为。可见这方面的民事立法已颇为完善。

《钦定户部则例》在"置产投契"条中详尽规定了旗人间典买田地及旗人典买民人田地的法律关系。"撤佃条款"还就民佃官赎旗地、民佃易主旗地、民佃入官旗地等各种不同主体下的权利义务关系，对撤佃条件、履行义务等做了详尽规定。⑥ 这是旗民间契约制度发展的重要体现。

与《钦定户部则例》相比，《大清律例》的相关部分仍胶执清前期的规定，光绪十五年甚至一度恢复原有的禁止旗民交产的例文。为此，薛允升指出："即此一事，而数十年间屡经改易，盖一则为多收税银起见，一则为关系八旗生计起见也。"⑦《大清律例·户律》中的相关例文由于已成具文，因此严重滞后。

另据乾隆十六年刑部议定的"典卖田宅"例，对不税契过割的惩罚规

① 《读例存疑》卷十《户律》二《田宅》。
② 《钦定户部则例》卷十《田赋四》。
③ 《钦定户部则例》卷十《田赋四》。
④ 《钦定户部则例》、《重复典卖》。
⑤ 《钦定户部则例》卷十《田赋四》，"旗民交产"。
⑥ 《钦定户部则例》卷十《田赋四》。
⑦ 薛允升论此最详，参见《读例存疑》卷十三等。

定如下："凡州县官征收田房税契，照征收钱粮例，别设一柜，令业户亲自赍齐契投税，该州县即粘司印契尾，给发收执。若业户混交匪人代投，致被假印诓骗者，即照不应重律杖八十，责令换契重税。"此条例中并无代投治罪之条，而这又恰恰是民间流行的弊端。为此《钦定户部则例》"征收事例"规定如下："州县征收钱粮……于花户完纳时眼同登记，填发串票……如有借手户书，致有完多注少等弊，该督抚题参""州县经征正杂钱粮，听纳户自封投柜。"① 但是由于大户包揽小户，通过户书上下其手，代为完纳，引发大户与小户词讼纷纷。例如，河南巡抚田文镜到任不久便发现"豫省各州县征收钱粮，竟有不令小民自封投柜，纵容劣衿银匠柜书串通包揽，代为完纳，空填流水，出给串票，直至拆封之日方行入柜"。为杜绝此项弊端，保护小民合法利益，田文镜征引户部上述定例及处分例，移文全省司道府州官吏转饬所属："嗣后钱粮俱各遵照定例，令小民自封投柜，眼同柜书登填流水，即给串票。将银听粮户自行穿线入柜，不许交给衿监、银匠、柜书、原差代纳。而该司道府州不时稽查，如有前项包揽棍徒，立即严拿详报，以凭照例分别褫革枷责……"② 从而雄辩地说明了在司法实践中《钦定户部则例》的效力和价值。

（四）对汉族与其他少数民族之间婚姻、财产、交换等关系的规定

汉族与少数民族间的民事法律，《大清律例》几乎付诸阙如，而《钦定户部则例》"番界苗疆禁例"等例目填补了这方面的法律空白。

譬如，清朝一般禁止汉、苗交易田产，但《钦定户部则例》规定，"贵州省汉苗呈控典卖田土事件，该地方官查其卖业年分远近、是否盘剥，折责，秉公定断"，"清查以后，凡系黔省汉民，无论居黔年分久暂，相距苗寨远近，及从前曾否置有苗产，此次曾否领颁门牌，一概不准再有买当苗产之事"。实际上通过承认清查以前的汉民置苗产，默认了汉苗间交易田产。

《钦定户部则例》还规定，对于客民迁移回籍所遗产业，苗民无力收买，准售与有业汉民；其所当苗产，许苗民呈明取赎。如是客民垦荒成

---

① 《钦定户部则例》卷九《田赋三》。

② 田文镜：《抚豫宣化录》卷三下，"饬令小民自封投柜"。

熟，酌断工本，表现出了法律既保护苗民田产，也照顾了客民的权益。

除一般禁止汉民置买苗产外，对汉民典种苗土，汉民前往苗地贸易、放债等均不在禁止之列，而且在法律上予以保护。尤其是法律承认汉苗间的租佃关系，规定：客民招佃，原系苗民者仍照旧承佃，不得另招流民，也不准额外加收，均照原契数目；如系未耕土地，先由苗佃开垦，所出租谷照苗寨旧规酌分；对苗民承佃客田，揹不纳租，准客民控官究追。兴义、普安一带客民，"有置当苗民全庄田土者"，所招佃户也多系汉人，因此特别规定：如有退佃，先从原庄苗人承佃；如苗人不愿佃种，仍许汉人佃种。

在苗寨贸易开店之客民，将钱米货物借给苗民，只许取利三分，严禁全利盘剥，更不许将苗民田土子女折为钱物，违者严惩。

此外，《钦定户部则例》对广西省苗民交易、典佃等事项，也作出法律规定。[①]

《钦定户部则例》的上述规定为处理汉族与西南少数民族间的田土财产关系，提供了法律依据，对解决民族纠纷、增强民族团结无疑具有积极意义。

（五）为旗民田房争讼提供了法律依据

清代就完全民事主体而言，主要包括旗、民两大主体。从严格意义上说，二者的法律地位有所不同，同罪异罚较为普遍。这在《大清律例》中有明显反映。但由于律例没有对民事行为主体加以严格区分，因此执行上带来相当不便。《钦定户部则例》在这方面显示出立法技术的完善。《钦定户部则例》"通例"门中"现审田房词讼"共有24条例文，内容极为丰富，涉及旗民争控户田案件、旗民互控案件、部审旗民互控事件、旗人之间的田地案件等方面，而且对管辖与受理衙门、诉讼程序、审判权限、审结时限、"抱告代审"，以及监督等均作出详细规定。凡"应批断者即行批断，应送部者必查取确供确据，叙明两造可疑情节，具结送部"。如两造隐情不吐，"必须刑讯者，会同刑部严审"。这种限制规定是有别于刑事诉讼的。如需实地勘察，应将当事人"押发州县，令会同理事同知查丈审

---

① 以上均见《钦定户部则例》卷四《户口》，"番界苗疆禁例"。

结"。而且规定八旗现审处办理旗民交涉案件自人、文到部之日起，限 30
日完结。

总之，"现审田房词讼"是旗民财产关系不断发展的产物，堪称清代
的民事诉讼法。

综括上述，清朝民事法律继承了中国悠久的民事法律的传统，尤其是
清中叶以来经济的发展，以及经济关系的变革，推动了《大清律例》中
《户律》的出现。但由于《大清律例》相对稳定性的特征，以及它毕竟属
于以禁与罚为核心的刑法典，因此无论从民事关系的调整范围还是从民事
法律规范的内容来说，都不如《钦定户部则例》那样广泛和具体，可以
说，《钦定户部则例》是清代民事法律比较集中的制定法，大体代表了清
代民事立法的成就和水平。由于《钦定户部则例》中一些重要的例经过一
定程序编入《大清律例》，因此某些民事案件依照《大清律例》审结与依
照《钦定户部则例》审结具有一致性。另据《钦定户部则例·现审田房词
讼》，有些民事案件或予民事制裁，或予行政责处，或予刑事制裁都分别
作出了具体规定。可见《钦定户部则例》不仅针对民事法律关系的发展及
时修订，以补充《大清律例·户律》的不足，而且在司法实践中起到了作
为法律根据的作用，尤其是嘉道以后律例与则例出现明显矛盾，以致在实
践中依则例而不依律例，这是因为则例具有现实性、时效性，远非作为成
法的律例可比。

（原文载于《比较法研究》2001 年第 1 期，收入本书时有改动）

民法上的"家"

——兼论我国民法上"家"的二元结构（2003）

石碧波[*]

关于民法亲属编上的"家"，二战后，曾为国外学界和立法界所争论。存废与否，莫衷一是。争论的结果是，有的国家废除了其民法上的家制，有的国家仍保留了其家制。现在，存废各国各行其是，对"家"没有多少新话题。但是，新中国成立后，我国仍没有给"家"以足够的注意。现值制定"民法典"之际，是否应当注意一下"家"，即给"家"以民法上的位置，是值得讨论的问题。

一　何谓民法上的"家"

我国台湾地区"民法"给"家"下的定义是："称家者，谓以永久共同生活为目的而同居之亲属团体。"（第1122条）。日本民法给"家"的定义为："由户主和服从户主的家族构成的团体（也有仅户主一人者），在户籍上为一个单位。"《瑞士民法典》则把"家"界定为基于"血亲、姻亲或依契约受雇用的佣人或类似的关系"而共同生活的团体。具体说来，"家"具有如下一些特质。

（一）"家"是不具有独立人格的特别团体

从性质上说，今天的"家"，不再同我国旧律中的"家"一样，是权利主体，有独立人格，能对外独立享有民事权利和承担民事义务。而今天构成"家"之各成员，一般是以自己的名义对外独立享有权利和承担义

---

*　石碧波，中国社会科学院研究生院民商法博士。

务，而不能以"家"的名义对外行使权利和承担义务。但是，无论是我国实践中的"两户"之"家"，还是设有"家庭共有财产"制度之《瑞士民法典》中的"家"，其家长、代表人或家属都在以"家"的名义对外发生经济关系。当然，他们都以家庭共有财产对外承担债务。然而，即使"家"具有对外职能，也仍改变不了它是由家长与家属构成的无人格的特别团体这样一个基本性质，因为它不过是亲属法上的一个特别团体，而非民法总则中的权利主体。

（二）"家"是亲属及准亲属的团体

从构成上说，"家"的成员主要是由配偶、血亲、姻亲等组成的亲属团体。但也有包括准亲属在内的，即虽非血、姻亲属，却视同亲属。如《瑞士民法典》就把准亲属视为亲属："所有有血亲、姻亲或依契约受雇用的佣人或类似关系而与家庭共同生活的人，均须服从家长。"（《瑞士民法典》第331条第2款）。当然，家之成员主要还为血、姻亲。可见，亲属构成是"家"区别于其他社会团体的特质。

（三）"家"是以共同生活为目的的团体

从目的上说，家之成员同居于一个家，为的是共同生活。所谓共同生活，就其关系而言，是指有同居之意思和同居之事实。同居并非全体永居一处，事实上虽暂时异居，而仍有同居之意思者，不失为一家。家与户籍上的"户"是否一致，在所不问。家或等于户，或大于户。为共同生活计，家长与家属以及家属之间互负扶养义务。家虽可设共有财产，但不以共有财产为要件，各成员可有自己独立的财产。

（四）"家"是共同进行经济活动的团体

从功能上说，"家"虽为生活团体，但并不排斥以"家"的形式从事经营生产，从而演变为实质上的经济团体。今天我国"两户"之"家"的经济功能就大于生活功能。早已注意到"家"的经济功能的还是《瑞士民法典》。它在其家制中建立了"家庭共有财产"制度，规定："家庭共有财产关系使共有人联合进行共同的经济活动。"①

---

① 《瑞士民法典》第339条第1款。

二 国外关于"家"的立法

国外关于家制的立法，主要有日本民法旧亲属编第二章"户主及家庭"、韩国民法第4编第2章"户主与家族"、《瑞士民法典》第二编第9章"家庭的共同生活"等。

（一）日本关于"家"的立法

1. 家制成为"法典论争"的焦点

日本的旧民法以法国民法典为蓝本，其财产法部分由法国巴黎大学教授布瓦松纳起草，亲属法部分则由日本学者起草，明治21年（1888）完成，明治23年公布，定于明治26年实施。

旧民法的财产法部分自不用说，是以法国民法精神为指导的，但未引起人们的异议。亲属法部分虽然也保留了日本固有的家制，但大大削弱了家长权，比如，不承认作为家长权（户主权）核心之一的家属居所的指定权，也未授予家长对家属婚姻的否决权。另外，对家督继承人因婚姻和收养而离开家庭，也不予禁止。针对这些内容，许多人认为旧民法无视日本固有的善良风俗，严重破坏了家族制度。这样，就与拥护派鲜明地形成了对立的两派，进而展开了"法典论争"。

拥护派和反对派与日本法学界原已存在的两个学派结合在一起，形成了两大阵营。拥护派的观点是倾向于自然法的法国法学派，当时称为"断行派"。反对派的观点是倾向于历史法学的英国法学派，称为"延期派"。"延期派"指出，这部民法破坏了日本立国的基础——绝对主义的家长、至高无上的家族制度。明治25年，穗积八束在《法学新报》上发表文章《民法出而忠孝亡》，使论争达到白热化程度。于是，论争自然扩及政府和议会。同年，贵族院和众议院以压倒性多数通过了将旧民法延期到明治29年底实施的决议。事实上，等到新民法颁行即告废除。

2. 新民法中的家制

旧民法延期实施后，日本政府着手起草新民法。新民法维护了日本固有习俗，特别是家族制度，于明治31年施行。

　　新民法肯定了家长制下的家族制度。家的核心是户主，即家长。户主为进行其对家族的管理，拥有强大的户主权。户主权的内容主要有：（1）对家属的居所指定权（日本"旧民法"第749条）；（2）对家属入家去家的同意权（日本"旧民法"第735、737、738、743条）；（3）对家属的婚姻、收养的同意权和撤销权（日本"旧民法"第750、776、780、848条）；（4）对不服从家长的家属进行制裁的离籍权与复籍拒绝权（日本"旧民法"第741、749、750条）。在如此家族制度下，婚姻关系、亲子关系等都从属于维持"家"这一根本目的。

3. 战后被迫取消了家制

　　二战后，美国占领了日本。在美国的主导下，日本国宪法于1946年11月公布。根据宪法第24条，关于婚姻、继承以及家族等项立法，必须符合"个人尊严与两性实质平等"之原则，对亲属法中的家制进行了删除，同时被删除的还有家督继承。

　　日本国内主张家制的人们，虽然不敢公然反对美国以及《波茨坦宣言》和新宪法，但还是迂回地保留了一些关于家制的条款，如第730条规定："直系血亲及同居的亲属，应相互扶助。"然而，这一条又引起了新旧两派的争论。新派说，这是家制的残余，为"家"的复活留下了一块阵地，进而主张该条只有道德上的意义，没有实质的法律意义，不起什么作用，将来还应废除。旧派主张，这一条具有实质意义，其精神是在家庭生活中抑制市民的权利主张，坚持日本传统的美德与风尚。那么，对于日本这样典型的"家国同构，忠孝一体"的东方文明国家，是否就心甘情愿地废除家制？或者说，其民法亲属编是否已经没有争议，得到了全民的公认呢？恐怕还都远不能给以肯定的回答。

　　至此，我们知道，日本废除家制不是内在要求，而是来自美国的压力。废除的理论根据是"反封建"和"男女平等"。那么，废除日本家制的真理性如何？或者，到底是该废除还是该改进？不在此议题。

（二）韩国关于"家"的立法

　　韩国民法上的家制与日本新民法相近，也采家长权本位，只是家长权利较日本狭窄。

　　依韩国民法，户主有居所指定权（韩国民法第79条）、分家强制权

（韩国民法第 789 条）、入家去家同意权（韩国民法第 784、755 条）、家属禁治产限定治产之宣告及其撤销请求权（韩国民法第 8、10、13 条）、为家属监护人之资格（韩国民法第 932、933、934 条）、亲属会议召集请求权（韩民第 969 条）等。有意思的是，韩国在二战后没有因美国的压力而废除家制，实施至今。

（三）瑞士关于"家"的立法

《瑞士民法典》第二编第 9 章"家庭的共同生活"，是关于"家"的立法。与日本家制相比，不仅有自己的特点，而且形成了鲜明的对比。

1. 瑞士"家"的立法背景和实施情况

《瑞士民法典》于 1907 年制定，1921 年实施。虽经 1936 年和 1996 年的全面修订和部分修订，但其亲属编中的"家"，却基本上是"安然无恙"的，仅有少数条款的增补和删除。这说明瑞士立法界不是没有注意到自己的"家"，基本都保留了，说明还行得通。瑞士一无外来因素的干预，二非日本那样古老的家元主义的东方文明国家。它是近代化完成较早的欧洲现代民主国家。它的政治法律制度应该说并不封建、保守，甚至连它的法官都是民选的。这就不得不使人对家制本身做重新思考。

2. 瑞士"家"的内容

《瑞士民法典》第 2 编为亲属编，本编第 9 章是关于家制的立法，它分"抚养义务"、"家长权"、"家产"三大部分，经两次增补和废除的修订后，现存 30 条。第一节为"抚养义务"。首先，规定家长与家属之间以及家属之间互负扶养义务，但只限于生活陷入贫困者，而且兄弟姐妹间无充分财力时，也不负扶养义务（《瑞士民法典》第 328 条）。其次，抚养请求权按继承顺序依次向义务人提出，孤儿则向公共机构提出（《瑞士民法典》第 329 条）。再次，关于弃儿的抚养，如无抚养义务的亲属时，孤儿可向所属乡镇或公共机构请求抚养费（《瑞士民法典》第 330 条）。

第二节为"家长权"。首先，规定了家长成立的要件，即"共同生活的成员，依法律或约定或习惯有家长时，其家长有家长权"（《瑞士民法典》第 331 条）。其次，规定了家长的权利和义务。权利主要是管理家务、照管家属以及保管好家属的携人物（《瑞士民法典》第 332 条）。义务主要是承担未成年人或禁治产人、精神耗弱人或精神病人所造成的损害责任，对后两种人承担不使其对自身或他人造成危害的义务（《瑞士民法典》第 333 条），以及注意家属全体之利益等（《瑞士民法典》第 334、335 条）。

第 9 章第三节为"家产"。在"家产"下有"家庭财团"、"家庭共有财产"和"家宅"三部分，其中最有特色或最成功的是"家庭共有财产"的设立。家庭成员有权决定自己的财产为自有或家庭共有（《瑞士民法典》第 336 条）。家庭共有财产的设立，须订立契约，并经全体共有人签名后公证生效（《瑞士民法典》第 337 条）。家庭共有财产关系的期限靠约定，分为定期和不定期两种（《瑞士民法典》第 338 条）。家庭共有财产关系的实质是"共有人联合进行共同的经济活动"，"各共有人在共有关系中享有平等权利"（《瑞士民法典》第 339 条）。涉及共有关系的事务由所有共有人共同处理；普通的管理事务各共有人可单独处理（《瑞士民法典》第 340 条）。家庭共有财产的日常经营管理，要由共有人推选一人为代表，代理和主持共有关系的经济活动，但须将代表人登记于商业登记簿后，始得对抗善意第三人（《瑞士民法典》第 341 条）。对共有财产收益分配的规定是，按共有财产年纯营利之一定比例，公平分配给每个共有人（《瑞士民法典》第 347 条）。共有关系的终止也极为简便，合意终止或通知终止即告终止（《瑞士民法典》第 343、344 条）。

3. 瑞士"家"的成功之处在于以家庭成员共同生活为本位

瑞士家制是以家庭成员共同生活为本位。它在身份立法上，多给家长以责任和义务；在财产立法上，规定家长与成员完全平等，而且家长也不必然成为家庭共有财产关系的首长。倘若全体成员推举的代表人并非家长，那么在家庭财产关系上，家长还须服从代表人的管理。可见，在瑞士家制中，"家长"不过是"家"这个亲属团体中纵向的身份关系中的一个头衔，且是义务本位；而在"家"中横向的财产关系中，"家长"也不是天然的"领导"，另设"代表人"来行使领导权。"代表人"的产生也不由家长指定，而由家人选举或合意产生。

三 我国民法上的"家"的二元结构

（一）二元结构

1. 农村的"家"实质上具有民事主体的地位

我国《民法通则》将"个体工商户、农村承包经营户"单独成节，与"合伙"并列放在第二章的公民（自然人）下，作为自然人的附属形态或包含物来加以界定。这实质上是变相地赋予"两户"民事主体的资格。对此，法学界通说为"第三类民事主体"。

我国农村家庭享有民事主体资格，虽然仅是在土地承包经营及个体工商经营范围和层次上讲的，但是，一个农民家庭，由于其生活、生产都紧紧地和土地联系在一起，它的对内对外的人身、财产等民事关系，也不外是围绕土地展开的；从事个体工商业的家庭，其民事关系也不能不主要地围绕农村工商业展开。

2. 我国城市的"家"，连亲属法上无法律人格的团体之地位也没有

我国城市的家庭，除极少数个体工商户享有民事主体资格外，绝大多数不仅没有民事主体资格，而且连亲属法上的无独立法律人格的团体之地位也没有。因为没有亲属法，也就没有家制。我国有的只是《婚姻法》。而《婚姻法》主要是调整夫妻人身、财产关系，附带调整父母与未成年子女的抚养、监护关系。由于立法的空白，所以也不可能注意到属于"家"之范畴的内在的身份、财产等民事关系的法律问题。

（二）二元结构的问题

我国法律对广大农村和少数城市从事经营生产的户或家，赋予了民事主体资格，而对广大城市的家则不仅不承认其主体地位，而且连亲属法上的无权利能力的团体地位也不予承认。这样，就形成了我国现在的虽同为家但不平衡、平等、统一的城乡二元结构的局面。

其实，以经营生产即营利为标准来确立民事主体，只不过是社团法人之一种，即营利法人。同属社团法人的还有非经济的或非营利的公益法人和中间人。与社团法人并立的财团法人，更全部是不以营利

为目的的公益法人和中间法人。可见,我国民法只把"两户"——主要是农村的家和极少数城市的家确立为民事主体的标准,本身就未必科学。

再者,我国民法把"两户"和"合伙"一道放在自然人下来确认其权利能力,似乎有点羞羞答答。承认"家"为民事主体,还得借助法学家的推定。而且,这似乎不伦不类,缺乏科学性。我们知道,在现代社会,能够享有民事权利、承担民事义务的民事主体有两大类,即自然人个人民事主体和团体民事主体。"两户"既然既是团体,又承认其具有法律人格,就应和"合伙"一道,共同与法人并立于团体主体之下。如果不认"家"有人格,也不认合伙有人格,坚持法人为唯一有人格的团体,那么就不如分成两类,即人包括法人这个拟制的人为有人格的一类,"两户"或"家"以及合伙等团体为无人格的一类。当然,这只是从分类上来说,不涉及应不应赋予"两户"即"家"以及合伙权利主体资格问题。我国确认"两户"为民事主体,是对我国农村深刻变革后的现实经济关系和生活关系的直接反映,也是符合民事主体由只承认自然人到承认法人再到承认合伙这样一个由个人到团体的主体发展演变过程。问题是,农村生产一旦家元化,就承认家为有人格的团体,而城市的家虽非生产团体,却是最集中、最直接地反映市民身份与财产关系的生活团体。城乡两块,怎样来求平衡、统一,是值得考虑的法律问题。

四　现实生活中的"家"

我国现实生活中的家,尤其是农村的家,作为生产和生活的基本单位,正以空前的姿态,活跃在我国经济和社会生活中。今天的社会生产力有多少来自"家"的"贡献",看不到这方面的统计,也不好去做个人调查,但可以肯定"家"的贡献是巨大的。

(一)　农村农业生产的家庭化

我国农村20多年的改革,实质上是生产方式家庭化的过程。农民由人民公社下的"大队"回到"家",不仅解放了生产力,也解放了自己。这似乎是逻辑的倒置,却是历史事实。现在看来,以家庭为单位组织生产,既是农村改革的突破口，也是农村改革的归宿。2002 年 8 月通过的《农业土地承包法》，专门就农民家庭承包经营进行了法定。这说明，家庭生产方式还要在我国农村较长时期地存在下去。

我国还基本上是个农业国，农业还主要是靠土地生产和土地收入。而耕作和生活在这土地上的 9 亿多农民，将仍以"家"的形式承载我国农业并延续自己的生活。

（二）农村工业发展的家族化

从经营方式上说，我国的乡镇企业及乡镇工业，普遍地是在家庭或家族中诞生与发展的。即使是开始由集体经营的乡镇企业，后期也已通过"深化改革"到"家庭"、"家族"中去了。一家一户吃不动的集体企业，也不外采取了"家庭"股份化的形式。

目前，能够在市场上站得住脚的，还是"家族"性企业。这些企业或许也按公司法进行了规范，但其股份以及管理构成仍囿于一个"家"。父亲这个家长变为当然的董事长，儿子辈依次为董事兼总经理或分公司经理，女婿以及堂表至亲等为分公司或部门经理。如果公司过大，内部又多争执，便分立公司，变大家族经营为小家庭经营，仍在"家"的范畴。其次是企业的家庭股份化。原集体较好较大的企业，以家庭为单位持股经营，按股（实际是按家）分红。这类企业最终也会由大家族控股，进而操在自家手里。所以，中国农村的工业化，很可能要靠家族企业来完成。

（三）农村社会文化生活的家庭化和家族化

农业生产从"生产队"到"家庭"后，人与人之间的社会文化活动，也迅速从多少年"移风易俗"、苦心经营的"革命大家庭"中回到了自己的"家族"。比如，年中行事、婚丧嫁娶、添丁加口等重大事情，基本上都是以家庭为单位，在家族范围内同祭同悼、同贺同喜。除血族活动外，以家庭为单位的对外活动，最直接也最多的就是姻亲间的礼尚往来。再就是邻里、朋友之间的友好交往，即所谓"出人相友，守望相助"。这些活动，一般都免不了捐款行礼。而习惯的做法是，不论是家属中的子女还是母亲前往参加，都要在礼账上写上父亲这个家长的名字。家属总是如此自觉地履行着"家"的使者的职责,仿佛恪守着一定家规,尊显家长、暗弱自己。这不能不说是一种约定俗成。

由于生活的多样化,子女们也有以个人名义与同学、朋友等交往的,但相对于家族内以家的名义活动,在频率上、数量上都是极低、极少的。

(四) 城市家庭生活的家族化

1. 城市主干家庭实质上是新时代的小家族

有两代人以上,而每一代中有一对夫妻(包括一方去世或离异者)的家庭,被社会学家称为"主干家庭"。这种主干家庭,在欧美等西方国家可能比较少,但在中国城市,已婚子女和父母不分家的三代同堂的家庭,已是司空见惯。据中国社会科学院社会学研究所 1980 ~ 1981 年对江苏、浙江、陕西、四川等 7 个地区的调查,在 20 世纪 30 ~ 40 年代的家庭中,主干家庭占 43% ;到 1980 年和 1981 年,主干家庭则占 55% 。另据中国社会科学院社会学研究所等九家单位 1986 年对北京、天津、上海、南京、成都 5 个城市进行的调查表明,在 8 个调查点中,主干家庭占总户数的 24.29% ,仅次于核心家庭。主干家庭的存在,不仅是因为它符合东方传统人文伦理,更重要的是承担着社会赋予家庭的赡老抚幼、共同生活乃至生产经营等实际功能。可见,这种家族性的家庭把人的生物性与社会性有机地统一在了一起,成为人类诞生、成长乃至安全、幸福的空间。

如果说,人类生活的天,是由社会的即公共的半边天和家庭的即私人的半边天合成的话,那么,缺了前者,人不能飞翔;缺了后者,人难以生存。一个完整的天,哪个都不能缺。但是,家庭终究是基础,是第一位的。古人的"修身、齐家、治国、平天下"的次序,大约也是对这一道理的领悟。

2. "联合家庭"或"扩大的家庭"更似传统的家族

基于血缘关系,集父母子女或兄弟姊妹之多个"核心家庭"组成,或同居于一个大宅内,或分居于各个小住宅而聚于一处。这种家庭在数量上不及主干家庭,但也屡见不鲜。如果说主干家庭的重点在于纵向结合,那么,这种"扩大的家庭"的重点在于横向联合。这种家庭虽然少有三代、四代同堂,但仍具有传统的家族性质。

五　我国民法上应该有一个新的"家"

（一）现实生活中的家需要有家制法来调整

我国把调整家庭关系的任务交给了《婚姻法》。但是，《婚姻法》只能调整小家庭，即调整夫妻关系及其与未成年子女的关系，而不调整如前所述的扩大的家庭或家族的关系。虽然，《婚姻法》第28、29条也对爷孙等隔代关系和兄妹同代关系进行了规定，但内容极为有限。前一条仅就祖父母、外祖父母和孙子女、外孙子女，因父母死亡或无抚养、赡养能力的情况，作了互负扶养、赡养义务的规定。后一条也只是就兄姐与弟妹因父母死亡或无抚养能力时，作了互负扶养义务的规定。那么，如何看待这两条？首先，这两条规定本不是婚姻法的事，而应是亲属法上家制的立法。其次，即使是在父母或子女死亡以后，爷孙、兄弟之间也绝不仅仅是抚养和扶养之权利义务关系，而仍然有其他诸多人身和财产关系。反过来说，倘若父母或子女并未死亡且有抚养和赡养能力，又三代同居、共同生活，那么，法律在调整他们之间的人身、财产关系，以及怎样对外承担民事责任上，都缺乏规定。这里不但不能苛求于《婚姻法》，恰恰相反，正说明了现实生活中主干家庭、联合家庭等大家庭、小家族的问题，应当通过亲属法上的家制来解决。

（二）"两户"与"家"不能同日而语

1. "两户"与"家"的关系

"两户"这个被赋予主体资格的农村的"家"，和亲属法上的"家"，在形式上似乎一致，但在内容上却截然不同。"两户"之"家"，仅从"经营"层次上讲才有意义，即在对外承担责任时，"以家庭财产承担"（《民法通则》第29条）。这有点类似合伙的性质，只界定家庭成员在一起共同经营活动之关系，别的关系一概不问。可见，离开了"经营"，也就无所谓"家"。而亲属法上之"家"，则是着重界定"家"之成员的共同生活关系，包括财产关系和人身关系。而要规范财产关系，就不免要追根溯源，涉及经营生产。可见，亲属法上的"家"，不像"两户"那样，依赖"经营"才得以成立。相反，它关心的不是"经营"而是共同的生活，即这个特殊团体，为了共同生活，其所发生的包括经营财产在内的行为所导致的一切财产关系及人身关系均为关注对象。后者较前者范围广、内容多。

2."两户"与"家"的法律竞合

由于我国农村清一色的家庭生产经营之特点，亲属法之"家"的财产关系问题，也往往是具有人格的"两户"之"家"的问题，似乎是二者的竞合。或者恰当地说，亲属法之"家"的问题，很多是缘于家庭经营。比如，常有这样的情况：出发点是"两户"之"家"的"家庭经营"，归宿或结果却是亲属法之"家"的家人共有财产关系。由于我国尚无亲属法之"家"来"接管""两户"之"家"移送来的问题，所以现实中的此类矛盾，只能使我们的民法更加尴尬。

（三）"家"与合伙的区别

从产生的方式上说，"家"是由血缘或姻亲产生，合伙则依契约产生。从主体构成上说，"家"是由血姻自然合成的亲属团体，是与生俱来、与姻俱来的身份关系；合伙则是由合意结成的经济团体，是契约下的财产关系。

（四）影响家制立法的两个观念

1.民法之"个人本位主义"

民法或私法之精神是承认个人有独立人格，承认个人为法的主体，即个人本位。那么，再在民法之亲属编中建立家制，是否有悖于民法的这一原则？回答当然是否定的。

首先，"家"之所以放在亲属编里，不像"两户"一样放在总则编里，其意义就在于不确认其为民事主体。亲属编里的"家"，既非法人，也非合伙，因此，它不会跨越到总则编里，去挑战个人主体的地位。相反，它只不过是对民法中"人"的补充，即人与亲属的关系或人在亲属团体关系中的一般规范或制度。可见，"家"与"人"不仅不对抗，甚至相辅相成。理论如此，现实亦然。人人生活在家中，对外虽均是独立主体，对内却首先是共同生活的亲属团体之一分子。人离不开家，家由人组成，二者相互依存。由此可见，亲属法上的家制不侵犯民法之"个人本位主义"。

其次，"个人本位主义"是一个历史的观念和原则，不能机械地将它变成一个形"左"实右的口号。

资产阶级的民主革命将人从封建制度的各种束缚、禁锢下解放出来，并用民法典规定：人是唯一的主体，所有的人都是平等和自由的，这无疑是社会历史的进步。在资本主义制度或者成熟的市场经济社会下，将人再放回到团体，如法人、合伙甚至家庭，同样是社会历史的进步。形式看似重合、回归，内容却大相径庭，正所谓哲学上的否定之否定。"个人本位主义"原则或口号起初并没有错，而且功不可没。但是，随着经济生活的纵深发展，不可避免地演变为今天这种由人之单一主体到人、法人甚至合伙等多元主体并立的局面。与之相伴，在观念上，也开始从个人本位转向集体本位、社会本位。如果说，在今天看来，"个人本位主义"是一个形"左"实右的口号的论断不符合历史唯物主义观点，那么，在市场经济充分发展的今天，再固守"个人本位主义"，便恐怕真是难免"形'左'实右"之嫌了，因为它滑向了极左。

2. 政治上的"反封建"

世界资产阶级革命就是反对封建主义的革命。而以家长为核心的大家族、大家庭正是典型的封建主义的东西。革命解放人，就包括从封建家庭中解放个人。我国的新文化运动和新民主主义革命更是把"反封建"作为运动目标和革命对象。那么，在此重新主张建立家制，是否首先在政治上就通不过呢？回答同样是否定的。

家庭是一个永恒的话题，不仅奴隶社会、封建社会、资本主义社会、社会主义社会有，就是到共产主义社会也将存在下去。人类注定要在家庭这个区别于低等动物的自己的巢窝中繁衍生息下去。我们所反对的是封建主义的家长制家庭，而不是见家就反。资本主义或市场经济下的家制，从形式到内容，早已不能同封建时代的家制相提并论。也就是说，现代的家制，是以市场经济为基础，而非以自然经济为基础；人人都是平等、自由、独立的主体；家庭也早以共同生活为本位，而非以家长为本位。可见，基于经济、社会条件的变化，现代的家制，在政治上，当然不能姓"封"，因此也就不在"反封建"之列。

（五）建立新的家制

1. 建立以家人共同生活为本位的家制

家制的焦点是何者为本位。家制若以家长权为本位，便是封建主义的东西；若以家人共同生活为本位，便是现代文明的内容。我们知道，家制本身并不可怕，家不过是一个形式，大可不必谈"家"色变。可怕的是家的内容，即家人的权力分配、相互关系如何。由于家之问题的实质是谁为本位，所以，只要解决好这一要害问题，不仅建立家制无可厚非，而且会更好地挖掘和利用民族传统人文资源，使得法律与国情相符、传统与现代融合，从而让我国将要制定的亲属法更加鲜活起来。

我国民法上的家制，必须抛弃日本、韩国式的家长本位主义，借鉴学习瑞士的家制，置重于家长的义务，采家人共同生活本位主义。

2. 家长的权利与义务

由于新家制不以家长权为本位，所以，家长的权利主要是管理家务。但为管理家务以及为维持共同生活之必要，家长亦可对家属有一定约束，不听约束者，得构成令其离家的正当理由。家长之义务是新家制的重心。主要义务有三条：一是注意全体家属的利益；二是为家属中未成年人、禁治产人之监护人；三是对家属有抚养义务。

3. 家属的权利与义务

由于新家制以家庭成员共同生活为本位，新家属的权利相对于家长更加宽泛，主要有三条：一是受抚养的权利；二是享有教育、职业、经济活动以及信仰自由的权利；三是请求从家中分离的权利。

家属之义务首先是为共同生活而受家长约束的义务；其次是赡养家长，以及家属互负扶养的义务。

4. 建立"家庭共有财产"制度

鉴于我国农村普遍的家庭承包经营和城市个体工商户、家族企业的事实，我国的家制应仿效瑞士设立"家庭共有财产"制度，即家庭成员可将自己劳动所得或继承、受赠等财产的全部或一部分作为家庭共有财产。其意义在于，肯定并保障共有人联合进行以盈利为目的的经济活动。

设立家庭共有财产，必须是各家庭成员的合意，应当采取契约形式，并经全体共有人签名后生效。共有人在共有财产关系中享有平等权利，共有人推选其中一人为共有人代表，来行使代理权，主持共有财产的经济活动。代表人须登记后始得对抗善意第三人。这个代表可以是家长，也可以不是家长。代表和家长各行其是，在共有财产经济活动中，代表不受家长约束；相反，家长若是共有人，但非代表人，则反受代表人约束。在对外债务上，由共有人共同负责。共有财产关系的终止，如同它的产生一样，亦来自共有人的合意，外加破产等其他原因。

总之，设立"家庭共有财产"，比较符合我国实际，它能解决我国目前广泛存在的以家庭开展的经营活动所衍生出的法律问题。

至此，我们可以说，我国民法亲属编还是有"家"比无"家"好。一部民法典的成功与否、进步与否，并不取决于其亲属编有无家制。相反，因为有了新的家制，把许多活生生的与家有关的现实问题纳入法治范畴，才正是民法典的本意。那么，如此有益于我们的制度，何乐而不为呢。

（原文载于《当代法学》2003 年第 7 期，收入本书时有改动）

家礼与国法的关系和原理及其意义（2005）

张中秋[*]

張中秋[*]

一　家礼与国法的关系

在讨论传统中国家礼与国法的关系前，最好先对它们的构成有所说明。家礼与国法的构成可从纵横两个方面观察。纵向看，家礼源于《周礼》，经《孔子家语》和《颜氏家训》的发展，定型于司马光的《书仪》、《家范》和朱熹的《朱子家礼》，特别是《朱子家礼》成为我国宋元明清及民国时期传统家礼的范本，[①] 近代以前的朝鲜、日本诸家礼尤其丧礼的内容也大都仿此。[②] 对家礼的横向构成，我们主要透过家礼的文本结构来了解。以《朱子家礼》[③] 为对象，可以发现，家礼文本在形式上由序、通礼、冠礼、婚礼、丧礼、祭礼几部分组成，实际上冠、婚、丧、祭四礼是主体。所以，家礼又谓之"四礼"者。依《朱子家礼·序》，"凡礼有本、

---

* 张中秋，中国政法大学法律史学研究院教授。

① 《朱子家礼》传世的版本较多，影响较大的有《四库全书》本、清嘉庆十年麟经阁刻本、清光绪十七年刻本等。《朱子家礼》出现后成了制订家礼的范本，并被改编成多种形式，如节要、仪节、会成、集注、笺补、简编、图解等，在民间广泛流传，影响及于民国。参见杨志刚《〈朱子家礼〉：民间通用礼》，《传统文化与现代化》1994 年第 4 期。

② 参见彭林《金沙溪〈丧礼备要〉与〈朱子家礼〉的朝鲜化》，《中国文化研究》1998 年第 2 期；王维先、宫云维《朱子〈家礼〉对日本近世丧葬礼俗的影响》，《浙江大学学报》（人文社会科学版）2003 年第 6 期。

③ 《朱子家礼》是否为朱熹所作存有争议，清代以前的学人和现在最新的研究成果都是肯定的。参见束景南《朱熹〈家礼〉真伪考辨》，载《朱熹佚文辑考》，江苏古籍出版社，1991；陈来《朱子〈家礼〉真伪考议》，《北京大学学报》（哲学社会科学版）1989 年第 3 期。笔者认为，《朱子家礼》被普遍接受，事实上也一直被视为是由朱子所作而在发挥作用。因此，争议除了与版本和考据及对朱熹本人的研究有关，并不影响它作为家礼范本所拥有的地位，也不影响我们对它所作的分析。

有文。自其施于家者言之，则名分之守、爱敬之实，其本也。冠、婚、丧、祭，仪章度数者，其文也"。本是实质，文是仪式，应该说这是家礼的实体结构。家礼的精神所系不外"礼教"二字。① 谨此，我们对家礼的构成已略有所知。国法的构成不同于家礼，其系统正规明确。就国法的主体言，从传说中的禹刑、汤刑、吕刑到战国的《法经》及秦汉魏晋隋唐宋元明清诸律，一以贯之，真可谓一脉相承、沿革清晰，其中唐律可为代表。这是传统中国法的纵向构成。传统中国法的横向构成形式上代有不同，汉代有律、令、科、比，唐代是律、令、格、式，明清律、例并举。不过，有一点可以确定，"律"作为传统中国法的主干，《唐律疏议》的文本结构可以视为传统中国法内在构成的典范。② 《唐律疏议》的文本结构形式上可以概括为十二篇三十卷五百零二条；实体上，首篇《名例》类于现今刑法之总则，其余十一篇则近于分则。其精神所系"一准乎礼"。③ 当然，此"礼"非"家礼"，但与家礼又有密切的关系。家礼与国法到底是一种什么样的关系呢？这正是我们下面要讨论的内容。

（一）家礼与国法的时间关系

探讨家礼与国法的关系，首先碰到的是时空问题。时间与空间是我们认识事物最基本的范畴，无论在物理世界还是在人类社会，其都是需要加以考量的要素，可以说这是人类的一个基本经验。④ 从时间入手，我们发现家礼与国法具有共源、并行的关系或特点。所谓共源，是指家礼与国法都是由中国初民社会的原始习俗嬗变而来的，共同孕育于我们祖先的生活母体，其中礼更多地与先民的宗教生活相关，是为"祀"；法则与征战和内部控制有更多联系，是为"戎"。⑤ 其实，两者常常是难以分辨的，原始

---

① 这是贯穿家礼的红线，串联起家礼的各项制度和规范，其中"祠堂"制度是核心。详见后面的相关讨论。

② 笔者对此曾有探讨。请参见拙著《中西法律文化比较研究》，南京大学出版社，2001，第191~204页"中华法系的结构分析"。

③ 《四库全书总目·唐律疏议提要》。

④ 爱因斯坦相对论对牛顿经典力学缺陷的克服，使人类充分认识到了时间和空间的重要意义。参见〔英〕W. C. 丹皮尔《科学史》，李珩译，商务印书馆，1987，第522~535页"相对论"；《什么是相对论》，载《爱因斯坦文录》，浙江文艺出版社，2004，第167页及以下。

⑤ 《左传·成公十三年》所记的"国之大事，在祀与戎"就是这个意思。

即混沌，不能用分工发达的现代眼光来遥看远古的历史景象。家礼与国法的同源性还可以移指后续社会的当下实践，即家礼与国法都从人们当下的社会生活实践中汲取资源。这不是空洞的说项，宋明时期家礼的形成及其与国法的互动印证了这一点。①

从家礼与国法的时间关系中，我们会很自然地注意到一个显而易见的现象，即两者在历史长河中并行变迁。与政治化的国礼不同，家礼虽然在历史学和社会学意义上与国法共源，但它不是国家政治制度的一部分。所以，家礼与国法虽有密切联系且客观上互相支撑，但在实际的历史过程中，依笔者所见，两者既未曾排斥又未曾合二为一，无论是在文本形式还是社会实践上，它们都经历变迁而并行不移。具体说，宋代以前，家礼既不成熟更未普及，法与礼的关系主要是国法与具有政治和意识形态色彩的儒家伦理及国礼的关系，家礼还未形成与国法对应的体系。宋代以后，家礼走向成熟并趋于社会化，从法社会学的角度看，法与礼的关系既包括了它在宋以前的那种关系，也应包括国法与家礼，甚至家法与家礼、乡约与乡礼、社约与社礼的内容。② 不过，作为体系化的家礼与国法仍属不同的系统，在两个虽有联系但又各自独立的空间中运作。由此，它们形成一种特殊的空间结构关系。

（二）家礼与国法的空间关系

如果我们把社会视为一个系统，那么，毫无疑问，家礼与国法是共属于这个系统的。脱离了社会这个大系统，家礼与国法在空间上的结构关系，以及因这种结构关系而对社会系统所产生的功能就难以立体地把握。这是我们分析它们结构关系的前提。对于它们的结构关系，可以简单地概括为异体、同构、通质。异体比较容易理解，譬如，在社会结构方面，家礼属于家，国法属于国；在秩序构成方面，家礼属民间法系统，为非正式制度，国法属国家法系统，为正式制度；在文本形式上，如前所述，各自

① 王立军：《宋代的民间家礼建设》，《河南社会科学》2002年第2期；常建华：《明代宗族祠庙祭祖礼制及其演变》，《南开学报》2001年第3期。
② 笔者对乡约做过研究，愈发相信，家法族规、乡规民约应属法社会学范畴。参见拙文《乡约的诸属性及其文化原理认识》，《南京大学学报》（哲学人文社会科学版）2004年第5期。同样，传统中国的礼也应包括家礼、乡礼、社礼等。

独立。正是由于异体的原因，家礼与国法在由时间和空间交织构成的宋代以来传统中国的社会系统中，才有并行的可能和确定的事实。

关于家礼与国法的同构，一般都是从传统中国社会家国一体的意义上来理解的，这自有道理。但应该说这还是一种外围的理解，因为它是通过家与国的中介来认识家礼与国法主体的。我们不妨把家礼与国法直接进行比较，即可发现它们的同构性。首先，家礼与国法都是一种秩序构成，只是分别对应于家与国，但这并不影响它们在结构秩序上的一致性。不惟如此，家礼与国法的秩序同是网状的等级结构，沿着家礼与国法的等级结构上下左右地移动，人的身份及其权利义务都会随之增减，最底层者为奴仆，最顶端者为家长或国君。① 这是家礼与国法同构中最突出的一面，另一面实际也包含其中，即整个结构表现出强烈的宗法和专制色彩。这一点下文还有说明。

同构是不是意味着同质呢？起初笔者未多加思考就接受习惯认识，以为事情就是这样。后细加分辨，发现其中同又不同。所谓同者，是说家礼与国法实质都是礼教的产物，正如我们在家礼与国法的构成中所指出的那样，其精神所系于礼。但礼与礼又有区别，家礼之礼重孝道，国法之礼重忠道。虽然忠孝连称，甚至有时可以不分，但毕竟各有侧重。依现代术语，前者遵循的是宗法血缘伦理，后者遵循的是由前者转化来的宗法政治伦理。② 因此，在家礼与国法的性质上，我试将"同质"改为"通质"，以显示它们的同又不同，不知是否合适？若是，我们可以说，异体、同构、通质是家礼与国法在空间上的结构关系。

（三）家礼与国法的功能关系

在探讨了家礼与国法的时空关系后，我们自然要问，它们的功能关系又怎样呢？按社会学理论，时空关系尤其是空间结构关系必与功能相连带。③ 依笔者之见，家礼与国法的功能关系颇为复杂，为方便计，可简约从它们的各自功能、相互功能和共生功能三个层次概观。家礼的自我功能

① 这是对照阅读《朱子家礼》与《唐律疏议》给我最深的印象之一，可以说是两者的基本结构，具体内容俯拾皆是，兹不赘述。
② 笔者在本文第二部分阐述"伦理—政治原理"中说明了这一点。
③ 〔日〕富永健一：《社会学原理》，严立贤等译，社会科学文献出版社，1992，第155～174页。

有多种，"名分之守、爱敬之实，婚冠丧祭、仪章度数者"皆是，但修身、齐家实为传统中国人所寄予它的理想功能和目标。① 国法的自我功能照样可以列出很多，规范、禁止、惩罚等不一而足，但毫无疑问，治国、平天下才是它最大的功能和目标。这已是不争的事实。

在家与国的范围内，家礼与国法各自发挥着自己的功能。但同时由于家、国共处社会大系统，且有家礼与国法异体、同构、通质的结构关系，双方在功能上必然相互作用。就家礼对国法的功能言，家礼灌输、培育和养成家人合乎"孝"的礼教观，特别是家礼建构在天然血缘之上的等级、专制习性，为贯彻"忠"的国法的推行奠定了基础。从作用于人的行为来说，家礼不只教于国法之前，也远胜于国法之细，适补国法之不足。同时，家礼也为国法之"刑"提供了某种理据，即不守家礼而触犯国法者，国法刑之是为正当。这在家礼走向社会化和被官方某种程度认可的情况下绩效尤著。换一个角度，由国法对家礼的功能看，首先家礼存在的合法性最终是由国法事实上的认可而获得的。我们在唐宋明清《户婚律》中可以看到与家礼《婚》、《丧》篇中诸多相类甚至相同的规定，② 这表明国法是认可家礼的。家礼因得到国法事实上的支持，才获得一定的权威和刚性。设想一下，如果国法持相反的态度，那么，家礼的存在本身就是一个问题。由此可见，家礼与国法是处在不同位阶上的两种规范体系，国法优于家礼。国法对家礼的功能不止于对其存在的认可，由认可延伸出来的其他功能，如违反家礼者虽有家法族规及乡规民约制止，但严重者只得由国法处理。这就是家礼教不行、家法禁不止、国法惩于已然的优势，也是国法对家礼家法直接有效的支持功能。国法对家礼的支持功能还有更直接的一面，即家礼的某种国家化。如前所述，从唐律开始，历朝《户婚律》都部分吸收家礼的内容。此外，明王朝还屡次颁发诏令推行家礼，这使家礼直

---

① 《朱子家礼》在"通礼序"中表达了作者的心愿："诚愿得与同志之士熟讲而勉行之。庶几古人所以修身齐家之道，谨终追远之心，犹可以复见，而于国家所以崇化导民之意，亦或有小补云。"

② 笔者对照《唐律疏议》与《朱子家礼》，检得相同相近内容15条左右，以唐律条目为准，具体有子孙别籍异财、居父母丧生子、立嫡违法、同居卑幼辄私用财、许嫁女辄悔、以妻为妾、居父母丧嫁娶、居父母囚禁嫁娶、居父母丧主婚、夫丧守志、卑幼自嫁娶、出妻、子孙教令、子孙供养父母、凡奸等。《宋刑统》虽为宋代法典，但情形同《唐律疏议》，《大明律》、《大清律例》亦然。

接成为国家正式制度的一部分。①

对于家礼与国法的相互功能，有一点需要说明，其实两者是不对等的。一般来说，家礼对国法是一种服从性的无条件支持，国法对家礼是有选择的支持。这部分是因为在社会秩序体系中，国法是家礼的上位规范，家礼不能与国法抵触；部分还由于家礼着眼于家内关系，有关日常起居、洒扫应对之类的家礼，国法并无明确态度，只能说是事实上默认，只有那些超越家内关系涉及社会秩序和纲常伦理的家礼，如婚、丧之礼中的若干内容，国法才有明确的态度。家礼与国法相互功能上的这种关系，并不影响它们的共生功能，相反有利于它们功能的合成。形象一点说，家礼从下位开始向上，为国法之铺垫，补国法之不足；国法由上位向下，为家礼之支持，助家礼之效力。可以推想，在特定时空的同一社会系统中，家礼发挥着修身、齐家的功能，国法发挥着治国、平天下的功能，两相合成，共同促使个人依次实现修身、齐家、治国、平天下的社会价值。这虽是很理想的设计，实际上允有差异，但家礼与国法的运作逻辑必是如此。事实上，它已成为宋代以来中国传统社会治乱盛衰的重要机制，是我们今天应予重视的历史经验和课题。

二　家礼与国法的原理

（一）自然—秩序原理

仔细观察家礼与国法，一个显著的共同特征是它们的有序性。本文在前面已有叙述，家礼与国法的构成本身即是有序的体系，像《朱子家礼》与《唐律疏议》这样的经典文本已是非常有序的结构。不惟如此，家礼与国法的关系及其功能都在体现和追求着一种和谐有序。有序性是所有规范的内在要求和基本特征，这在传统社会尤其突出。② 但比较一下不同的文

---

① 朱元璋赐名的明初礼书《大明集礼》卷六《吉礼六·宗庙》仿自《朱子家礼》"通礼·祠堂之制"，所以，明人管志道在《从先维俗议》卷三《订四大礼议》中说："国初未定，《大明集礼》原以朱子《家礼》为主。"明人汪循在《仁峰文集》卷一五中也说："我圣明治教休美，其颁制示则，每以《家礼》为准，宜乎声教，溢乎四海，而家置一庙矣。"《明代宗族祠庙祭祖礼制及其演变》一文对此有很好的考论。

② 〔美〕E. 博登海默：《法理学：法哲学及其方法》，邓正来等译，华夏出版社，1987，第206~236页"秩序的需要"。

明系统，即可发现它们的依据别有不同，西方的有序性植根于自然法和上帝，伊斯兰世界来自通过《古兰经》启示的真主，传统中国根源于自然。从自然中发现秩序，效法自然建构秩序，这是传统中国"制礼作法"的理据所在。① 在此，我把这理据称为自然—秩序原理。

自然—秩序原理是传统中国家礼与国法赖以建构的基本原理之一。要理解这一点，需从传统中国特有的自然—社会秩序观入手。中国文化的基本理念是："人法地，地法天，天法道，道法自然。"② 这表明在我们的先贤看来，"自然"是人类的原初范本，人类的行为要有道，就要效法天地自然。"自然"是什么，看来这是问题的关键，但古代社会不可能有现代意义上的所谓科学认识，人们往往是从自然现象和个体经验出发发表自己的看法，所以人类有不同的自然观。③ 古代中国人普遍把"自然"视为有序、和谐的存在，有序、和谐成为中国人特有的"自然观"。④

依中国文化理念，有序、和谐的自然观演进为社会秩序观，这是一件很自然的事。当然，彼此间的过渡也是有关节的，打通关节的是人与自然关系中的"天人合一"，即人道与天道的合一。⑤ 天道即天理，实即国人的自然观，人道乃人世之道。"天人合一"要求人世社会的安排依照天道，亦即依照国人的自然观进行。其根据和推理即《易传》所说的"有天地然后有万物，有万物然后有男女，有男女然后有夫妇，有夫妇然后有父子，有父子然后有君臣，有君臣然后有上下，有上下然后礼义有错（措）"。这段文字描述了一幅从天地自然到人类社会的路线图，表明人类源出自然并与自然相通。因此，有序、和谐的自然模式或者说天道很自然地成为国人

---

① 中国文化之源《易》曰："法象莫大乎天地。""天垂象，……圣人则之。"《汉书·刑法志》进一步阐述道："圣人……制礼作教，立法设刑，动缘民情，而则天象也。……故圣人因天秩而制五礼，因天讨而作五刑。"

② 语见《老子·二十五章》。

③ 西方自然观的变迁即可说明这一点。参见〔英〕罗宾·柯林武德《自然的观念》，吴国盛等译，华夏出版社，1999，第1~30页"导论"及以下。

④ 有关这一方面的文献极多，如《易经》、《尚书》、《老子》、《论语》、《墨子》、《荀子》，甚至《韩非子》等都有记述，可以说诸子百家在这方面是殊途同归。在我们的文学艺术中也渗透了这样的观念，如中国山水画和古典建筑所表达的意境。

⑤ 大儒董仲舒的《春秋繁露》从第四十一《为人者天》到第五十六《人副天数》都是这方面的经典论述，"天人感应"是其基本观点。另参见《史记·儒林列传·董仲舒》和《汉书·董仲舒传》。

特有的社会秩序观。①

传统中国的社会秩序观是一种社会哲学，但它是从有序、和谐的自然观发展来的，所以说它是自然—秩序原理。作为构建社会秩序的主体，家礼与国法不仅源于而且遵循这一原理。正如《易传》所描述的那样，为自然→人类→家庭→社会→国家依次演进的过程，由于自然是有序、和谐的，所以人类、家庭、社会、国家也要有序、和谐；人类要做到有序、和谐，就要效法自然；自然因其法则而有序、和谐，因此，人类也要有法则，社会才能有序、和谐；家礼与国法正是营造社会有序、和谐的法则。形式上它们是人所制订的，实际是自然—秩序原理作用于人的产物。对照家礼与国法，这是不移的事实。如朱熹门人黄榦在《朱子家礼》问世后撰写《书家礼后》一文，其中写道："（家礼所作）无非天理之自然，人事之当然，而一日不可缺也。"② 古代法典开篇常有阐述这一原理的文字，如《唐律疏议》"序"云："《易》曰：'天垂象，圣人则之。'观雷电而制威刑，睹秋霜而有肃杀。"所谓"天垂象，圣人则之"，说的就是人类对自然—秩序原理的模仿和遵循。家礼与国法是如何遵循这一原理的呢？我们将在下面讨论。

（二）伦理—政治原理

放宽我们的视野，一个令人惊讶的发现是，自然—秩序原理在古代世界原是具有普遍性的，即使在高度发达的现代社会，也是人类行为必须予以考虑的。③ 这样就出现一个新的问题，为何这项原理能够在中国导致如此家礼与国法的形成。继续思考下去，我发现伦理—政治，准确说是宗法性的伦理—政治，在自然—秩序原理的基础上发挥了这一作用。如果说自然—秩序作为第一原理构造了传统中国家礼与国法的骨架，那么，宗法性的伦理—政治作为第二原理则塑造了家礼与国法的内容特色。

伦理即合理的人际关系脉络，是人之为之人的纲、人类行为的元原

---

① 笔者对此也曾有过思考。参见拙著《中西法律文化比较研究》，南京大学出版社，2001，第322～330页"传统中国无讼价值观的形成"。
② 《书家礼后》收于黄榦《勉斋集》，文渊阁四库全书本；又见诸北京图书馆善本部的宋版《家礼》。
③ 参见〔美〕E. 博登海默《法理学：法哲学及其方法》，邓正来等译，华夏出版社，1987，第206～236页"秩序的需要"。

则，当然是政治的原理。其实，这也是世界性的，传统中国所不同的是它的宗法性，表现为礼教。近世以前的西方、印度和伊斯兰世界都表现为宗教，近世西方才加入资本主义世俗社会的市民伦理。① 中国宗法的关键在父系血缘，即以父系为轴心、以己为原点上下左右形成尊卑有序的人际关系脉络。父系男性血统即"宗"的延续在这一脉络中处于支配地位，所谓"不孝有三，无后为大"，意在指此。这种宗法血缘性是在人生过程中自然形成的，类于自然界的自然法则，是传统中国社会的"自然法"，所以，谓之宗法伦理。它首先安排和统治家内关系，然后以家为原点，相应调整后扩散移用于家族、乡里、社会和国家，成为构造和调整传统中国的家、族、乡、社会和国家各种关系与秩序的基本原理，家礼与国法自然也不例外。

宗法伦理在家礼与国法中有广泛而深刻的表现。以《朱子家礼》为典范，家礼内容有一核心，即对宗法的重视和维持，祠堂制度集中体现了这一点。《朱子家礼》卷一《通礼·祠堂》开宗明义："此章本合在祭礼篇，今以报本反始之心，尊祖敬宗之意，实有家名分之首，所以开业传世之本也。故特著此，冠于篇端，使览者知所以先立乎其大者，而凡后篇所以周旋升降出入向背之曲折，亦有所据以考焉。"无须多加解释，仔细品味此段文字，宗法伦理在家礼中的位置已一目了然，冠、婚、丧、祭四礼的具体内容，无非围绕它"周旋升降出入向背之曲折"而已。② 国法也有相似的情况，皇室的宗庙陵寝制度与家礼中的祠堂制度相类，历来是国家政法制度中的重要部分，分布于多种国家法律形式中。以唐代为例，律、令、诏、典、礼等都有规定，其中国法的主干《唐律疏议》在"禁卫"、"职制"、"贼盗"诸篇中，对侵犯宗庙陵寝制度者均处以严刑。③《唐律疏议》"户婚"篇中的很多内容直接是与家礼相通的宗法伦理的体现，从家长的

① 《宗教社会学》，载〔德〕马克斯·韦伯《经济与社会》（上卷），林远荣译，商务印书馆，1997，第453~705页。

② 《朱子家礼》的文本是这样规定的，朱熹本人也是这样践行的。参见栗品孝《文本与行为：朱熹〈家礼〉与其家礼活动》，《安徽师范大学学报》（人文社会科学版）2004年第1期。

③ 如《唐律疏议·卫禁》："诸阑入太庙门及山陵兆域门者，徒三年。"又《职制》："诸大祀不预申期及不颁所司者，杖六十；以故废事者，徒二年。"又《贼盗》："诸盗大祀神御之物者，流二千五百里。"

权力、家户的管理到婚姻的成立、财产的分割等，无一不渗透着宗法伦理的精神。①

家礼与国法共通宗法伦理，这是事实。但细加辨别，仍有差异。这一点我们在前面家礼与国法的构成与功能中已经提及，即家礼与国法都是礼的产物，但家礼之礼与国法之礼有所不同。家礼从个人出发，以家为范围，重在孝，表现出浓烈的亲情民事色彩，可谓之宗法血缘伦理。如家礼之"四礼"即以男性的生命历程与其宗族的延续为经线依次展开，正如清人张伯行在其《小学集解》中所说："冠以责成人，婚以承祭祀，丧以慎终，祭以追远。"沿此经线，人生在家内诸重要阶段的各项行为，小到日常起居，大到婚丧嫁娶，都由礼来训导和规范，形成祖孙之礼、父子之礼、兄弟之礼、夫妇之礼、婆媳之礼、闺媛之礼、主仆之礼、内外之礼等，诸礼皆以修身、齐家为要，以孝敬为本。② 贯彻在国法中的礼主要从社会出发，以国为范围，在强调孝的同时重在忠，其规范带有强烈的国家政治色彩。它所遵循的宗法伦理不是家礼中宗法血缘伦理的简单复制，而是一种拟制，可谓之宗法政治伦理。这在历代法典中都有突出的表现，唐宋明清诸律"十恶"罪中的谋反、谋叛、谋大逆及大不敬集中表达一个"忠"字，即君为臣纲；其余"六恶"体现了三纲五常中的父为子纲、夫为妻纲和仁、义、礼、知、信"五常"关系的伦理要求，这与家礼相近，重在"孝"行。③

在宗法伦理上，家礼与国法尽管有此不同，但都是从宗法出发，而且宗法也是一种伦理，因此，沿着伦理—政治的路线即可沟通两端，由孝而忠、忠孝两全、移孝于忠、忠孝一体，这是贯通家礼与国法内容的血脉。因此，我把伦理与政治连接起来，视为家礼与国法的共通原理。

---

① 以家长权力为例，《朱子家礼·通礼》云："凡诸卑幼，事无大小，毋得专行，必咨禀于家长。凡为子为妇者，毋得蓄私财，俸禄及田宅所入尽归之于父母舅姑，当用则请而用之，不敢私假，不敢私与。……凡子事父母，乐其心志不违其志，乐其耳目，安其寝处，以其饮食忠养之。……子甚宜其妻，父母不悦，出。子不宜其妻，父母曰是，善事我子，行夫妇之礼者，没身不衰。"《唐律疏议·斗讼》规定："诸子孙违犯教令及供养有缺者，徒二年。"《户婚》规定："诸祖父母、父母在，而子孙别籍异财者，徒三年。"又"诸同居卑幼，私辄用财者，十匹笞十，十匹加一等，罪止杖一百"。两相对照，极其明了。

② 概见《颜氏家训》和《温公家范》卷目。

③ 笔者对此做过专门探讨。参见拙著《中西法律文化比较研究》，南京大学出版社，2001，第46～51页。

（三）人的文化原理

在自然—秩序原理的作用下，家礼与国法有了骨架；伦理—政治原理赋予两者以特色内容。这些都是家礼与国法的客观存在，但好比一个人，活着不仅仅是为了活着，还要有意义。那么，家礼与国法的存在或者说人们赋予它们存在的意义又是什么呢？我常常向自己提出这样的问题，但不论是在生活中还是工作中，我总是发现，在人的世界中，人始终是原点，意义是最后的归宿，一切文化不外是意义的外化。照此说来，家礼与国法既有形式和内容，还有更为重要的意义存在。根据我对相关材料的理解，家礼与国法既有各自存在的直接意义，如修身、齐家与治国、平天下，同时，它们在终极意义上又有同一性，即某种"人之为人"的意义设定。这是一种人的文化观，我把它称为人的文化原理。①

人的文化原理是指人类社会遵循"心主身从"的规律发展。"心主身从"的含义是心灵支配身体。为什么这样说，因为人是理性的动物，追求有意义的生活，文化是人类意义的表达，所以，一切文化具有人类性。人与文化的关系一本万殊，无论多么复杂的文化现象都是从人这个原点发散出去的，因此，文化原理可以还原为人的原理来认识。人的原理是什么？见解不一，我以为从人生论哲学出发，无论是作为个体的人还是作为群体的人类，本质上人的身体与心灵的关系，简称身心关系，是人的原理关系。这意味着人与自然、社会以及人与人之间的关系可以追溯到人的身心关系，也就是说，身心关系是以人为主体的各种关系的原型。

对于人的身心是一种什么关系，没有定论。经验和直觉告诉我们，梁漱溟先生所说的"心主身从"应是文明时代人的原理关系。② 它是人类进入文明时代的标志，迄今仍然是人类文明的原动力，人类创造的一切文化背后都有这一原理支配的影子，因此，我将它称为人的文化原理。依据这一原理，可归入心的范畴的神/人、灵魂、意志、精神、文明等与理性相

① 笔者对人的文化原理有较系统说明，此处略加移用。参见拙文《人与文化和法——从人的文化原理看中西法律文化交流的可行与难题及其克服》，《美中法律评论》2004 年 12 月总第 1 卷第 1 期；英文版见 "Human Being & Culture and Law," *US - China Law Review*，Feburary，2005。遵循这一人的文化原理，法律文化亦不例外。

② 参见《身心之间的关系》，载梁漱溟《人心与人生》，学林出版社，1984；第 105 ~ 139 页。

关的概念，与可归入身的范畴的人/动物、躯体、本能、物质、野蛮等与非理性相关的概念就有了对应关系。"心主身从"要求后者服从前者，准确地说是理性控制非理性，精神支配物质，神灵指导人类。人类文明共同遵循着这一人的文化原理，法律文化亦不例外。

人的文化原理在中国文化中的对应体现是"阳主阴从"。这一观念的核心是，世界本质上是道，道由阴阳构成，阴与阳的关系是阴阳结合、阳主阴从。这就是道。用现代话说，即事物构成的原理。[①] 它是传统社会的中国人对宇宙、自然、社会、国家、家庭和人生一以贯之的基本认识。家礼与国法完全贯彻了这一原理，有近乎完美的体现。家礼中大宗与小宗、男与女、尊与卑、嫡与庶、祖与孙、父与子、兄与弟、夫与妻、妻与妾、长与幼、主与仆、内与外等，无不是阴阳结合、阳主阴从的对应和体现。[②] 阳主阴从在国法中的对应体现是德主刑辅。德代表阳性，刑代表阴性，德主刑辅隐喻阴阳结合、阳主阴从。《唐律疏议》"序"所说的"德礼为政教之本，刑罚为政教之用，两者犹昏晓阳秋相须而成者也"，言简意赅地揭示了德主刑辅与阳主阴从的关系。这是心主身从的人的文化原理在传统中国法中的经典表述。它支配着从家礼到国法的各种规范体系，形成一种权利义务不对等的主从式结构，如上述所列家礼中的诸对应关系和国法中的君臣、官民、良贱、师徒、父子、夫妻关系等，都是前后对应、互为一体，同时后者为前者所支配。

如果仅仅着眼于阳主阴从与德主刑辅在家礼与国法中的规范表现，我们可能一时难以察觉它们所隐含的人的文化原理的意义，相反，我们得到的是一种在今天看来殊不合理的等级压迫和专制统治。的确，这也是客观存在。但如果我们能够设身处地地去思考，把问题还原，即可发现家礼与国法的如是安排，恰是为了实现中国文化关于"人之为人"的精心设计，有它自己的道理，且不乏理想性。这样说，是因为中国文化认为，人的本质属性是德，礼是德的体现，孝是大礼，忠是大孝，进而

---

① 参见《儒家的形而上学》，载冯友兰《中国哲学简史》，北京大学出版社，1996，第142~153页。

② 且以人伦之始的夫妇之道为例，《温公家范》卷8《妻上》曰："夫妇之际，人道之大伦也。礼之用，唯婚姻为兢兢。夫乐调而四时和，阴阳之变，万物之统也。……夫天也，妻地也。夫日也，妻月也。夫阳也，妻阴也。天尊而处上，地卑而处下。日无盈亏，月有圆缺。阳唱而生物，阴和而成物。故妇人专以柔顺为德，不以强辩为美也。"

形成人之为人的品行链：人→德→礼→孝→忠→人。顺着这一链条实践，合格者为"成人"，出色者为"贤人"，最优者为"圣人"。反之，不忠不孝、无礼缺德，则无异于禽兽。家礼正是为从正面训导一个人沿着品行链实践而设计的，国法则是从规范和矫正的一面设计的，两者相反相成，目标是使人成为有德有礼、忠孝两全的人。在传统中国，这是文明人的标准，是心主身从的体现，是与阳主阴从的天地自然合德的表现，"天人合一"为此最高境界。①

毋庸讳言，这一人的文化原理已随其社会瓦解，但不能否认它曾经有过的历史功绩和心主身从的普遍意义。家礼与国法正是因为这一原理的作用，对传统中国社会和生活于其中的中国人，才有了它们存在的大意义。这一原理与自然—秩序原理和伦理—政治原理在血脉上是相通的，一以贯之者乃中国文化"和谐"之道，即"致中和，天地位焉，万物育焉。"②其内在理路如下：自然→秩序→伦理→政治→和谐。家礼与国法即本其道理而生，因其道理而存，并其道理而有意义。

三 家礼与国法的意义

传统中国社会在晚清发生巨变，国法在"变法修律"中归于瓦解，家礼则一直处于消解中，作为完整的制度两者已不复存在，残留在民间的习惯和意识多是破碎或隐蔽的，生活中人们感觉甚微。所以，谈论它们的意义主要不是从现实和制度出发，而是从思想出发。

在本文的准备过程中，笔者获有一很深的印象，觉得家礼与国法不只自身是和谐的体系，也是社会秩序和谐的组成部分，如果将它们置于自然—社会—文化的大系统中，情形也是如此。

依现代立法技术，家礼与国法的文本结构形式上也许未臻完善，但在中古时代，按中国文化理路，说它们是和谐的体系并不算过分。本文前面已有论述，阅者若能贯通理解《朱子家礼》和《唐律疏议》篇、卷、条内容结构的安排，当与笔者有同感。这是我们的传统，横向比较一下中世纪

---

① 董仲舒有很好的论述。参见董仲舒《春秋繁露》注中的相关篇目。
② 语见《中庸》。

欧洲诸蛮族法典和地方习惯法，难道您不认为这要更先进一些吗？① 对于长期以来在法制建设方面抱有自卑心理的国人，难道这还不值得我们反省和重视吗？

关于家礼与国法，要想更好地理解它们的意义，就应把它们置于社会和更大的系统中来认识。传统中国社会的秩序构成是一个和谐的系统，家礼与国法是它的组成部分。传统中国的秩序构成与社会结构一致。传统中国是乡土社会，基本结构是家庭、家族、村落、社会、国家，家礼家法对应于家庭家族，乡礼乡约对应于乡里村落，帮规行规对应于社会上各行各业，国礼国法对应于国家社会。从家礼家法到国礼国法，形成一条秩序链，家礼家法是这条秩序链中最底层的血缘秩序规范，国礼国法是这条秩序链中最上层的地缘秩序规范，乡礼乡约和帮规行规居于秩序链中血缘与地缘的结合部，一贯是官方与民间沟通、互动的地方。② 可见，传统中国社会的秩序构成是一个和谐的系统，国法与家礼在这一系统中真可谓"顶天立地"，是整个系统和谐的重要组成部分。也许正是因为这一点，它们才能对社会发挥出系统、和谐的功能，才有启发我们理解社会秩序构成与社会和谐的关联意义。

不限于社会系统，在由自然—社会—文化亦即天、地、人构成的大系统中，家礼与国法也是和谐的一部分。这是中国文化的一大特点，它认为天、地、人相通，万物各有其位；万物只有在其位，天地、宇宙、人类社会才是和谐的；自然秩序与人类秩序相联系，人类的失序会通过自然征兆表现出来给予警告，提醒人们纠正并重建被破坏的和谐系统。③ 这是至今还缺乏科学根据的理论，但在古代世界，特别是在中国社会，却是发挥实际作用的哲学观念。这观念是中华文化之道，是传统中国构建和谐社会秩序的理念。④

---

① 日本中国法律史大家仁井田陞转引中田博士的话说："像唐律那样的刑法发达程度，可以说在当时世界上无有望其项背者，也就是说，连欧洲划时代的加洛林法典，不但在时间上比唐律晚了九百多年，其发达程度也不及唐律。甚至和 19 世纪欧洲的刑法典相比，唐律也毫不逊色。"参见〔日〕仁井田陞《唐律的通则性规定及其来源》，载刘俊文主编《日本学者研究中国史论著选译》第 8 卷，中华书局，1992，第 102 页。

② 参见拙文《乡约的诸属性及其文化原理认识》，《南京大学学报》《哲学人文社会科学版》2004 年第 5 期。

③ 《中国哲学中的和谐化辩证法》，载〔美〕成中英《论中西哲学精神》，上海东方出版中心，1996，第 173 页前后。

④ 参见冯友兰《中国哲学简史》，第 15～18 章及第 25 章。

家礼与国法的深处蕴含着这一理念，我们在前面已有说明，家礼与国法内贯着自然—秩序原理、伦理—政治原理和人的文化原理，其实这三项原理恰是这一理念在自然、社会和文化上的表现。也许家礼与国法的文本与制度价值不再重要，但它们作为构建社会秩序的组成部分，努力与自然、社会和文化保持和谐这样的创制理念，确乎具有超时空的价值，在人类自身和与自然关系紧张的今天尤有意义。

（原文载于《法学》2005 年第 5 期，收入本书时有改动）

"诸户主皆以家长为之"

——唐代户主之身份研究（2005）

罗彤华*

一　前言

　　唐《户令》曰："诸户主皆以家长为之。"① 唐政府既政策性地把户主与家长牵合在一起，同时也暗示户主与家长其实分属于两个不同的场域。为政策目的制作的户籍，主者通称为户主；作为社会基本单位的家庭，则由家长为其代表。户与家存在的目的与用意不尽相同，户主与家长能否毫无条件地画上等号，令人生疑。《户令》用家长来定义户主，但什么身份的人才可为家长，唐律令中从未提及。如果家长即户主，政府为登录户主而每家按问谁是家长，或逐一审查家长的资格，岂非太过扰民，又增加了行政负担，故唐政府要贯彻这项政令，就势必需要一套符合礼教规范与社会习俗的原则，才能避免烦琐的考核工作，并顺利而方便地设立户主，因此本文首先要探索唐代是否有认定家长或户主的原则。

　　一般文献资料从未认真记录家口状况，唯有透过出土文书的各类籍帐，才能从户主与家人间的相互身份关系、代户之交替次序中找出成为户主的惯例及其遵循的承户原则。依籍帐所见，只要户内有男夫，户主便不会是女性，但也因此户主可能不是家中之最尊长者，甚至连数岁小儿都优先于妇人尊长为户主，这不免让人质疑《户令》"诸户主皆以家长为之"，此家长是实际主持家务的人吗？这项政策的立法依据又是什么？唐代史料

---

* 罗彤华，台湾政治大学历史学系教授。

① 〔日〕仁井田陞著，栗劲等编译《唐令拾遗》卷9《户令》六引开元二十五年令，长春出版社，1989，第131页。

中真正提及户主之处甚少，律令中尤其在将究责户主处，改以家长替代，其故何在？户主难道不就是家长吗？为能更准确地掌握"诸户主皆以家长为之"的义涵，本文拟将户籍资料中的户主，分为男性尊长、男性卑幼以及女性户主三个类别来观察，以期了解户主与家长间的微妙关系。

本文主要运用的资料是各类籍帐，尽管唐代的户籍资料常给人注记不谨、疏于检点的印象，天宝以后伪滥不实的情形尤其严重。但笔者正可借着户主在家中的身份特征，重新检视这批资料的价值，如尚可从其中理出承户原则，找出代户次序，则即使偶有少数例外，也只能认为那是行政管理松弛造成的资料瑕疵，但还不至于认为是一堆全无用处的被废弃的故纸。本文主要在厘清唐代的户主身份，并无意延伸讨论户籍制度改变后的吐蕃期、归义军期的户主状况，不过仍不免会用到那些时期的资料做个辅证。

二 户主身份之沿革

自春秋战国列国普遍设立户籍制度后，历代政府就靠着户籍掌握全国的人力资源。学界多认为目前最早的户籍资料见于汉简与三国吴简，但严格说，这些简牍实为符传、廪簿、佃田之类的资料，并非户籍原本，笔者也并未看到简牍中出现户长、户头、户主等字样，而通常的称呼仅是"户人"而已。在汉代，"户人"可能就是政府指令的户主，代表该户。《张家山汉墓竹简〔二四七号墓〕》、《二年律令·置后律》对代户者之身份有很明确的规定：

> 死毋子男代户，令父若母，毋父母令寡，毋寡令女，毋女令孙，毋孙令耳孙，毋耳孙令大父母，毋大父母令同产子代户。同产子代户，必同居数。弃妻子不得与后妻子争后。（379－380 简）

律中既声明"同产子代户，必同居数"，则似乎其他代户者原本不以同居为要件，只要身份适当，愿意代户，便可为"户人"。此律不排斥女性户主，即使家中有男性，女性也可能优先承户。比较特别的是，为户后者以直系为原则，子、女、孙、耳孙等相续接替，却独不许同产兄弟或姊妹代户，仅于绝无其他亲属，才让同居之同产子代户。由于子男具承户之第一优先顺位，户内可能还有母、姊、伯叔、大父母等与之同居，故为户主者未必是家中之最尊长者，甚至未必是成年之大男，而且他还可先于直系尊长为户主。当然这也可能衍生出幼小"户人"能否承担政治义务或罪责的问题。

汉政府如此不厌其烦地缕述代户次序，除了为防止户内竞争外，也是作为政策施行时之准据，如符传、廪簿、佃田等，大概都以"户人"为课征或授与对象。两汉有许多赐民爵的诏书，不同的用语，似乎就指不同的"户人"身份，如《后汉书》卷3《章帝纪》永平十八年（75）十月丁未赦：

> 赐民爵，人二级；为父后及孝悌、力田人三级，……爵过公乘得移与子若同产子。

赐民爵与赐为父后者爵是两回事。前者应非泛指所有人民，而是为"户人"之男子，同前书卷2《明帝纪》中元二年（57）夏四月丙辰诏："赐天下男子爵，人二级。"章怀太子注引《前书音义》："谓户内之长是也。"又曰："人赐爵者，有罪得赎，贫者得卖与人。"获民爵者既有如许实利，国家自当审慎衡量授与人的资格，故赐民爵的起码条件，就是为男性"户人"或户长。另外，从《二年律令》的代户次序看，为父后的子男既优先承户，赐为父后者爵因此更较赐一般"户人"男子爵高一等。看来汉代的户籍制度是经过精心规划的，在户籍简上必定详注代何人为户，以及"户人"在家中的身份，以便政府在执行各项法令时能更正确、更有效率地循次索骥。

汉代的女性也可为户人，而且与男子交错代户，甚至还可享有近似男性户长的权利。《汉书》卷4《文帝纪》初即位，赦天下，"赐民爵一级，女子百户牛酒"。颜师古注曰："女子谓赐爵者之妻也。"《后汉书》卷3《章帝纪》章怀太子按语："此女子百户，若是户头之妻，不得更称为户；此谓女户头，即今之女户也。"二注家对赐牛酒之女子身份看法不同。然鄙意以为，汉代赏赐官、爵之同时，绝少亦赐其妻，则民爵者之妻获赐之可能性当更微小。反之，男子赐爵既与女子赐牛酒并举，男子指男性户头，女子指女性户头，应该是很合理的解释。

汉代的"户人"大概就是户主之意，代表该户赐爵、受封及承担各项指令。户主之名正式出现在史料与出土文书中，似始于南北朝。《宋书》

卷91《孝义·蒋恭传》元嘉年间（424～453），恭及兄协被收付狱治罪，恭言："恭身甘分，求遣兄协。"协言："协是户主，……关协而已，求遣弟恭。"在审讯过程中协自称是户主，可见"户主"已正式成为官方认可的称呼，而且协以户主身份，愿受一切罪责，此固为情义之表现，又何尝不反映户主较其他成员需担负更多责任！

北朝也实行户籍制度，但对户主的要求似乎更急切，《魏书》卷7上《高祖孝文帝纪》延兴三年（473）九月辛丑诏："遣使者十人循行州郡，检括户口，其有仍隐不出者，州、郡、县、户主并论如律。"同书卷78《张普惠传》载，孝明帝时，尚书奏征民棉麻之税，普惠上疏曰："若一匹之滥，一斤之恶，则鞭户主，连三长，此所以教民以贪者也。"北朝政府既赋予户主检查户口、输课税赋的责任，势必以特定人为户主，方便于论罪施刑。延兴诏所谓"并论如律"，相信北魏律已对户主的职能、身份做了确切规定。

南北朝户主的代户次序，不明其是否如汉律之交错复杂，所知者仅是户主当为家中之尊长。《南史》卷73《孝义上·孙棘传》载，宋大明五年（461）发三五丁，弟萨坐违期不至，棘诣郡辞曰："棘为家长，令弟不行，罪应百死，乞以身代萨。"棘妻亦寄语棘曰："君当门户，岂可委罪小郎？"在户籍上，当门户的孙棘应该就是户主，其在家中的身份则是所自称的家长。《魏书》卷83上《外戚·常英传》载，太后兄常英事太后母宋氏不如妹夫笃谨，宋氏言于太后欲黜之，太后曰："英为长兄，门户主也，家内小小不顺，何足追计。"政治力的介入虽然可能改变家人的官职高卑，却不能否认尊长为户主的事实。前引蒋恭兄弟之例，亦说明兄长较诸弟有优先任户主的资格。此数例显示户主不仅是家中之尊长，极可能也就是所谓的家长。唐《户令》曰："诸户主皆以家长为之。"这是否源自南北朝，有待进一步观察。

《西凉建初十二年（412）敦煌郡敦煌县西宕乡高昌里籍》是十六国末期的户籍资料，载于各户之首的代表人仅记其职衔，未见"户人"或"户主"等字样，但并无碍于笔者对户主之认知，且户内已详列丁中口数。首先在户籍上著录"户主"二字者，见于《西魏大统十三年（547）瓜州效谷郡计帐文书》，这在印证北朝已具严整的户籍制度之余，无疑也影响唐代甚深。这两份籍帐所载户数不多，总计十五户。其中，十户的户主在家中是辈分最高的尊长，其他成员为其妻、子女、媳或孙辈；五户因户内有母或姐，所以户主非最尊长。如按照汉代的代户次序，子优先于母或女，故难免出现户主为卑幼，与母、姊共居的情形。这两份籍帐中也有类似现象。此十余户皆夫妻俱在，而无一户是妻为户主，或许十六国与北朝亦承袭了汉律"为人妻者不得为户"（《二年律令·户律》）的规定。

隋代户籍制度里出现了"户头"的称呼，这在南北朝以前甚为罕见。《隋书》卷24《食货志》载，山东承齐俗之弊，机巧奸伪，规免租赋者多，于是高祖令州县大索貌阅，"大功已下，兼令析籍，各为户头，以防容隐"。这里的户头应该就是户主，而自此户头的用法也在唐代普及开来。

三 唐代户主与家长的身份关联

敦煌吐鲁番出土的唐代户籍资料，皆用"户主"代表各户，但唐代的一般史料与律令文书，却鲜用"户主"一词。武则天《改元载初赦文》曰："天下百姓，年二十一身为户头者，各赐爵一级，女子百户赐以牛酒。"玄宗《加天地大宝尊号大赦文》曰："其天下百姓丈夫户头者，宜各赐爵一级。"僖宗《南郊赦文》曰："奏状内须三代官讳，及乡贯户头年几，余各依资奏请。"皇帝赦书中无论对民还是对官，都用"户头"一词，可见其已具有人所共知的语义，尤其是赐民爵者限于男性户头，显然预期百姓皆知所指何人。

另外，唐人也常用当户、承户、为户等语作为户主、户头的同义词。《通典》卷2《食货二·田制下》开元二十五年田令："黄小中丁男女及老男、笃疾、废疾、寡妻妾'当户'者，各给永业田二十亩，口分田二十亩。""当户"即指这些不课口而为户主者，政府授予土地。《旧唐书》卷48《食货志》亦述田制曰："世业之田，身死则'承户'者便授之。""承户"在敦煌户籍的户口异动注记里常见，也就是代为户主之意。《新唐书》卷5《玄宗纪》天宝八载（749）闰月大赦，与卷7《德宗纪》大历十四年（779）六月己亥大赦，都赐"民'为户'者古爵"，"为户者"即"户头"。

户主为一户的代表，政府除了赏赐、授田外，当然也会有一些要求。但令人讶异的是，印象中该由户长承担的责任，不少情况下却改由家长坐罪，这在与户口有关的法条中看得尤其明显，如脱户漏口、增减年状，有所谓的家长法（"脱漏户口增减年状"条）；冒度私度越度由家长处分者，亦独坐家长（"不应度关而给过所"条）；僧尼道士女冠私入道，若事由家长，家长当罪（"私入道"条）；略卖期亲以下卑幼，止坐家长（"略卖期亲以下卑幼"条）；放部曲客女奴婢为良，家长需给手书（"放部曲奴婢还压"条）。另外，在各式官文书及拟判中，也有不少用家长取代户主，如永淳元年（682）敕及神龙元年（705）散颁刑部格："家人共犯私铸钱，坐其家长。"① 开元二十五年（737）令：家长在，子孙弟侄不得私自质举卖。② 元和五年（810）敕："禁中外官子弟不告家长，私举公私钱。"③ 宝历元年（825）制："厘革两馆生斋郎资荫年限。礼部奏：如磨勘不实，坐其家长。"④ 文宗《选皇太子妃敕》曰："谕令本宗家长举言十岁已来嫡女及妹侄孙女。"⑤《百道判》案例载："得景请预驸马，所司纠云：景，庶子也，且违格令。所司及白居易判文皆科家长之罪。"⑥ 户主本应负一户之全责，像户口异动、户内人之身份查核、成员之犯罪行为等关涉国家制度或规定时，原该论罪户主才是。至于子弟私用钱财等家事，或荐送不限本户之家族中女子，则由家长处分才较合理。唐政府将不少属于公领域的事务转为对家长的规范，这应该不是一时误用，想来别有其他深意吧！

户主是户籍制度的产物，家长由家庭选出，二者本有各自的运作空间，而唐政府做了一个巧妙的接合，《户令》曰"诸户主皆以家长为之"，即清楚点出二者的替换关系，使政府掌握的户与作为社会单位的家，在户主与家长上有了交会点，但与此同时也暴露出户主与家长原本存在于不同的场域，是政府刻意编造户籍，并刻意将户主与家长牵合在一起的。尽管原则上户主即家长，家长即户主，但唐政府于什么时候用户主，什么情况下用家长，似乎还是有些规律的，如前引资料的赐男女户主爵或牛酒，授老疾寡当户、承户者田，政府都居于主动地位，户主作为施与对象，只是被动地接受而已。反之，细绎著录为家长的各类资料，即使与户口异动相

---

① 杜佑：《通典》卷9《食货·钱币下》，中华书局，1988，第200页；刘俊文：《敦煌吐鲁番唐代法制文书考释》，中华书局，1989，第249页。

② 《唐令拾遗》卷33《杂令》十六引开元二十五年令，第788~789页。

③ 《唐会要》卷88《杂录》，世界书局，1974，第1618页。

④ 《唐会要》卷59《太庙斋郎》，世界书局，1974，第1027页。

⑤ 《全唐文》卷74文宗《选皇太子妃敕》，中华书局，1983，第778页。

⑥ 白居易：《白居易集》卷66《判》，汉京文化公司，1984，第1397页。

关，也因事由家长，家长在其中扮演申报、审查、操作的主动角色，所以为了厘清责任归属，无论家长是否为户主，唐政府还是径自用家长取代户主。

户主以家长为之，那么什么样的人才得为家长呢？唐律令未正面规定为家长的条件，似乎意味着只要依照社会惯例来运作，自然知道谁是家长。《旧唐书》卷 188《孝友·陆南金传》中，南金因事得罪，弟请代死，曰：“兄是长嫡，又能干家事。亡母未葬，小妹未嫁，自惟幼劣，生无所益，身自请死。”陆南金以长嫡的身份主持家事，他应该就是家长，而为家长的身份因素，或许较才能因素更重要。其实，在唐代史料与出土文书中，除了前引各条外，不常看到“家长”一词，李商隐《祭裴氏姊文》曰：“载惟家长之寄，偷存晷刻之命。”（《全唐文》卷 782）盖述其承家长之付托，苟活以养弱弟幼妹。敦煌文书 S. 343 号背有一份“放奴良书”，文曰：“今者家长病患，厶乙宿缘庆会，过生我家，效力年深，放汝出离。”① 家人于家长可能径以父、祖、兄、叔等称之，但“家长”确实是社会公认的概念，他在人们生死依存那么重要的时刻被想到，尤其是“放奴良书”还是件样式，若非人们已惯于接受家长这个事实，样式中就不会轻易用之。可见家有家长，谁是家长，社会已有相当高度的共识，政府只需配合行事即可，何必烦劳复位标准，另加指定，徒然扰民，又毫无意义呢？

家长以身份因素为要，如陆南金之例。“兄是长嫡”，但长嫡就必是主持家事的家长吗？《柳宗元集》外集补遗《万年县丞柳君墓志》曰：

> 前万年县丞柳君，终于长安升平里之私第。……长子弘礼，承家当位。……奉夫人及仲父之命，……三日而殡，三月而葬。

长子弘礼可能只以长嫡的身份承家主祠祀，未必就是主持家务的家长，因为他要奉夫人及仲父之命殡葬其父，不能全然自作主张。褚遂良曾上表曰：“臣闻主祭祀之裔，必贵于嫡长；擢文武之才，无限于正庶。故知求贤之务，有异承家。”（《唐会要》卷 71《十二卫》）长子弘礼的“承家当位”，无疑指的就是宗祧继承。由弘礼与陆南金二例比较，二人同是长嫡身份，但弘礼至少应与母同居，母为家中之尊长，南金自己就是家中

---

① 唐耕耦、陆宏基：《敦煌社会经济文献真迹释录》第一辑，书目文献出版社，1986，第 160 页。

尊长，弘礼似乎不得主家，而南金可以，故二例之差异，显然就在家中是否还有其他尊长。依《户令》"诸户主皆以家长为之"，陆南金为户主，当无可疑，但弘礼家谁为户主？谁为实际主家的家长？尤其是仲父，如果也与弘礼母子同居，就更需再做考虑。

前节所述汉代《二年律令》中为户后的次序，女性可能优先于户内男口为户主，父母、大父母等尊属也可以代户。如此男女交错、尊卑间杂的情形，唐代是否亦如此？唐律令未见代户次序的规定，若以汉唐袭爵次序来比较，或许可以约略体悟时代变迁中男性地位上升的趋势，《二年律令·置后律》载：

> □□□□为县官有为也，以其故死若伤二旬中死，皆为死事者，令子男袭其爵。毋爵者，其后为公士。毋子男以女，毋女以父，毋父以母，毋母以男同产，毋男同产以女同产，毋女同产以妻。诸死事当置后，毋父母、妻子、同产者，以大父，毋大父，以大母与同居数者。（369－371 简）

唐代王侯传袭次序与子孙立嫡次序完全相同，其与汉代最明显的差异在于摒弃女性承嗣资格，而展现典型的男系主义，《唐令拾遗》卷12《封爵令》二引开元七年、二十五年令：

> 诸王公侯伯子男，皆子孙承嫡者传袭，若无嫡子及有罪疾，立嫡孙；无嫡孙，以次立嫡子同母弟；无母弟，立庶子；无庶子，立嫡孙同母弟；无母弟，立庶孙。曾、玄以下准此。无后者国除。（《唐律疏议》卷12《户婚律》"立嫡违法"（总158）条疏议末句为："无后者，为户绝。"）

唐代封爵令与立嫡法对汉代的袭爵次序做了彻底的改变，一则在男系主义下，宁可国除或户绝，也不让女性有承嗣权；二则父母、大父母等尊属必先于子孙曾玄等卑属承嫡，传袭次序不可尊卑倒置。另外，唐代的封爵、立嫡制还有两个特色，一是不离正统主义，但亦不排斥近亲，所以推及嫡子同母弟、嫡孙同母弟；二是以嫡系主义为重，然亦许姜子承之，因此庶子、庶孙仍在列。就袭爵、代户而言，汉代皆不排斥女性，甚至其次序还可能在男子之前。唐律令虽无代户规定，但承嫡、袭爵都采男系主义，难保不影响到代户也以男性居先，而发展出与汉代迥然不同的制度。由于唐代禁止祖父母父母在，子孙别籍异财，封爵令与立嫡法又那么重视尊卑秩序，所以很难想象会发生如汉代《二年律令》所言"死无子男代户，令父若母"（《置后律》）或"孙为户，与大父母居"（《户律》）等卑男为户主，直尊附属户内的情形。为了让政府能以简易、定型化的方式确认户主身份，避免认定上的困难与不便，可以想见的是，政府与其大费周章地逐家逐户询问何人是家长，再登录为户主，不如依循儒家礼制与社会习俗，让民众自报手实，轻易自然地就可以判断出谁应是户主。然此能为政府与民众共同接受的通则究竟是什么？它是否蕴含着人所共认的伦常原理，让唐政府不需以法律定义家长，就可正确登载户主？很幸运的是，出土文书中数量不算少的户籍资料，对理出这项社会共识似有相当大的帮助。

（一）男性尊长为户主

敦煌吐鲁番文书中有不少户籍、手实、点籍样之类的资料，以及户口账、给粮账、家口田亩簿等与户籍相关的资料。虽然学者对这些文书，从每户口数、男女比例、年龄层的分布、出生率与死亡率、漏附虚挂等角度，纷纷加以批判，认为伪滥不实的情形相当严重，尤其是天宝、大历年间的籍帐。这些研究当然不无道理，户籍资料的运用确实有其局限性，但笔者若因此全然否定其价值，弃之如敝屣，似亦大可不必。因为大致在开元末以前，地方确实在执行中央的造籍政令，《唐六典》卷3《户部郎中员外郎》曰："每一岁一造计帐，三年一造户籍。……造籍以季年（丑辰未戌）。"从附表一出土文书可知纪年的三组户籍来观察，① A 组完全依规定行事，无一例外。B 组显示，唐政府自开元二十三年（735）起似乎将行之已久的旧制，改为"寅巳申亥"的籍年新法，但除了 B 组起始年与 A 组末年相差四年外，仍是三年一造户籍。C 组大历四年（769）手实的注

---

① 1. 本表只列出可确知纪年之户籍，不包括手实、计帐等。编号18名为手实，但亦具户籍之形式与性质，故亦列入。

2. 本表各件出自《吐鲁番出土文书》，文物出版社，1981 ~ 1991；*Tun - huang and Turfan Documents concerning Social and Economic History*，II *Census Registers*，（A）*Introduction & Texts*，Tokyo，The Toyo Bunko，1985。

记包括"乾元三年（760）籍"、"宝应二年（763）帐"、"永泰二年（766）帐"，不仅乾元三年（庚子）非前述两类造籍年，而且乾元三年后皆未遵守三年一造籍的规定，而只有所谓的"帐"。从三组资料的演变来看，户籍制度的废弛应自安史之乱后，天宝时期尽管制度有更动，地方在执行上可能更为怠惰、疏失，但中央政令依然可强力下达地方，地方还是依制度来运作，不像安史之乱以后似已进入脱序、失控的状态。其实，就算这些资料与注记不谨、不实，本文的研究仍有可借助之处，因为各户的籍面状况即使非该年的实际状况，也不表示该户在某年不曾出现这样的家庭形态，而吾人正可由此了解户主当时在家中的身份地位、其承家代户的次序、是否户内无男口才以女性为户主，以及户内其他尊长何以不为户主等问题，并进而由户籍资料是否谨守户主登录原则，反思这些残卷的实用性。

出土文书中可参考的籍帐资料甚多，然而差科簿专为丁役而设，给粮簿、配田簿多有特定的授与对象，在户籍样本的取择上较偏颇，不如户籍、手实、点籍样具有普遍性、代表性。以下且将户籍资料较完整、户数较多的几件，制成户主身份表（附表二），以认证不同时段、不同地区户主在家中身份的变动趋势。①

7 世纪末到 8 世纪中期，近百年来无论西州或沙州，户主为男性尊长的比例始终只在五成上下，而以男性卑幼为户主的比例甚至高达三四成，在这些案例中，凡以女性为户主者，户内皆无其他男口。表中男性尊长为

---

① 1. 男尊户主是指户为男性，且为户内之最尊长。男卑户主是指户内还有其他男性尊长或妇人尊长。女性户主是指女性为户主。但如为一人户，则分别归入男尊户主或女尊户主中。

2. 各籍帐之户数扣除全户已没落、逃死，应删而未删者。

3. 编号 1 可知户内状况者仅 9 户，其中两户只有户主一人。杨支香户很特殊，文中另做讨论，此处暂归入女户。残片（八）之户主可能是故父之子，妾为己妾，非父妾，故户主应为男性尊长。

4. 编号 2 除去残缺、逃走者有 44 户，其中 7 户只 1 人，不明情况者多因不知户主与寡之关系而无从归类，另有一例是不明小男、小女之年龄，亦无法归类。

5. 编号 3、4 与编号 5、6 分别出自同一资料，编号 3、5 是根据该户的户口异动注记得出，时间上也正好是政府造籍年。

6. 出处代号：

吐 =《吐鲁番出土文书》第七册（文物出版社，1986）；

TT Ⅱ A = *Tun - huang and turfan Documents concerning Social and Economic History*, *Ⅱ Census Registers*, (*A*) *Introduction & Text*。

户主者不如想象中多，男性卑幼为户主或女性为户主竟意外地如此之多，不免令人讶异。本表呈现的趋势或许不能只当特例来看待，相当程度上应被视为唐朝的普遍现象。如果家长即户主，那么男尊户主就只因年龄高而为户主？但男卑户主为何辈分低而仍得为户主？女户的代户次序如何？都应细加检讨，以下且先分析男尊户主的身份特征。

户主为男性尊长，无论是父祖等直尊、伯叔兄等旁尊还是夫，在户内的辈分上都是最高的，在年龄上通常也是最长的，但有时户主妻的年龄会大于户主夫。唐代编制户籍，户内只要有男性，必以男性为户主，因此男系主义是成为户主的第一优先原则，而辈分、年龄是紧随其后的重要考虑，辈分比年龄要重。可以说，唐政府认定户主的基本原则是男系主义与尊长主义。

唐代并不刻意排除老、疾任户主的资格，像 P. 3877 号《唐开元四年（716）沙州炖煌县慈惠乡籍》的余善意户，户内虽有 21 岁的白丁孙男，而户主仍是 81 岁的老男祖父。又如 S. 514 号《唐大历四年（769）沙州炖煌县悬泉乡宜禾里手实》的令狐朝俊户，在其代父承户前，父是"老男废疾"户主；阿斯塔那 35 号墓《武周载初元年（689）西州高昌县宁和才等户手实》中的王隆海户，其下注为"笃疾"。① 唐律对老、疾等身份有些特殊规定，包括不加刑、不徒役、不拷讯、不为证，② 亦即户主如果为老、疾，在政府究责户主时，户主可以老、疾之律获得蠲免。但唐政府并不避忌老、疾户主，显示其对年龄、辈分的尊重，比对国家利益的维护来得更重要。立嫡法中有"无嫡子及有罪疾，立嫡孙"，唐户籍、差科簿里有不少残疾、废疾甚至笃疾户主，则所谓以疾废嫡子、立嫡孙，可能较严格地在封爵传袭时执行，民间之承家代户，似无此必要。

户籍资料注记里，通常亦会登录户内人的官勋爵位，但无论户主有无头衔，抑或是否高过户内其他人的头衔，都不会影响其为户主的资格。如大历四年（769）手实中的赵大本户，户主是无任何官职勋品的老男，其诸子之一则是会州黄石府别将，会州属关内道，上州折冲府别将为正七品下，而子并不因此取代父为户主。同籍索思礼户，户主索思礼是前行灵州

---

① TTⅡA, pp. 22, 53；《吐鲁番出土文书》第七册，文物出版社，1981，第 416 页。
② 《唐律疏议》卷 4《名例律》"老小及疾有犯"（总 30 条）、"犯时未老疾"（总 31 条），以及卷 29《断狱律》"议请减老小疾不合拷讯"（总 474 条）。

武略府别将，现为昭武校尉、上柱国，即武散正六品上、勋官正二品；子为丹州通化府折冲都尉、上柱国，即职事官正四品上、勋官正二品，亦是子之官衔高于为户主之父。[1] 由是可知，户主是因其为男性尊长的身份才得为户主，不是因其位高权重才荣膺户主之任，也因此户主不会随其官位之升降黜陟而轻易替换，只会因尊长之死亡或他故而另由适当身份的人代户。

《户令》既曰"诸户主皆以家长为之"，那么家长的身份除了可由户主与家人的相对关系观察出来，还可由接替旧户主的代户次序反映出来。唐代户籍的书写惯例，新户主之后的一行，必紧接着列出被代户的旧户主，并加注"代（某）承户"或"代（某）贯"，如 P.3354 号《唐天宝六载（747）炖煌郡炖煌县龙勒乡都乡里籍》卑二郎户：[2]

> 248. □（户）主卑二郎载贰拾玖岁　白丁代父承户……
> 249. 父思亮载伍拾捌岁　卫士天宝三载籍后死

阿斯塔那 184 号墓《唐开元二年（714）帐后西州柳中县康安住等户籍》某户：[3]

> 10. □□年　□拾柒岁　白丁代父贯……
> 11. □□　　　参岁　老男开元贰年

唐人户籍不注嫡庶，虽无法证明代父承户是否依嫡庶之优先级，但至少可知是以子代父，由直系之子继嗣承祧。唐籍帐中言明代父承户的例子甚多，显示代户时最重要的以子传承原则，民间确实在奉行着。

籍帐中也有几例是代兄承户、代叔承户的，这几例都见于大历四年（769）的宜禾里手实，如张可曾户、索仁亮户、杨日晟户，以及安游璟户。虽然该手实中家口数伪滥不实的情形颇为严重，但由谁代户，似还不失尊卑之序，至少兄尊弟卑，叔尊侄卑，尊者先于卑者承户，尚不乖于伦常规则，只是如果推究是直系卑属还是旁系尊属，何人优先承户，可能就

---

① TTⅡA, pp.50, 51.

② TTⅡA, p.48.

③ 《吐鲁番出土文书》第八册，文物出版社，1987，第281页。

需再加斟酌了。以索仁亮户而言，仁亮代兄思楚承户时，户内有兄之子元晖，且元晖下注云"取故父思楚翊卫荫"，应是思楚之嫡子。按立嫡法，无嫡子，立嫡孙，无嫡孙，立嫡子同母弟，不曾提及以弟代兄。日本《令集解》卷 17《继嗣令》"继嗣"条集解古记引唐《封爵令》："袭爵嫡子，无子孙，而身亡者除国，更不及兄弟。"封国传袭要求很严，明禁兄弟相代，因此笔者不免质疑为何不是思楚之子元晖承家主祀，反而是思楚之弟仁亮为法定家长或户主？类似索仁亮户，户主为叔，户内有亡兄男者，户籍、差科簿等资料不少，反之，以亡兄男为户主，叔附属于户内者，除前述安游璟户稍有注记不清外，竟无一例。可见唐人习惯以弟代兄为户主，并不听凭身份较低的男性卑属优先为户主，故立嫡法里仅以直系子孙继嗣的制度，不能全然适用于户主或家长的认定，而子代父承户，弟代兄承户，侄代叔承户，男性尊属优先于卑属承家代户，才是符合儒家尊卑秩序、为社会公认的原则，也是唐政府编制户籍时最方便的登录方式。

（二）男性卑幼为户主

从出土文书中的各种籍帐来分析，男性卑幼户主与户内其他尊长的关系分为两类，一类是别有妇人尊长，如母、祖母、婆、姊、嫂、姑、伯叔母等，另一类是疑似有男性尊长，如父、兄等。前者占绝大多数，这类户中如果还有其他男性，也必定是户主的卑幼，如子、孙、弟、侄、侄孙等。唐代的承户原则采严格的男系主义，只要家有男口，纵是年幼辈低，也都不得任妇人尊长为户主，除非该男性卑幼漏籍，才会以女性为户主，如附表二编号 1 的杨支香户：

1. 户主大女杨支香年肆拾岁
2.   右件人见有籍
3.   男盲奴年肆岁
4.   右件人漏无籍

这是杨支香手实的前半部，但既然已声明男漏籍，相信政府制成户籍时会改以身为卑幼的子男为户主，附表二编号 4 的徐庭芝户就是一个例子：

43. 户主徐庭芝载壹拾柒岁　小男　天宝五载帐后漏附代姊承
　户……

44.　姊仙仙载贰拾柒岁　　中女

天宝五载（746）帐还是以姊为户主，帐后括附庭芝，六载（747）籍
即改以弟为户主，可见政府维护男系主义的立场是非常坚定的，而天宝六
载籍如此迅速确实地处理改籍案，或可让人们对该籍伪滥不实的印象，有
不同的观感。

尊卑关系不会因谁是家长或户主而改变，妇人尊长依旧是男卑户主的
尊长，但有些男卑户主与妇人尊长的关系颇令人玩味，如 P.3354 号《唐
天宝六载（747）炖煌郡炖煌县龙勒乡都乡里籍》:[①]

5. 户主曹思礼载伍拾陆岁　队副……

6.　母孙载陆拾岁　　　寡……

S.514 号《唐大历四年（769）沙州炖煌县悬泉乡宜禾里手实》:[②]

220. 户主樊黑头年肆拾肆岁　白丁……
221.　母崔永觅年柒拾贰岁　寡……
222.　母曹年肆拾参岁　　　寡……

前件母子只相差四岁，根本不可能是亲生关系；后件第二个母还小于
户主，更不可能是户主的生母。合理的解释是，前件中的母为故父之后妻
或别妾，而后件的母曹氏大概只能为妾。唐之户籍于夫在时会注出妻、
妾，只有自占之手实才以"故父妾"名之，[③] 但是当政府编制户籍时，故
父之妻、妾都改称为母，但亦不详记母之类型，[④] 遂出现二母并列或母子
年岁不相当的情形。再者，户籍中男女率皆有名，唯嫁入之妻、母有姓而

① TTⅡA, p.37.

② TTⅡA, p.57.

③ 《吐鲁番出土文书》第七册，文物出版社，1987，第 420～421 页。

④ 在亲母之外，还有所谓的八母，有关八母之身份特征及其与子的关系，参见〔日〕仁井
　田陞《中国身分法史》，东京大学出版会，1983，第 757～759 页；黄玫茵《唐代三父八
　母的法律地位》，载高明士主编《唐代身分法制研究——以唐律名例律为中心》，五南图
　书出版有限公司，2003，第 92～102 页。

无名，上引后件，前母非常例外地并记姓名，似乎在身份上有意与后母以示区别，其排名在前，与户主即使非亲生母子，似也不脱嫡、继关系，而后母盖为庶母或慈母吧！

类似户内有妇人尊长的情景，在文献中也数见不鲜，如《新唐书》卷120《崔纵传》："（父）涣有嬖妾，纵以母事之。妾刚酷，虽纵显官而数笞诟，然率妻子候颜色，承养不懈。"又，卷81《惠宣太子业传》："母早终，从母贤妃鞠之，……事之甚谨。"《全唐文》卷590柳宗元《先太夫人河东县太君归祔志》："先君之仕也，伯母叔母姑姊妹子侄，虽远在数千里之外，必奉迎以来。"这些妇人尊长尽可受供养，或在家中擅威权，也绝不能成为户主，文献中虽然不知户主身份，但至少在现有的户籍资料里，从未见有男口而以妇人尊长为户主之例。

男性卑幼为户主，有时仍可见户内疑似有其他男性尊长，如吐鲁番文书阿斯塔那5号墓出土的一份高宗年间诸户丁口配田簿：①

4. □□（户主）翟僮海廿七二亩

5.　　兄允先年卅六二亩

330号墓约略同时期的一份名籍，似也以男性卑幼为户主：②

1. □□纳年廿七　白丁西行　样似牛□　未　年丁弟　三户
　　　　　　　　父老一姪

2.　兄隆隆年卅六　　残疾　丁星　次等

3.　兄隆纳年卅二　岸头府卫士〔下残〕

5. 赵汉子年廿三　残疾左脚少枯细兼　惠漏 里　次等父老第三户

中国历史博物馆藏8世纪中河西支度营田使户口给谷簿中也有一段：③

　　『捌』　　　　　　『伍』　　　　　　『捌』

63. 户令狐思忠卅二　妻郭卅一　父智伯八十二　弟思温卅一……

---

① 《吐鲁番出土文书》第六册，文物出版社，1985，第371页。

② 《吐鲁番出土文书》第六册，文物出版社，1985，第447页。

③ 〔日〕池田温：《中国古代帐籍研究》，东京大学东洋文化研究所报告，1979，第500页。

从这几件可以看出，在唐政府威权尚可强力及于边地的时期，仍出现男性尊长特别是父不为户主的现象，相当让人困惑。一、三两件每户的第一人确为户主，第二件只能推测以户为单位，但不确知□□纳、赵汉子是否为户主。按第四节所论，兄应优先于弟承家代户，但如果兄是庶出呢？唐代的户籍资料中，不仅母未注出其在家中的真实身份，兄弟间也同样未注出嫡庶关系，但嫡庶兄弟确实可能同列一户。大中二年（848）张议潮驱逐吐蕃，收复沙州后，旋即开始整理户口，试图恢复唐朝的手实制度，下述的《唐大中四年（850）沙州令狐进达户口申告状》似乎就是一件：[①]

1. 户令狐进达

2. 应管口妻男女兄弟姊妹新妇僧尼奴婢等共参拾肆人

8. 兄兴晟　妻阿张　母韩　男含奴……

14. 大中四年十月　日户令狐进达牒

该户未分家，连出度的僧尼家人也共住在一起，但最引人注目的，除了兄在其管下，兄之下另注有母。依唐之户籍惯例，母通常紧接列名在户主之后，归义军时期的户口簿亦复如此。令狐进达户在列出妻子女弟妹后才列兄兴晟等人，而从文书的第八行观察，该行很像是兄兴晟一房的各口，"母韩"是兄之母，而非令狐进达之母，于此不免让人怀疑兄、母其实是令狐进达的庶兄、庶母。归义军时期未必全然接受唐朝的立嫡法，但嫡庶观念、嫡子优先的原则应该还是被承袭了下来。令狐进达户弟为户主，兄为家人的例子，或许可以给前述高宗年间的两件簿籍一些启示，而代户次序中是否亦考虑嫡庶之别，也值得推敲。

另一个令人困惑的问题是，父在，子能否为户主？前引给谷簿，每人的右侧用朱笔注出给谷数，唯独曹进玉户下最后两口处连注两个"新"字，且该户七口的右侧全无谷数，[②] 大概是配谷前才列入管辖的新户，来不及配给之故。文中所引的令狐思忠户，除了父智伯右侧无谷数外，其他三人皆有谷数。给谷簿里未注谷数者似皆属状况特殊，智伯下无"新"

---

① TTⅡA，p. 100.

② 给谷簿另有七户下也有"新"字，但每人皆给谷，大概虽是新户，支度营田使还来得及给谷。

字，应该不是新口，何况其他老男也并非不给谷，因此合理的推测是智伯刚亡故，其名虽未削去，却已无需配谷。唐户籍里，户主代户之初，原户主仍列名户籍中，给谷簿正反映出此一现象，若果真如此，则智伯生前是户主，子在其亡故后才为户主。

330 号墓的名籍，据学者研究，与户籍、差科簿、貌定簿等皆不同，可能是征发兵役徭役之丁名簿籍。籍中凡有名年，具注体格、配役者均为丁男，非丁男之父、侄则不记其名年。① 虽说本件是丁役名籍，大抵也是按户稽查，所以列上户等。既以户为单位，□□纳和赵汉子理应代表该户，但此二户下注"父老"，似乎当时父仍在，则究竟户主是父还是子？费人疑猜。同样与丁役有关的差科簿，各户等下也是按户登录，不过对不必差科的老男户主有两种登录法，一是将其名、年、身份或丁中单列一行，二是不再单列，仅录其名，而以某人男、某人弟、某人侄为该户代表，如②

1. 曹敬侄英峻　　　载卅九　　卫士
2. 　亡兄男加琬　载卅五　　品子　捉钱

曹敬应是该户的户主，因为不必差科，也就无需烦言。此种登录法不免让人联想到前述之丁名簿籍，或许政府稽查的对象只是各户具服役条件的家口，已放免的老男虽不在稽查之列，但因是户主，不能不于注记中提示，故□□纳、赵汉子不过是调查时该户的代表人，其下所注"父老"之"父"，才真正是户主。

敦煌文书中，在 9 世纪下半叶的户口簿里，也见到父在子为户主的情形，如 S.6235 号《唐大中六年（852）沙州唐君盈等户口田地申告状》：③

2. 户唐君盈年卅七　妻阿索年廿□
3. 　弟僧君亦年卅七岁　弟君□□□不受□□
4. 　父平子年六十三　　妻阿泛年□□

---

① 程喜霖：《吐鲁番出土文书〈唐赵须章等名籍〉考释》，《中国社会经济史研究》1989 年第 3 期。
② p.3559 号《唐天宝年代炖煌郡炖煌县差科簿》，见 TT Ⅱ A，p.115.
③ TT Ⅱ A，p.101.

P. 4989 号《唐九世纪后半户口田地簿》:①

1. 户安善进年卅八　父僧 法 □□□妹小小年十五……
2. 　　　　……妹尼印子年卅　外甥僧法□年□□……

归义军也实行唐朝的户籍制度，但在残存不算多的户籍资料里却出现两件父不为户主的案例，难免让人质疑唐朝代户法是否行之于此。如前文所论，母之类型有多种，父其实也有多种。唐制所谓"三父八母"，三父指从继母嫁继父、同居继父、不同居继父，实则都是继父。子既从继母、亲母随嫁入继父之户，户主理应是继父，不会是继子。如果子是养子，在礼制上养父即为父，丧礼服正服，户主也不应是子。唐人户籍里，伯、叔等父辈未见以父泛称之，文献中则同宗父辈谓之诸父，亦不单以父名之。平子的排列次序还在唐君盈弟之后，难道平子原是赘婿，入唐氏之户改姓，因其原为异姓，不得为唐氏之户主，遂由其子承户，才出现父在子为户主的现象？再者，父平子下记"妻阿泛"，而不是"母阿泛"，于此既表示其与君盈非亲生母子关系，也意味着阿泛非君盈之养母、继母、庶母等八母之一，她大概是入赘者再娶之妻，与君盈为疏属。

敦煌陷蕃以后，唐人的身份观念不无可能受到动摇，至归义军时还能否维持父在父为户主的原则，可能还需要更多史料来证明。不仅唐君盈户的状况在唐朝史料中从未出现，安善进户的情形亦显示此时期敦煌地区的特殊性。该户共计有父、妹、外甥等出度者与家人共住在一起，这些住在俗家的僧尼散众，是得到僧团许可的，② 如此合籍，必也得到官府的同意，与唐朝僧尼自有僧籍，不得居住俗家的原则不尽相符，③ 而唐户籍也从无僧尼列名户内。正由于 9 世纪中叶以后的敦煌僧尼可以寄居俗家，不住寺内，是否因此僧尼只能附籍，不得为户主，而像安善进户那样遂出现父在子为户主的现象。

---

① TT Ⅱ A，p. 105.

② 郝春文：《唐后期五代宋初敦煌僧尼的社会生活》，中国社会科学出版社，1998，第 80 ~ 82 页。

③ 唐朝也有僧人住俗家的例子，但原则上唐代是禁止僧尼居住俗家的，如《唐会要》卷 49 《杂录》开元十九年敕："惟彼释道，同归凝寂，各有寺观，自宜住持。……或妄说生缘，辄在俗家居止，即宜一切禁断。"

总之，因唐朝奉行男系主义，籍帐中的男性卑幼总优先于妇人尊长为户主。至于男性尊长不为户主的疑似案例，可能只是特殊情况，尚未见父在子为户主的确实案例。凡登录为户主者，唐人基本上是依循着男系主义、尊长主义的承户原则来进行的，直到唐人势力逐步撤出河西后，其所代表的礼法观念与户籍制度才有松动迹象。

（三）女性为户主

女性为户主，指的就是唐律里所谓的"女户"，"脱户漏口增减年状"条疏议曰："若户内并无男夫，直以女人为户。"检视唐代的户籍资料，户主为女性者，确实户内无男夫，特殊例外者，大抵皆属未及改正之案例，《唐八世纪中河西支度营田使户口给谷簿》中有一户为：①

53. 户张汉妻孔卅一　母索六十一　男进兴四　男进玉二

此户主似为女性，户内却有其他男夫，看来不合唐代户籍体制。该件为支度营田使给谷簿，所给对象应为各营田户，或许户主刚有故，支度使又需依例发给谷物，才由户主之妻暂代。簿中不同于一般籍帐列出女性户主的姓名，而用"（某人）妻"的形式，就可知道户主本应是张汉，此写法只是一种变例。给谷簿虽是以户为单位发给，但毕竟不是户籍，这一权宜的做法还是可以理解的。

政府在登录户籍时，通常详注个人之年龄与丁中，男夫部分率皆依制度规定来处理，鲜有疑义，但女性部分各地似有不同的登录方式。唐代户籍里的已婚女性，凡夫在，妻妾著录为丁妻、卫士妻、老男妻、勋官妻、职资妻妾等。如夫亡，敦煌户籍称为寡、老寡，吐鲁番户籍则屡见丁寡。对于其他未注明婚姻状况的女性，以黄女、小女来看，尽管制度上小女的年龄上限曾有变动，但敦煌、吐鲁番两地不同年代的各籍，竟无一例逾越规定年限，可见地方官在处理户籍问题上还是慎重其事的。至于中女、丁女，二籍状况颇有不同，敦煌籍中并无丁女一项，② 盖年限内之已婚者注

---

① 〔日〕池田温：《中国古代帐籍研究——概观·录文》，东京大学东洋文化研究所报告，1979，第500页。每人右侧的给谷数略去。

② 池田温指出，沙州只有"中女"，西州分为"中女"、"丁女"两种。〔日〕池田温：《中国古代帐籍研究》，东京大学东洋文化研究所报告，1979，第178页。

为妻或寡，未婚者或夫死归宗之成年女性皆注为"中女"，所以不少四五十岁的姊、妹、姑等仍注为"中女"。大历四年（769）手实中安大忠户内的两个亡叔妻，一注为"寡"，一注为"中女"①，后者可能是误记。但敦煌籍不妨做如是推想：嫁入者夫死注"寡"，归宗于本家者注"中女"，或许这样才能解释为何习于早婚的年代，家中还有那么多待嫁女性。吐鲁番籍分列中女、丁女两项，显示造籍上仍有地域差异，各籍中女、丁女的年龄范围都依制度规定，年龄最长的丁女是 54 岁的姑，②亦未尝不是归宗本家的女子。其实敦煌吐鲁番户籍中都有不少年长、婚姻情形不明的女性，如果他们真的一直不曾婚嫁，那反倒是传统社会里的一个特异现象。如若不然，则一个应予反思的问题是，唐政府与社会大众是否愿意在户籍中揭露那些女性的婚姻状态？或如何恰当地在户籍资料里反映其丧偶或失婚的情形？《武周赵小是户籍》中夫之妹 42 岁，下注"丁寡"；《唐开元十九年（731）西州柳中县高宁乡籍》中某户之姑 79 岁，为"老寡"。③这都清楚显示其夫死归宗的事实。因此，这么多住居本家的成年女性，特别是户主的姑、姊、妹等，在仅有的两例为"寡"之外，其余都是"中女"或"丁女"，这究竟是边区妇女难得成婚之故，抑或是已死、已嫁、已归宗而未注记或除籍，似乎还有待更多史料来证明。

唐代史料中有不少依养外亲家庭的例子，这些随姑姊妹归宗的外孙、甥等异姓亲属，是否得著录在该户户籍中，恐怕很有问题。敦煌吐鲁番户籍中，可记入出自本宗的归宗女，也可记入嫁入夫家的母妻妾，就是没有任何一位异姓亲属。由是推测，唐代的户籍可能以一宗一姓为单位，而依养之异姓外亲需另立户籍。至于携子女依亲的姑姊妹，或附籍于本宗，或随其子女列入新籍。姑姊妹与其子女受寄养，可谓与本家同居共财，但异姓子女又需与本家别籍，可以说这正是一种"籍别财同"的形态。

在女性户主方面，敦煌籍的书写体例与男性户主并无二致，仅用丁中注记以示区别而已。吐鲁番籍则特别在"户主"头衔下标示女性身份，如《唐神龙三年（707）高昌县崇化乡点籍样》：④

① TT Ⅱ A，p. 53.
② TT Ⅱ A，p. 95.
③ 《吐鲁番出土文书》第七册，文物出版社，1981，第 297 页；第八册，第 403 页。
④ 《吐鲁番出土文书》第七册，文物出版社，1981，第 468、469、472、477 页。

> 3. 户主大女张慈善年廿一　　　中女
> 14. 户主小女曹阿面子年拾参　小女
> 19. 户主黄女安浮跑台年二　　　黄女
> 48. 户主大女康外何年六十八　老寡

"户主"下加大女、小女、黄女等身份，是吐鲁番籍女性户主独有的特色。除了小女、黄女于"户主"下依旧照写其身份外，中女以上，包括丁女、丁寡、老寡，都于"户主"下附加"大女"名目，这是一个丁中制不曾出现的用语，似隐有中女以上皆成年女性的意味。由此回想前述敦煌籍以中女取代未婚或归宗之丁女，大概唐人已普遍认为 16 岁或 18 岁以上的女子，已是可以承家、负担家庭责任甚至国家义务的"大女"了。

女性成为户主，必是户内已无男夫，户籍资料中多处显示代男性为户主的情形，如《周大足元年（701）沙州炖煌县效谷乡籍》：①

> 22. 户主赵端严年三十九岁　寡　代夫承户　不课户
> 23. 　夫邯屯屯年五十一岁　白丁　圣历二年帐后军内简出三年帐后死

夫于圣历三年（700）帐后死，次年造籍，妻即代夫承户，注记非常清楚。但有些时候则未必，如《唐开元四年（716）西州柳中县高宁乡籍》：②

> 38. 户主大女阴婆记年肆拾捌岁　丁寡　下下户　不课户
> 39. 　夫翟祀君年伍拾玖岁　白丁　垂拱二年踈勒道行没落

唐人习惯将被代之原户主写在新户主之次行，本户之内又别无他人，当然是以妻代夫为户主。垂拱二年（686）距造籍之开元四年（716）已 30 年，或许因夫行军没落，下落不明，所以其妻在事实上必须代户，但又因夫生死未定，不能贸然除名，才在籍上留下这样的记载。不过这不应是唐代户籍中的正常现象。

母代子贯或姊妹代兄贯，户籍资料中也有实例，如《周天授三年

---

① TT Ⅱ A, p. 16.
② TT Ⅱ A, p. 74.

（692）西州籍》：①

  3. 户主大女史女辈□参拾陆岁　丁寡　代男贯　$\boxed{不□□}$

  4.　男阿你盆年玖岁　小男　永昌元年帐后死

《唐大历四年（769）沙州炖煌县悬泉乡宜禾里手实》：②

  21. 户主张可曾年贰拾肆岁　中女代兄承户……

  22.　兄妹妹年壹拾伍岁　　小男乾元三年籍后死

吐鲁番籍多用"代（某）贯"，敦煌籍则用"代（某）承户"。前例毫无疑问是子死，母代为户主，亦正是男卑先于女尊为户主，唐人奉行男系主义的明证。后例虽然写的是"代兄承户"，可是兄名女性化，年纪还小于新户主，想来系籍登录有误，然并无违于户内无男夫、女人为户的规定。

大历四年（769）手实是在安史之乱后造籍制度崩溃时临时编造而成的，其中之错误、遗漏和临时补记处相当多，前条之代兄承户应有误记，下条之代翁承户一整行则是补记：

  202. 户主李大娘年肆拾肆岁　　寡　广德三年帐后逃还附　代翁承户……

  203.　翁杨义巨年捌拾柒岁　　老男武骑卫　永泰二年帐后勘责逃走限满除

此后两行与户主的关系是亡婿叔妻、亡婿弟，也都注"永泰二年帐后勘责逃走限满除"。唐代逃人除籍的年限有所变化，杨义巨等三人于永泰二年（766）逃满除籍，户主李大娘则于广德三年（765）逃还附籍，无论除籍年限是三年还是六年，该户在二年至五年之间都是空无一人的。李大娘的"代翁承户"，大概是代夫婿之父为户主，③ 其与杨义巨应为翁媳关系，而自己的夫婿可能早已亡故除籍。

---

① TTⅡA，p. 65.
② TTⅡA，p. 50.
③ 杨际平认为此户所谓的"婿"指夫婿，不是女婿。杨际平等著《五—十世纪敦煌的家庭与家族关系》，岳麓书社，1997，第33页注2。

同样是大历四年手实，另一个"代婿承户"的案例，似指代女婿，而非代夫婿承户：①

　　37. 户主宋二娘年柒拾贰岁　寡代婿承户
　　38. 　婿索嗣艺年陆拾壹　老男翊卫乾元三年籍后死
　　39. 　男索秀章年贰拾柒岁　白丁大历三年帐后死

　　宋二娘可能是索嗣艺的岳母，女儿早死而仍寄住在女婿家中。令人瞩目的是，索嗣艺于乾元三年（760）死后，至大历三年（768）其子死之前，究竟是宋二娘为户主还是索秀章为户主，手实不曾交代。依唐代户籍男系主义的原则，宋二娘应是代外孙承户才是，而手实注记"代婿承户"，无疑反映该地已多年不修籍，直到大历四年临时应命赶造户籍时，既然户内二男都已死，承办官吏便以宋二娘与原户主的关系，记下"代婿承户"，而略过索秀章应先为户主的事实。

　　如果户主必须是女性，另一个待解的问题是该由户内哪位女性为户主？是否按男性惯例，由尊卑次序决定，或别有其他考虑？通常情况下，户内如为诸姊妹共居，户主应是为尊长的姊；户内若是母女或关系更复杂的女性共居，则尊长的优先权还是被尊重。以妇人尊长为户主的案例，在《唐神龙三年（707）西州高昌县崇化乡点籍样》里也普遍存在：②

　　67. 户主大女康阿丑年七十九　老寡
　　68. 　口大小总四　老寡一　丁女一　小女一　黄女一

　　所举之例虽不明户内人相互之关系，但老者之年龄、辈分都较丁女以下高，可说这些女户依然奉行尊长优先为户主的原则。

　　有异于前述基本立场的几个案例，都出自天宝六载龙勒乡都乡里籍与大历四年手实。③ 六年籍的徐庭芝户：④

---

① TTⅡA，p. 51.
② 《吐鲁番出土文书》第七册，文物出版社，1981，第472、473～474页。
③ 《武周赵小是户籍》中该户是妻代夫为户主，户内还有母、姊、妹等人，部分残注丁寡，但多数注记已佚失，故难以判断其人之生死状态，而无从论定妻之承户权是否先于夫之母、姊等人。见同前书，第297页。
④ TTⅡA，p. 40.

> 43. 户主徐庭芝载壹拾柒岁　小男天宝五载帐后漏附　代姊承
> 户……

户内除了 27 岁的姊之外，还有 85 岁的婆、48 岁的寡母与两位 47 岁的姑，这些人之下皆无逃死、出嫁等注记。在徐庭芝未查获漏附前，该女户似由年龄最小、辈分最低的姊为户主，与前述所见妇人尊长优先承户的原则颇不相同。类似情形在大历手实里也可见，前引以中女身份"代兄承户"的张可曾户，户内其实尚存 55 岁的寡母，何以寡母不是于其子死后，仿照西州籍史女辈户的"代男贯"，让人有些纳闷。另外，令狐娘子户也是女为户主，寡母居户内。① 大体来说，女户户主的优先次序，开元以前籍显得较一致，尚符合尊长优先的原则，而天宝以后籍的例外状况便不时出现，这正与造籍年干支表中（见附表一）的 A 组最依制度规定，B 组渐有改变，C 组最为混乱的情形若合符节。这是由于天宝以后承户原则改变还是注记疏忽造成？大历手实中的一个案例或许可提供一些联想：②

> 19. 户主李仙仙年肆拾壹岁　中女乾元三年籍后死全户除
> 20. 　母谈年柒拾陆岁　　寡

李仙仙在乾元三年死后，注记云"全户除"，这说明寡母先于其女而死，李仙仙其实是代母承户，只因为官吏久未造籍，疏于注记，所以才在九年后，也就是大历四年（769）赶制籍帐时，简单以"全户除"一笔勾销。如本文户主身份表所示，女户比例只在二成上下，案例并不多，如果仅凭为数不多的案例，加上天宝、大历年间造籍的荒废、疏略，就认为承户原则改变了，未免失之武断吧！

四　户主即家长所衍生的问题

家庭是社会的自然单位，其存在的目的与功能虽极为复杂，却不尽合于国家之政策需求，所以另有户籍的制作。当政府要收税时，不仅以户为征收单位，还有一些是按户等、赀产纳课的税目；要差科兵役徭役时，也

---

① TT Ⅱ A，p. 55.

② TT Ⅱ A，p. 50.

是依户等列出各户之丁中，以供检点；在计口授田时，田产不是登录在个人名下，而是作为户之财产。诸如此类的政治因素，使得户尽管以家为原型而拟成，终究是一个异于家的实体。唐律所谓"户同财异"、"籍别财同"，或西州高昌县田亩案卷中言及的"三家同籍别财"，① 都反映出在某些关键时刻，户未必就是家。

为了让家事能顺利运作，所以有家长；为了方便推动政务，所以设户主，家长与户主分别就是家与户的代表人，《户令》曰："诸户主皆以家长为之。"这既为家与户找到合为一体的交会点，也为二者预留下可能发生歧义的弹性空间。唐律令从未定义家长，或者说它根本不想用死文字约束家长这样的概念，正如同它不想像汉律那样明确规定代户次序，指定户主身份，因此《户令》用家长来定义户主，其实是刻意用双重模糊的方式，指涉这两个政治社会上常用的语词。如前文所论，户籍资料显示唐人认定户主的原则是男系主义与尊长主义，前者尤较后者重要，亦即户内只要有男夫，无论年龄、辈分如何，总是优先于女性为户主；若是相同性别，则尊长通常先于卑幼为户主。虽然实例中偶见例外情形，但不是仓促之间不及修改，致使承户者产生混淆，就是籍帐作用不同，不甚介意谁为户主，再不然系因官吏未切实造籍与注记，而无法准确判断户主的身份。总之，从户籍资料中归纳出的承户原则，即使无法全然掌握唐政府认定户主的立场与态度，相信亦不远矣！

就代户次序而言，汉初和唐代情形差距颇大，汉代《二年律令》里所呈现的男女交错、尊卑间杂的现象，唐代已不复见，取而代之的是男系主义与尊长主义，应该是在独尊儒术之后，历经魏晋以来的法律儒家化，在相关礼教立法措施的配合下，才慢慢酝酿出来的。这样的改变，不单反映儒家的伦理权威益增其影响力，也是其深入民间、扩大作用层面、凝聚为社会习俗的表征，故唐政府虽未明列代户次序或户主身份，但民众只要依据礼教规范，自然可知谁该为户主，而造籍之基层官吏同样据以检视所报手实，亦可校正无知愚民的误判。因此，儒家伦常所形成的社会共识，让政府能更方便、正确地从事户主登录工作。

《户令》既曰"诸户主皆以家长为之"，何人为户主，按理其人也就是

---

① 《吐鲁番出土文书》第七册，文物出版社，1981，第513、522页。

家中之家长。如果我们姑且略过籍别财同、户同财异等特例，在户即是家、户主即家长的情况下，或许该进一步追索的问题是，卑幼户主果真就是家中之家长吗？《礼记·丧服四制》曰："家无二尊，以一治之。"儒家既以尊长治家，能够容许卑幼户主为家长吗？唐代户籍制严守男系主义的原则，户籍资料中却不乏男卑户主与母、姊、姑、嫂、婆等妇人尊长共居的案例，甚至有些男卑户主还不满十岁，如何真能成为主持家务、管理家事的家长？因此，按唐令所谓"诸户主皆以家长为之"，此"户主"应只是承户原则下的法定家长，未必是实际家长。

从前文所论男尊户主、男卑户主、女性户主三个类别来分析，男尊户主本身就是家中之最尊长者，他除了是《户令》中的法定家长，也该是真正治家的实际家长，但这无碍其将家务委托给其他家人代管。男卑户主因为家中还有其他尊长，所以同时是法定家长与实际家长的可能性便大幅下降，除非此男卑户主已成年，有足够的处事能力。女户的情况亦视户主是否为尊长而定，如为尊长，则户主应是家务的实际负责人，不然将如男卑户主那样，未必是真正的家长。

唐代的承户原则是男系主义优先于尊长主义，因此不免出现妇人尊长在，男性卑幼为户主的情形。但在家内，尊长主义与男系主义可能同等重要，妇人尊长比未成年之男性卑幼，或许更有利于为家长。虽然家长与户主犹如孪生兄弟般，相似度极高，而终因男系主义与尊长主义在户与家的运用上，轻重稍有不同，所以户主与家长有时未能完全合一。不过这样的落差，幅度应该很小。如附表二所示，男尊户主与女尊户主都以尊长治家，无疑是实际家长。但男卑户主中，有负担税役能力，可接受政府授田，并堪当刑事责任的中、丁男子，即使家内还有寡母、姑、姊、嫂等人，还是非常可能成为实际负责家务者。如果将附表二中的这三项加起来［A＋B（a）＋C（a）］，则八九成以上的户主其实也就是实际家长。再者，女卑户主所见的几个例子，不少是二十岁以上有处事能力者，故名为户主而实为不理家者，或许只有小男、小女卑幼户主，其比例不过一成或更低，并不算多。从这样的分析看来，所谓"诸户主皆以家长为之"，在很大程度上说明了户主就是实际家长，唐政府的这项政策有其事实根据，而也正因为如此，唐政府无需为了那少数例外耗费庞大行政资源，逐户按问谁是实际家长，而只要依既定原则，循序登录为户主，也就八九不离十了。

政府制度与社会现实的吻合度虽高，但问题是，律令诏敕中直接言及要户主负责的事项极少，即使与户口隐漏、略卖、私度等有关者，也多改由家长负责。似乎唐政府在处理与户主、家长相关的法律责任时，采取比户籍登录更谨慎的态度，并不因其具有户主的名义，就率然认定其为实际家长，而扣上罪名，施以刑罚。毕竟户籍登录是常态性工作，以认定方便又不失基本原则为要，而论罪问讯只是少数个案，以追求真实勿枉勿纵为本，二者不相冲突，却可说明户主、家长在应用上之分际，以及法律条文多以家长取代户主之因。

如前文所论，户主是实际家长者不外下面三种状况，一是男尊户主，二是成年之男卑户主，三是女尊户主。一、三两类户主因确实主管家务，所以政府无论要论罪户主或家长，他（她）都得一力承担，没有可卸责之人，只于自己是老小疾或官人时，才可获得一些优免。以脱户为例，唐律规定："家长徒三年；无课役者，减二等；女户，又减三等。"（"脱户漏口增减年状"条）易言之，只要一户俱不附籍，负责申报手实的男尊户主便因实为家长，处徒三年，若户内无课役者，处徒二年。此罪刑由其一身独承，并不连及户内他人，而且即使与卑幼共犯，也独坐尊长，此正所谓"若家人共犯，止坐尊长"（"共犯罪造意为首"条）之义。女户虽无兵役徭役问题，但仍须向政府输课，故也不得任意脱户，女尊户主若有违犯，照样要论刑，只轻处杖一百，亦不连及他人。第二类是男卑户主中的一种，成年或至少非幼小之男卑户主若是真正主家者，则其一如男尊户主那样，将独自担负起应承罪责。于此要再度重申的是，这三类户主不是因其为户主而被惩处，而是因其为实际主持家务的"家长"而论罪。唐代户籍每户都有户主，脱户这类律条却不用"户主"而改用"家长"，其间微妙之处，应予细细体会。

另一种较复杂的情形是，户主非实际主持家务的家长，通常有幼小之男卑户主与女卑户主两类。前者多由妇人尊长实管家事，户主只具名义上的身份，一旦触犯了相关法禁，卑幼户主会否因其为法定家长而受惩处？唐律"不应度关而给过所"（总83条）疏议曰：

若冒度、私度、越度，事由家长处分，家长虽不行，亦独坐家长，此是"家人共犯，止坐尊长"之例。

卑幼户主只是法定形式上的家长，妇人尊长才是真正管理家务的家长。律条既曰"事由家长处分"，若此事果由妇人尊长造意，即使妇尊本人非度关者、入道者，也要独任其责，不能随意让听命行事的卑幼户主为之顶罪。唯妇人尊长造意唐代另有法条规范，"共犯罪造意为首"（总42条）疏议曰：

> 假有妇人尊长，共男夫卑幼同犯，虽妇人造意，仍以男夫独坐。

这里的男夫卑幼不是指卑幼户主，而是共谋犯事之男夫，基于妇人造意，男夫独坐之意，犯事男夫应该独任其罪，主家之妇人尊长反而不必论处。但如犯事男夫就是卑幼户主，则其坐罪不因户主之故，而因他是共谋同犯之男夫卑幼。这样看来，户主在诸多犯罪事项中并不直接负责任，反而是实际处分家务者才是政府针对的目标，因此《户令》中的"诸户主皆以家长为之"，应该是以尊长户主尤其是以男尊户主为设定基准，至于现实生活中的卑幼户主，不过是据承户原则为法定代表而已。再进一步论之，如果度关、入道、被卖者就是与妇人尊长共谋之男夫卑幼，则男夫卑幼因不是纯然受妇人尊长处分者，所以不得主张不合加罪，而应据与妇尊共犯条，独坐其罪。

从户籍资料上看，男卑户主中不乏十五岁或十七岁以下的小男户主，若其与妇人尊长同犯，是否需要论罪，可能还需斟酌。家人共犯有所谓"于法不坐者"，疏议曰："谓八十以上，十岁以下及笃疾。"十岁以下的小男共犯者，依律不当坐，应无疑义。唐律另有"老小及疾有犯"（总30条）的总则性规定，即"八十以上，十岁以下及笃疾"，除了犯特定事项外，余皆勿论，可与上条法律相互呼应。但该条还规定"年七十以上、十五以下及废疾，犯流罪以下，收赎"，亦即十岁以上、十五岁以下的小男，犯流罪以下非于法不坐，不过可以赎刑抵罪。据丁中表，自广德元年（763）七月起，小男的年龄上限提至十七岁，唐律条文如相应地作修正，则十五岁至十七岁的小男共犯仍可收赎，不然此年限内的小男共犯要依各本条论刑。

女户的承户原则大抵也采尊长主义，只是天宝以后少数个案呈歧异现象。女尊户主已如前文所论，不再烦言。但如唐代确在某些情况下存在女卑户主，则政府究责时将如男卑户主那样，以妇人尊长为处分对象，只不过该妇人尊长不能引"共男夫卑幼同犯"之例，要求独坐共犯，因为这是女户，即使有共犯，也只能援用"唯同居尊长独坐，卑幼无罪"之法律解释，由妇人尊长单独承负。男系主义是唐代最优先采认的承户原则，而男夫却也同时在法律上担起较大责任，权利与义务上的平衡关系，在唐代户籍政策与家人共犯法意上清楚地表现出来。

唐律令诏敕判例中，多用家长取代户主，相信这是考虑到现实生活中有些户主无力主导家务的关系，政府与其昧于实情地处罚听命行事的户主，不如更务实地要求真正主事的家长来负责，当然这也只限于"事由家长处分"的情况。若家人蒙蔽家长，私下专擅相关事项，自然不能草率委责于家长，而应直接论罪当事家人。但可能更大的困难是，实际家长的认定若有异议，代罪、顶罪的情形便可能发生。至于唐政府为何独于田畴荒芜、输课税物两项言明惩罚"户主犯者"、"户主不充者"，而不一并将其改为"若由家长，家长当罪"，颇令人不解，这究竟是制律者之疏忽，还是有意罪及无责户主，抑或根本认为户主就是家长，二者可以随意互用？论者在此还不敢妄断。但明、清律于唐律用"家长"处，依然沿承不替，照样用"家长"，唯独这两条将"户主"改为"人户"，并以"本户田地"、"本户应纳之数"，[①] 指出是全户之义务，而非户主个人之责，或许明、清修律时已察觉到唐律用法不妥吧！

五　结论

自有户籍以来，历代政府并未忽略户主的身份及代户次序。自汉至唐明显改变的，是由男女交错、尊卑间杂的为户之后，在历经独尊儒术与法律儒家化的潜移默化，终于出现以男系主义、尊长主义为基调的承户原则，而前者尤较后者重要。唐代的封爵制、立嫡法其实也都秉承男系主义，这无疑是儒家思想洗礼下男性地位上升，在各方面跃居优势的表征。

---

① 沈之奇：《大清律辑注》卷5《户律·田宅门》"荒芜田地条"律本文注；卷7《户律·仓库门》"收粮违限"条律后注。

出土的文书籍帐资料可以印证，只要户内有男口，无论是否为老小疾，都优先于女性为户主，是典型的男系主义。在男性家口中，即使卑幼有官勋爵位，也需严守尊长主义，不得僭越为户主。户内若无男夫，才得以女性为户主，女户基本上也采尊长主义，少数例外多出自天宝以后，恐系注记疏失之故。大体上，籍帐资料确实反映了承户原则，政府对户主的认定与代户次序，都依循一定规范来进行，绝非任凭民众喜好或有力者之威权，亦非决于承办官吏的任意作为。该种符合礼教与习俗的原则，已成为政府与民众的共识，这也是唐律令无需像汉代那样详订代户次序的原因。

依承户原则决定户主，却未必能全然凭此认定家长，因为男系主义在家内不是具有绝对优势，尊长主义的影响力是不容忽视的。《户令》所谓"诸户主皆以家长为之"，只是为纷杂的家、户关系理出一个大方向，户主与家长还是不能画等号。好在从实例中取样，卑幼为户主者所占之比例甚低，而既是户主又是实际家长者，约占总数的八九成以上，因此"诸户主皆以家长为之"这项政策，大致是根据社会现况而制定，只要登录户主时切实遵照承户原则，政府不必定义何谓家长，也无需逐户按问谁是家长，就大致可判断户主与家长的身份，并不会造成太大落差。

户主是该户的代表人，理应承担全户的责任，但事实上，唐政府几乎只究责家长，却鲜少论罪户主，这当然是考虑到户主若非实际家长，不能做主家事，则处罚无辜之户主，岂非有失枉滥。在此我们看到唐代政策上的困境，即负法律责任的家长，未必就是户主；政府登录为户主者，又不见得是实际家长。形成这种看似矛盾的现象的原因，就在于户籍登录要顾及认定方便，以免扰民及增加行政负担，而承户原则中非常重要的男系主义，在家内未必比尊长主义更具权威。由于户主与家长在认定的方式上略有出入，二者在身份上因此也小有歧异。法律既讲求公平正义，为了勿枉勿纵，罪及可能的无辜者，律令诏敕论罪时以家长取代户主，毋宁是合于实情的决定。但也由此看出户籍是为政策需要而制定，与家庭存在的目的毕竟不同，《户令》中的"诸户主皆以家长为之"，虽替户与家搭上一座桥梁，而户主终究因为不是据家长量身定做，其间自然难免小有龃龉！

附表一 造籍年干支

	A 组			B 组			C 组	
编号	户籍名称	造籍年干支	编号	户籍名称	造籍年干支	编号	户籍名称	造籍年干支
1	唐咸亨二年（671）西州高昌县感仁等户籍	辛未	14	唐开元二十三年（735）甘州张掖县□□乡籍	乙亥	18	唐大历四年（769）沙州炖煌县悬泉乡宜禾里手实	己酉
2	周大足元年（701）沙州炖煌县効谷乡籍	辛丑	15	唐天宝三载（744）炖煌郡炖煌县神沙乡弘远里籍	甲申			
3	周大足元年（701）西州柳中县籍	辛丑	16	唐天宝六载（747）炖煌郡炖煌县効谷乡□□里籍	丁亥			
4	唐先天二年（713）沙州炖煌县平康乡籍	癸丑	17	唐天宝六载（747）炖煌郡炖煌县龙勒乡都乡里籍	丁亥			
5	唐开元四年（716）沙州炖煌县慈惠乡籍《抄录》	丙辰						
6	唐开元四年（716）西州高昌县安西乡安乐里籍	丙辰						

续表

A 组			B 组			C 组		
编号	户籍名称	造籍年干支	编号	户籍名称	造籍年干支	编号	户籍名称	造籍年干支
7	唐开元四年（716）西州柳中县高宁乡籍	丙辰						
8	唐开元七年（719）沙州炖煌县龙勒乡籍	己未						
9	唐开元十年（722）沙州炖煌县悬泉乡籍《草案》	壬戌						
10	唐开元十年（722）西州高昌县籍	壬戌						
11	唐开元十年（722）沙州炖煌县莫高乡籍《草案》	壬戌						
12	唐开元十六年（728）西州籍	戊辰						
13	唐开元十九年（731）西州柳中县高宁乡籍	辛未						

附表二 户主身份

编号	年代	户主身分									籍帐名称	出处
		男尊 (A)	男卑 (B)			女性 (C)			不明	总计		
			中丁 (a)	黄小 (b)	小计	尊长 (a)	卑幼 (b)	小计				
1	武周载初元年 (689)	5 (55.56%)	1 (11.11%)	1 (11.11%)	2 (22.22%)	2 (22.22%)	0 (0%)	2 (22.22%)	0 (0%)	9 (100%)	武周载初元年 (689) 西州高昌县宁和才等户手实	吐7/ 414－440
2	神龙三年 (707)	17 (38.64%)	1 (2.27%)	6 (13.64%)	7 (15.91%)	14 (31.82%)	0 (0%)	14 (31.82%)	6 (13.64%)	44 (100%)	唐神龙三年 (707) 高昌县崇化乡点籍样	吐7/ 468－484
3	天宝三载 (744)	7 (43.75%)	7 (43.75%)	0 (0%)	7 (43.75%)	1 (6.25%)	1 (6.25%)	2 (12.5%)	0 (0%)	16 (100%)	唐天宝六载 (747) 炖煌郡炖煌县龙勒乡都乡里籍	TT II A 36－49
4	天宝六载 (747)	9 (56.25%)	5 (31.25%)	1 (6.25%)	6 (37.5%)	1 (6.25%)	0 (0%)	1 (6.25%)	0 (0%)	16 (100%)	唐天宝六载 (747) 炖煌郡炖煌县龙勒乡都乡里籍	TT II A 36－49
5	乾元三年 (760)	11 (50%)	6 (27.27%)	1 (4.55%)	7 (31.82%)	2 (9.09%)	2 (9.09%)	4 (18.18%)	0 (0%)	22 (100%)	唐大历四年 (769) 沙州炖煌县悬泉乡宜禾里手实	TT II A 50－59
6	大历四年 (769)	9 (56.25%)	3 (18.75%)	0 (0%)	3 (18.75%)	2 (12.5%)	2 (12.5%)	4 (25%)	0 (0%)	16 (100%)	唐大历四年 (769) 沙州炖煌县悬泉乡宜禾里手实	TT II A 50－59

（原文载于高明士主编《东亚传统家礼、教育与国法（二）·家内秩序与国法》，台湾大学出版中心，2005，收入本书时有改动）

论分家习惯与家的整体性（2006）

——对滋贺秀三《中国家族法原理》的批评

俞　江[*]

本文所谓的分家习惯，是指中国古代家庭为处理家庭财产的代际传递关系而形成的家产分割习惯。

分家习惯形成的具体年代已不可考，大约在战国时期，民间已有这种习惯，其后因商鞅变法颁布"分异令"而成为一种国家制度。据《晋书·刑法志》，"分异令"在曹魏时期曾被废除，即"除异子之科，使父子无异财也"。而两汉至曹魏之间，是否废除过"分异令"，史料不详。隋文帝杨坚时（581~600），为了整顿户籍并核实人户，又再次强调"大功已下，兼令析籍"。[①] 至唐代，《唐律疏议·户婚》规定："若祖父母、父母令别籍"，徒二年。疏议："但云别籍，不云令其异财，令异财者，明其无罪。"[②] 意思是，祖父母、父母在世时，子孙不能擅自"别籍"和"异财"。"别籍"是指把户口独立出来，"异财"就是"析产"或分家产。但是，征得祖父母、父母同意而"异财"（"别籍"仍不准），国家是允许的。这说明，家庭财产的析分在唐代已得到国家默许。自唐至1931年《中华民国民法》出台，分家制一直是中国家产代际传承的主要制度之一。

分家习惯又称"诸子均分制"或"均分制"，民间称"兄弟分家"。

---

[*] 俞江，华中科技大学法学院教授。

[①] 《隋书》卷24《食货志》载："是时山东尚承齐俗，机巧奸伪，避役惰游者十六七。四方疲人，或诈老诈小，规免租赋。高祖令州县大索貌阅，户口不实者，正长远配。而又开相纠之科，大功已下，兼令析籍，各为户头，以防容隐。于是计帐进四十四万三千丁，新附一百六十四万一千五百口。"

[②] 《唐律疏议》卷12《户婚·子孙别籍异财》。或参见刘俊文《唐律疏议笺解》，中华书局，1996，第936页。

本文称其为"分家习惯"，是鉴于历代律典中的"均分制"均显粗疏。不从民间习惯，而仅从国家法的角度，不能得制度之全貌。另外，自《中华民国民法》移植西方继承法后，中国农村虽至今流行分家，但该习惯已与国家法分离，故统称其为"习惯"较妥。

本文论及的时代范围，大致为清至民国。限定在这一时代，是因清代和民国保存下来的原始史料，较能完整地说明分家和家产方面的问题。不过，虽然有所限制，但民事习惯不像国家制度，受朝代更替的影响较小，一般认为，只要民事习惯在它所控制的领域没有被替代，则能够通过断代研究来展现其整体状况。① 换言之，在社会、经济、观念等环境不变的情况下，民事习惯具有较强的延续性。考察民间习惯的变迁，常须避免随朝代更替而划分阶段的方法。这也是研究民事习惯的历史与国家制度史稍异之处。尚值一提的是，分家习惯不是汉民族所特有的。古代朝鲜就曾有过这种习惯。② 中国的一些少数民族社会也流行分家，如"羌民继承上辈的财产几乎完全是通过分家来实现的"。③ 但我们不能就此认为分家习惯具有超越民族社会的普适性。因本文目的所限，关于分家习惯的成因及其与现代社会之关系等方面，本文均付阙如。

民国以来，社会学家对中国社会的分家习惯多有讨论。④ 20 世纪 90 年代以来，社会学、经济学和历史学学者继续利用地方志、习惯调查报告、

---

① 如"同居共财这样的事情是至少从汉代直到最近的全部时期存续过的现象，是与中国家族制度的基本特性密切相关的问题"。〔日〕滋贺秀三：《中国家族法原理》，张建国、李力译，法律出版社，2003，第 45 页。又如，"'唐宋'在这里指的只是一个自然时间段，即 7 ~ 13 世纪，因为分家问题属于民间习俗的范畴，不像土地赋税制度那样直接受朝代更替的影响，不能简单地按朝代来划分"。邢铁：《唐宋时期妇的分家权益》，载张国刚主编《家庭史研究的新视野》，三联书店，2004，第 103 页。

② 古代朝鲜的《经国大典》（1484 年）规定了均分制。《经国大典》是参照《朱子家礼》和《大明律》制定的。有趣的是，由于佛教和男女平等思想还根深蒂固，《经国大典》规定的嫡长继承制并没有得到很好的实行。但男女均分继承却一开始就得到了遵循，因为这种财产继承制度"是在尊重高丽以后的习惯的基础上制定的"。参见〔韩〕郑肯植《宗法制祭祀的继承和家族的变化》，载《法律史研究》第 1 辑，中国法制出版社，2004，第 46 页。

③ 俞荣根：《羌族习惯法》，重庆出版社，2000，第 111 页。

④ 林耀华：《义序的宗族研究》，三联书店，2000；费孝通：《江村经济》，戴可景译，江苏人民出版社，1986；林耀华：《金翼》，三联书店，2000；张研、毛立平：《19 世纪中期中国家庭的社会经济透视》，中国人民大学出版社，2003。

实地调查等材料，对其进行了研究。① 通过这些论著的探讨，分家习惯的一般内容已渐清晰。不足之处是，这些研究均缺乏对分家文书的系统整理。近来，张研等学者系统考察了中国社会科学院经济所收藏的48件分家文书，稍稍弥补了这一缺憾。② 但该研究主要是从经济史的角度，利用分家文书讨论分家制的制度意义仍有必要。在法律史方面，梁治平较早关注到了分家习惯，并指出，法学研究中存在将分家制与西方继承法相混淆的现象。③ 但梁治平的著作是综论习惯法，故未深究该习惯。

在本文写作之前，我已撰有《继承领域内冲突格局的形成——近代中国的分家习惯与继承法移植》④（以下简称《继承领域内冲突格局的形成》）。为撰写该文，我利用自己搜集的32套37件清代至1949年的阄书。其中，29套33件为徽州阄书，时间为康熙三十二年至1949年；另有3套4件为湖南省阄书，⑤ 分别为同治五年、光绪三十一年、民国9年（一套两件）。通过研究这些阄书，我希望解释分家习惯中的制度细节和意义。因此，诸如分家习惯如何受到社会经济、地域环境和时代的影响，以及这一制度对家庭结构、家庭经济和社会经济的影响等问题，虽然都是极重要的，却难以顾及。我所关心的是，分家习惯中是否存在普遍的规则、程序和原则？分家习惯在古代中国继承制中的地位？外来之继承法与分家习惯是否和谐？等等。限于篇幅限制和论文主题，在该文中，我仅描述了分家制的细节，没有来得及深入阐释这些细节的制度意义。另外，尽管分家制与中国古代家产制有着密切联系，但也未能论及。从这一意义上，本文可视为对该文的纵深研究。因此，对于分家习惯的内容、程序、原则等问题，本文均从略。本文讨论的重点在于，如果把分家习惯视为一种较为稳定的制度，那么，这一制度与中国古代家产制有着何种关系。关于这个问

① 主要论著参考张研《清代族田与基层社会结构》，中国人民大学出版社，1991；陈礼颂《一九四九前潮州宗族村落社区的研究》，上海古籍出版社，1995；魏宏运主编《二十世纪三四十年代冀东农村社会调查与研究》，天津人民出版社，1996；邢铁《家产继承史论》，云南大学出版社，2000；张佩国《近代江南乡村地权的历史人类学研究》，上海人民出版社，2002。

② 张研、毛立平：《19世纪中期中国家庭的社会经济透视》，中国人民大学出版社，2003。

③ 梁治平：《清代习惯法：社会与国家》，中国政法大学出版社，1996，第75页。

④ 俞江：《继承领域内冲突格局的形成——近代中国的分家习惯与继承法移植》，《中国社会科学》2005年第5期。

⑤ 据阄书中粘连的《漕粮执照》和《南驴执照》，可判断来自湖南省长沙府宁乡县一带。

题，国内学者至今尚乏关注，而日本学者滋贺秀三在他的名著《中国家族法原理》中曾用大量篇幅加以讨论。不过，由于当时徽州文书尚未得到系统的整理，滋贺秀三对分家制的认识存在不少缺陷，进而影响了他在家产制方面的结论。今天，在更多的文书资料特别是徽州文书得以整理面世后，对滋贺秀三著作中存在的问题，似乎有可能提出质疑和讨论。然而，中国古代家产制是一个巨大的问题，势必不能面面俱到。基于以上考虑，我将以分家习惯为主线索，围绕滋贺秀三的著作，结合其他财产习惯，对近代中国法制转型之前的家产制做一尝试性的讨论。

一 "家父的家产所有权"？

国内多数学者认为，中国古代家产制的性质是一种共有制。他们认为，"中国古代社会，根基于小农经济的经济基础、一家一户为一经济单位，国家以家庭为统治对象，实行的是家庭共有财产制，不存在夫妻财产和个人财产问题"。① "'同居共财'或云'大功共财'，是中国古代家庭财产所有权的一项普遍的原则，不管是土地、房屋等不动产，或是'可移徙'之动产，率皆属于同居亲属共有。"② 但是，在这些学者中，一些学者认为，"在实行家庭共产制的中国古代社会，家庭财产虽然称为'公众产业'，然而在直系尊长任家长时，不许子孙'别籍异财'或'私擅用财'，实际全部财产归家长所有。家长生前可以任意处分，临终前可以用遗言方式决定处分家庭财产，给谁多少都可任意决定，子孙不能争竞，法律也不加干涉"。③ 按照这种说法，古代中国的家产共有制仅是一种表面现象，实际上家长可以任意处分家产，最直接的体现就是家长可以用遗嘱来处分家产。只有在没有遗嘱的情况下，子孙才能析分家产。

对家产共有制的观点，滋贺秀三进行了质疑，并提出不少有价值的见解。其中，引人注目的是，滋贺秀三认为，应该区别"共财"和"共有"

---

① 史凤仪：《中国古代婚姻与家庭》，湖北人民出版社，1987，第261页。又如，"中国古代社会，在大家庭中，家庭财产一般是共有财产，不存在夫妻和个人的财产问题"，参见祝瑞开主编《中国婚姻家庭史》，学林出版社，1999，第280页。

② 陶毅、明欣：《中国婚姻家庭制度史》，东方出版社，1994，第330页。

③ 史凤仪：《中国古代婚姻与家庭》，湖北人民出版社，1987，第266页。

的性质。"共财"是一种自然关系，而共有则是要讨论财产的归属问题。他认为："就某种财产来说，其经济上的机能问题和法上的归属问题必须加以严格的区别。共财表示在经济的机能上的共同关系，共有表示在法的归属上的关系，两者说起来是性质完全不同的概念。"① 对此，笔者表示赞同。需要补充的是，所谓"同居共财"，用今天的话来说，是因"同居"关系而使"同居"人享有家庭财产使用或收益权能。但"共财"不一定是共有权或所有权，也就是说，家庭财产或部分家庭财产并不因为"同居"关系而归属于"同居"人。并且，"共财"只是发生在"同居"期间，"同居"关系的终止或解除将可能导致"同居"人不能继续使用或处分家产。比如，亲女一旦出嫁，与原家庭"同居"关系即告终止，在"同居"关系终止时，亲女不能以"同居"人的身份带走家产，更不能在出嫁后提出分割家产的请求。换言之，有的"同居"人对家庭财产并未享有一种处分权能。

不过，虽然笔者不同意家产共有制的观点，但也不认为滋贺秀三通过以上论证即可否定该观点，因为支持家产共有制的学者可以说，"同居"身份可以分为两种基本的类型，一类是享有家产共有权的人，如嫡庶子孙。嫡庶子孙可以承受家产。另一类是嫡庶子孙以外的其他"同居"者。这些"同居"者虽然不能算作家产共有人，但特殊情况下，却能以家产承受人的身份承受全部或部分家产。如亲女在户绝的时候可承受家产；受父母喜爱的义子、女婿，在家庭中没有亲子时可以酌分财产等。因此，按照这一推论，滋贺秀三不过是证明了家产共有制的观点需要修正。但滋贺秀三忽视了自己辩论中的盲点。这主要是因为，在他之前，支持中国家庭共有制的基础就是"同居共财"，滋贺秀三之所以要区分"共财"和"共有"，是想证明"共财"≠"共有"，从而割断从"共财"直接推导出"共有"的判断方式。在这一点上，他的论证是成功的。不过，即使"共财"≠"共有"，也不能推导出"共财"人和"共有"人之间就一定是全异关系。在"共财"≠"共有"的前提下，共财人与共有人至少还存在属种关系和交叉关系的可能性。但滋贺秀三的真正目的，是想通过证明"共财"≠"共有"，得出在"同居共财"的情况下，家父仍享有家产所有权

① 〔日〕滋贺秀三：《中国家族法原理》，张建国、李力译，法律出版社，2003，第64页。

或有绝对地处分家产的权利。因此，在刚一论证完"共财"≠"共有"后，他立刻表明："在单独所有（即家产的家父所有）之下的同居共财这样的情况也绝非是概念的自相矛盾。"① 另外，滋贺秀三还通过论述在不动产出卖、借债、分家析产等关系中父亲的权力，最终证明中国的父亲可以任意处置家庭财产。② 这样，就形成了他关于中国古代家产制的核心观点，即家父享有家庭财产的所有权。但是，如果全面地掌握分家习惯和其他家产分配方式，则会发现对家产制的理解可以完全不同。

二 家长在分家中的财产支配权

正如梁治平的著作③和笔者在《继承领域内冲突格局的形成》一文中都强调，以分家为核心的中国家产传承习惯，不能放到罗马法上的死后继承制度的框架中理解。它只能被定义为一种广义的继承，即一种既包括身份传承又包括财产传递的生前家产承继制。同时，它也可以定位为一种家庭财产分割制。无论将其定位家产承继制还是家产分割制，都需要讨论中国古代家产制的性质。对此，只能逐步地接近所要论证的主题。

（一）"家产分割请求权"：谁有权提出分家？

首先，必须解释清楚谁有资格提出分家。这个问题关涉到哪些人对家产享有权利。

分家习惯是有两个或两个以上亲子的家庭中普遍适用的家产传承习惯。独子家庭谈不上分家，因为独子可直接承受家产。除此以外，在有亲子的家庭中，分家就是家产传承的主要模式。在例外的情况下，如无亲子而有继子、养子、赘婿的家庭，继子与养子之间、继子或养子与赘婿之间，也可适用分家规则。在谁能提出分家方面，家长或尊长拥有当然的权力。同时，唐代以后的国家法也明确赋予了家长或尊长提出与拒绝分家的权力，这是没有争议的。问题在于，亲子能否提出析分家产。

---

① 〔日〕滋贺秀三：《中国家族法原理》，张建国、李力译，法律出版社，2003，第 64 页。
② 〔日〕滋贺秀三：《中国家族法原理》，张建国、李力译，法律出版社，2003，第 123 ~ 152 页。
③ 梁治平：《清代习惯法：社会与国家》，中国政法大学出版社，1996。

从阄书的记载看，亲子不但可以提出分家，而且被家长拒绝的事例是没有的。一般来说，尊长为家庭的和睦与发展着想，大多会主动提出家产析分。"家是会分的，即所谓'分家'。而且，分只要较为可取，它就分。"① 如果尊长不主动提出分家，而亲子坚持，分家也会进行。因为如果拒绝析分的请求，儿子可以通过闹别扭，迫使尊长放弃维系大家庭的愿望。费孝通甚至把分家的主要原因归结到亲子方面："年轻一代对经济独立的要求便成为家这一群体的瓦解力量，最终导致分家。""父母和已婚儿子分家，通常是在某一次家庭磨擦之后发生的。"②

阄书也能够印证费孝通的调查结论。在提到儿子坚持分家时，阄书的行文虽然含蓄，但仍然一眼就能看出。一位父亲在阄书中称："目下俗务，孙丁繁衍，难以支持。犹恐子媳效其异心也。"③ 这位父亲只是说出一种担心，却反映了在"子媳效其异心"时，分家已势在必行。另一位父亲说："兹长男娶亲，未曾数月，不尊父训，不顾弟妹，各生异心，以致难以同炊共爨，斯势然也。"④ 这是长子娶亲后闹分家的情况。我们看到，长子"不尊父训"而闹分家，父亲并不认为他不孝。实际上，所有的阄书都反映，正常情况下，儿子成婚即可分家。有时，因为各家的条件不成熟，分家会延迟到儿子生育小孩之后。例外的，也有多年不分的情况。对此现象，只能理解为，儿子可以在成婚后的任何一个他认为合适的时刻，提出分家请求。换言之，儿子成婚是分家的最低条件，符合这一条件即可分家。至于成婚而不分家的，则由各家根据具体情况把握。反过来，从尊长的角度讲，儿子成婚则被视为完成了抚养责任。一位父亲决定分家时说："所生三子，长子漪佳、次子漪安、三子漪正。三子俱已完娶齐眉。"⑤ 那种如释重负和欣喜之情，溢于言表。相反，在儿子未婚而不得不分家时，则表现出歉疚和无奈。如许和定有三子，"长、次俱已婚配，三子奎旺者亦已搬娶在室，尚未成婚。本欲奎旺长成婚配，而后分授所遗。奈予两老年届各有古稀，筋力衰微，统理家务纷纭，莫为之治，固不若为之析居，

① 费孝通：《江村经济》，戴可景译，江苏人民出版社，1986，第22页。
② 费孝通：《江村经济》，戴可景译，江苏人民出版社，1986，第47页。
③ 《光绪十四年吕王氏阄书》，自藏。
④ 《胡根燮阄书》（清至民国，年代不详），自藏。
⑤ 《光绪三十一年胡锦茎阄书》，自藏。

俾各任齐家之责。"① 可见，这次分家时，父母已年届七十，不能统理家务，幼子虽未成婚，也只好分家。另一份写立于抗战时期的阄书，其分家原因则反映了政治环境对分家的影响，曰："长、二两子婚娶完成，三、四、五子年纪尚幼，均在幼稚时间，衣食一切皆赖与人。现在国难时期，百物高贵，人民担负日重，非克尽心人力，不能维持家庭生活。但予年老，体力渐衰，对于苦力工作，今非所比。"② 而在这份阄书后面，虽然名义上5个儿子都分得了家产，但父亲仍然表示，他将暂时管理3位幼子的财产，待成婚后再交付。换言之，子女是否成年，不是以年龄而是以成婚为准。只要儿子尚未成婚，父母的抚养责任就未完成。

关于儿子闹分家的情况，林耀华的《金翼》也为我们提供了一个例子。东林与他的子侄尚未分家。东林的店铺生意正在兴旺之时，从他的角度是不愿意分家的。但"大哥现在完全可以自立了。他不再理会叔父要建立一个更庞大更富强的家族的愿望，而开始提出应该马上分家"。"最后，大哥分家的要求变得特别强烈，以至大家不得不将就他了。"③ 而在分家的商议过程中，关于哪些财产应该拿出来分割，又出现了矛盾。"东林同意双方分家分居，各自另起炉灶，以便减少这样一个大家庭的内部摩擦。但他希望全部存款能保留完整，以便处理事务更有效力。但大哥生怕三哥和六哥要花更多的钱去求学，坚持要把本钱分开。最后还是决定分掉所有的钱，只留1000元作为同一目的的公用资金，比如修理房屋、共同赋税、老祖母将来的丧葬费用等等。"④ 这个例子虽然是叔侄分家，但可看出，子侄不但可以主动提出分家，而且对哪些财产应该纳入分割范围均存在协商的余地。

从分家习惯来看，儿子一旦成婚或生育子女，就意味着成为一个社会认可的成年人，从而可以请求分割家产。在这方面，关于序列性分家的研究也是证明。序列性分家不同于一次性分家。一次性分家是指分家时，按照诸子的数量一次性地将所有家产平均分割。而序列性分家则是诸子逐次

---

① 《嘉庆十二年许和定阄书》，自藏。
② 《民国三十三年吴德贵阄书》，自藏。
③ 林耀华：《金翼》，三联书店，1989，第107页。
④ 林耀华：《金翼》，三联书店，1989，第109页。

地分出去。① 比如，在有 3 个儿子的家庭，长子已经成婚，次子和三子尚年幼，则长子可先分走一部分家产，独立成户。次子与三子成婚后再分一次。序列性分家说明亲子的"分割请求权"既可以是明确的，也可以是潜在的。潜在的情形，如儿子成年后不请求分家或等到幼弟长成后分家，都不意味着他不能请求或请求的权利被抛弃。相反，任何一次家庭矛盾都可能使分家的请求被提出来。因此，析分时间的早晚并不影响"分割请求权"的成立。

按照现代民法的语言，我将亲子成年能够请求分家的权利，定义为"家产分割请求权"。不过，为表示慎重，这个请求权应该打上引号，因为现代民法上所指的"请求权"，是一个民事主体依据请求权基础而成立的，请求权基础一般体现在明示的法律文件中。因此，民法研究在讨论请求权基础时，往往应具体到民法条文下的款或项。而所谓成年亲子提出的分家请求，并非依据明示的法律条文，而是仅仅依照习惯。或者说，这一"请求权"是中国社会认可的，与人们的一般看法不悖。另外，亲子在分家前，是否具有民事主体的地位也是可疑的。我的看法是，无论家长还是亲子，都不是家产的民事主体（论证详后）。因此，使用"家产分割请求权"，不过是援用一个现代法上相近的词语，便于法学同仁理解。我将尽量少地在本文中使用该概念。另外，对儿子请求分家的权利，虽然我们只是将其称为"请求权"，但这种请求是家长难以拒绝的，因此，这种请求权实际上具有类似现代民法上形成权的功能。

如果中国家长对家产享有像古罗马家父一样的所有权，就不可能有一种类似形成权的权利可以对抗他的意志。不过，滋贺秀三没能看到这一点，他以为，兄弟必须在家长统一的命令下同时分家，"不能每个人依次独立分出去"。② 这使他不可能认识到儿子享有一种相对独立的"家产分割请求权"，这种"请求权"与家长依其权威和国家法赋予的"许令权"，是此消彼长的关系。在这一意义上，中国家长享有家产所有权的观点是难以成立的。

---

① 邢铁：《家产继承史论》，云南大学出版社，2000，第 12～27 页。

② 〔日〕滋贺秀三：《中国家族法原理》，张建国、李力译，法律出版社，2003，第 70 页。

（二）分家：按"房"还是按"人头"？

一旦进入分家程序，那么，无论采用何种模式，都会陆续将所有家产析分干净。此时需要注意的是，分家行为中包含着两种基本关系。其一是家庭财产的传递关系。这个关系包含两个方向，一是长辈家长向下将家产交给诸子，二是诸子从上辈那里承受家产。从这一意义上说，分家意味着财产承继，或者说，财产承继寓于分家行为之中。分家的第二个基本关系是兄弟之间分割家产。在此关系中，尊长虽是主持人，但家产析分主要是兄弟之间的事，这表现在，虽然父母作为"主盟人"出现在分书或阄书的开首和签名中，但分书的份数是按照儿子的数量来制作的，并由参与分家的儿子各执一份。在我收藏的 32 套阄书中，只有一套阄书出现了亲子数与阄书数量不一致的情况。这个家庭有 6 个儿子，但制作了 7 份阄书。多出的一份是因为"存众产"（祀产）的价值较大，需要为其单独订立一份阄书。这份阄书可能由房长或族长管理，作为将来"管业"和收益的凭据。因此，可以说，分书或阄书采用的是"合同"形制。① 换言之，在家产析分关系中，兄弟是立于同等地位进行协商，协商的事项是家庭财产的分割。分家是兄弟之间协商的结果，在这一意义上，分家又是一种契约关系。

为了进一步认识分家析产中各种家庭成员的财产支配权限，需要认识究竟"谁"是参与分家的主体。此前，我们一直以"诸子均分"或"兄弟分家"来说明分家习惯中的当事人。"诸子"和"兄弟"可以说明两种分家身份，一种是父母在世时作为儿子，同时也是作为兄弟一起析分。另一种是祖父母、父母已经过世，析分身份仅为兄弟。但这时兄弟们很可能已经有了儿子，因此，在社会上已经开始扮演父亲的角色。一般情况下，家产析分是在兄弟之间，参与析分时只是以诸子的身份，而不会将自己的父亲身份带入析分关系。由此看来，"兄弟分家"恰恰说明了"兄弟"所分割的是原大家庭的财产，"兄弟"仍然是原大家庭的"诸子"。但是否就可以说：诸子是取得家产的民事主体呢？

---

① 古代"合同"的形制，主要表现为一式两份或一式多份。而一般单契的形制则为一式一份。详见俞江《"契约"与"合同"之辨》，《中国社会科学》2003 年第 6 期。

先来看滋贺秀三设定的一个例子。在这个例子中，两个兄弟和各自的儿子构成一个"同居共财"的大家庭，如果这个家庭要分家，会按照兄弟数均分为两份，而不会按照所有"共财"人即兄弟和他们的儿子来均分。这个例子是析分家产的基本例子，对设定此例和此例中的分家结果，一般情况下都不会产生异议。不过，因为这个例子，滋贺秀三匆忙地得出了只有家父——不是指诸子的父亲，而是诸子作为他们儿子的父亲——才有家产所有权的结论。并且，基于儿子的收入总是会交给父亲，因此，他又得出中国的家庭财产制与罗马法是一致的，即"这些正好和罗马的作为吸收家子的人格的家父权的效果，家子的所得完全归家父所有的情况是同样的关系"，并且认为："在中国没有家父权这样的词语，却理应可以说依然存在子的人格为父所吸收的这样的实体。"①

需要指出的是，滋贺秀三在其分析中偷换了概念。兄弟本来是以大家庭的诸子身份参与析分，但滋贺秀三却将诸子身份转换成了父亲身份。这就使本来在大家庭析分时并不重要的兄弟之子（孙辈男性），突然成了试图与其父亲争夺大家庭财产的人。实际上，未分家的兄弟与其子侄之间根本谈不上"人格吸收"，子侄不能参与分家，仅仅是因为分家意味着分房，而"房"的计算在习惯上是以成年的亲子为准。在"房"没有划分出来之前，子侄不能越过父亲独立地代表一个房。但如果有一个兄弟去世，则他的儿子可以代表他本应代表的那一"房"。从阄书中也可以看出按"房"分家的原则是成立的。比如，每件阄书的封面都会标明该份阄书为哪一"房"。"房"的定名一般会选择吉祥的字眼，如两个儿子的情况，可用"乾"、"坤"或"文"、"武"来命名二"房"。大房叫"乾房"或"文房"，二房就叫"坤房"或"武房"。又如，4个儿子则可以用"天"、"地"、"玄"、"黄"或"忠"、"孝"、"仁"、"义"四字命名。同时，阄书正文后附有分家后的各项财产细目，这些财产也是划在"某房"下面，而不是称为"某某"的财产。

再以《金翼》中东林和他侄子之间的分家为例。其侄代表东林已去世的哥哥东明那一房。林耀华描述道，在订立分家契约时，"为区别两个新

———————————

① 〔日〕滋贺秀三：《中国家族法原理》，张建国、李力译，法律出版社，2003，第65页。

的家庭，各取了一个名号，从东明传下的这一支叫'文房'，从东林的这一支称'武房'"。① 而这样分家的话，"文房"只有两个儿子，即"大哥"和"二哥"。"武房"却有4个儿子，即"三哥"、"四哥"、"五哥"、"小哥"。再加上东林尚未去世，"武房"人口多，却只能得到1/2的财产。表面上看是不公平的。但分家的规则就是这样，一般的，分出来的"家"的计算标准，要追溯到大家庭形成时的兄弟那里，而大家庭又是从原先的大家庭分出来的一个"房"。这个"房"的兄弟是两个，就按两个支派分家，是三个按三个支派分家，依此类推，并不按男性人口的多少分。一旦分家，东明这一支派或"房"即告成立。于是，两个儿子又开始在这一房内分家。也就是说，子侄虽然不能参与大家庭的析分，但一旦"房"这一主体成立后，他们即可在成婚或生育后请求分家。吴滔在研究了分湖柳氏的"房"之后也认为："柳氏家族每一次分户析居，都被族人视作一次'分房'，由此形成一个独立的'房'。分析以后的每一'房'包括房主及其儿子两代，只相当于一个家庭或家户的规模。"② 也就是说，正常情况下，"房"的代表人是父亲，因此，分家是按照父辈兄弟的数量来加以区分的。但并不是父亲在人格上吸收儿子，因为父亲代表的是"房"，分出来的也是"房"。表面上是父亲参加分家，但实际上是"房"在参加分家。如果说分家过程中真的存在"人格吸收"，那也是"房"吸收了父亲及其家属的人格。

总之，滋贺秀三对子侄不能参与大家庭的家产析分进行了过度诠释，使这种财产习惯与法律人格联系起来，这无论如何是不恰当的。而且，按照这种看法，他就不能解释分家中不按兄弟人数的例外情况。一般来说，分家是按兄弟的数量来均分家产，兄弟数是房的计算标准，但也存在例外。只要习惯允许，子侄也可以与其父亲一起分家。如清末的民事习惯调查记载安徽省的少数地方，存在按家内男子人口进行分家的习惯：

问：析产分配之法是否皆以房计？

① 林耀华：《金翼》，三联书店，1989，第109页。
② 吴滔：《分房原则在日常生活之呈现》，载张国刚主编《家庭史研究的新视野》，三联书店，2004，第263页。

答：多数习惯：析产分配皆以房计。皖南北大都皆然。少数习惯：（一）……（二）计房袭产之外亦有间以口计者。皖南以徽州府之歙县、绩溪；皖北如凤阳府之宿州，庐州府之巢县，六安州之英山。①

可见，安徽省的多数习惯是按房析分。但歙县、绩溪、宿州、巢县、英山等地均有"以口计者"。这里的"口"，应该只是指男丁，当然包括了孙辈男性。

又如，民初的《民事习惯调查报告录》中记载，黑龙江海伦县有"老股"和"小股"的分产习惯。

查本县分产习惯，有老股、小股之不同。如某甲有子乙、丙二人，乙生子二，（疑此处脱字："丙有子三"）。如按老股均分，则仅由乙、丙两人平均分配；如按小股均分，则连乙、丙五子平均分配。又有财产按股，粮草按分之习惯。如上例乙、丙二人分产时，于甲所遗留之房地，应按两股均分，其余之粮草等类，则连乙、丙之子，一并计算均分。②

从海伦县已经有"老股"、"小股"等固定称谓来判断，该习惯在当地已流行多年。可见，尽管兄弟代表"房"是多数情况，但在地方习惯允许时，有可能为兄弟的子侄单独设立一"房"。按照滋贺秀三的"人格吸收"论，是无法解释这一现象的，因为孙子既然被"人格吸收"，他就不可能自动被解放出来，与父亲叔伯立于同等的地位参与分家。但是，如果了解"房"在分家中的意义，则该问题本不成问题。孙子参加分家，不过是因为某一地区社会承认孙子在成年后可以独立地形成"房"。这种现象只是意味着"房"的计算标准的不同，并不否认"房"的意义，分家仍是按"房"分。显然，分家制中重要的不是父亲和儿子之间的人格，而是在包括父亲在内的所有家庭成员之上还有一个抽象的"房"或"家"的观念。至少在分家，其实也在其他家庭或家族财产的管理、收益、处分、义务分

---

① 《安徽宪政调查局编呈民事习惯答案》第5编第3章第5问，清末稿本，北京国家图书馆藏。

② 《民事习惯调查报告录》下册，中国政法大学出版社，2000，第785页。

担等方面，^① 都是以一个整体的家为计算单位，而不是以某个个人，无论这个人是父亲还是其他尊长。

（三）阄分：家长支配权的程序制约

在家产析分开始之后，滋贺秀三承认家父不能违背均分原则，违背该原则的自由处分会被认为无效。鉴于此，他将这部分内容放在"父的权能的制约"中。^② 因此，仅限于这个问题上，滋贺秀三的意见是正确的。下文只是对析分在程序上的请求权再加解释。

分家习惯主要适用于有亲子的家庭，因此，讨论该习惯中的财产支配权，主要是家长和诸子的权力。在家长方面，又主要是父母的权力。从析分的过程来看，分家一旦取得父母的同意或许可，析分是按照既定的原则和程序展开的。其中，既定的原则就是均分。但"均分"的意思并不是绝对的平均分割。在没有资产评估制度的乡土社会，财产价值只是在当事人、族人和邻居中进行一个大致的评价，要做到绝对平均是不可能的。并且，家庭财产上往往附着了个人感情，对于不同的家庭成员来说，某一物品的价值不是通过纯粹的财产价值评估就可以衡量的。这样，"均分"就是具体语境下的问题，需要兄弟商议和默会，如果兄弟之间对析分结果没有异议，即使分割不均也没关系，这种做法符合今天的"私法自治"原则。但在不可能达成一致意见时，"均分"就成为分家在操作层面的最低底线。而在亲族人等监督下制阄、拈阄和写立阄书等程序，成了保障"均分"原则得以实现的制度。但是，并不因此就像滋贺秀三认为的那样，分书或阄书是分家析产的必备要件。^③

从民事习惯调查的结果来看，在一些地方，的确存在分家时必须制作分书和阄书的习惯。在这些地方，未订立分书的分家效力会受到怀疑。^④

---

① 吴滔通过描述分湖柳氏的过继、兼祧、"轮房"祭祀等，证明了"房"是作为一个独立单位进行活动的。吴滔：《分房原则在日常生活之呈现》，载张国刚主编《家庭史研究的新视野》，三联书店，2004，第 263～283 页。

② 〔日〕滋贺秀三：《中国家族法原理》，张建国、李力译，法律出版社，2003，第 157～160 页。

③ 〔日〕滋贺秀三：《中国家族法原理》，张建国、李力译，法律出版社，2003，第 71 页。

④ 如民国时期的民事习惯调查报告显示，黑龙江省大多数地区的分家是以分书为必备要件的。《民事习惯调查报告录》下册，中国政法大学出版社，2000，第 772～796 页。

但这种习惯被作为地方习惯提交出来，正好说明，在全国范围内，不订立分书的分家不在少数。如果考虑到贫困家庭在分家时没有什么财产可分，而订立分书和举行分家仪式反而要花掉一笔钱的话，那么，不订立分书在全国很可能是多数情况。这一点，因为属于对历史事实进行"证无"的工作，所以难以提出实物证据，但道理上的确如此。

从《大清律例》的条文中也可发现分书不被视为分家成立的必备条件。《大清律例》"典买田宅"条例之一规定："告争家财田产，但系五年之上，并虽未及五年，验有亲族写立分书，已定出卖文约是实者，断令照旧管业，不许重分、再赎。告词立案，不行。"也就是说，在没有订立分书或阄书的情况下析分的，只要已经分家 5 年以上，就不能再要求重分。这间接地说明，不订立分书或阄书的情况在诉讼中出现过，否则不会用条例加以规定。从民国初期大理院的判决例来看，也倾向于将分家契约定性为诺成契约（大理院民国 7 年上字 1037 号）。大理院民国 3 年上字 169 号判决书申明："分析家财，虽无分书，亦得由当事人用他种方法以证明其事实。"据此，亲族、见证人的证言在证明分家事实方面是有效的。另外，根据我和学生最近在湖北省钟祥、黄冈两个村庄的抽样调查来看，虽然两个村庄都普遍适用分家习惯，但近 20 年来，可以确认分家时写有分书的，石巷村 3 例（仅收集到一份分书），长林咀村 1 例也没有。而在石巷村的 3 例中，又有两例是因为家庭成员的关系比较特殊，其中 1 例存在隔山姊妹关系（同父异母或同母异父），另有 1 例存在收养关系。① 在调查中，曾有被调查人说道，因为分家时没什么财产，也没必要写什么文书。② 因此，依据今天的情形，从常理推断，即使在传统社会里，仍然不乏大量的分家行为没有拈阄，没有订立分家文书，也没有邀请亲邻（邀请亲邻到场有一笔花费）。今天能看到的古代的分家文书，要么是家产较多或至少是有值得分一分的家产，需要"白纸黑字"地写清楚，要么就是有隐性矛盾。总之，当分家履行严格的程序如邀请亲邻、拈阄和写立分家契约时，已是一种慎重的表现了。由此可见，在认识到正式的"阄分"程序的重要性的同时，必须承认还存在一种"说分就分了"的模式，如果说通过分书或阄书

---

① 详见李传广《分家中的规范及家产分割的法律性质探讨——从一份分书看农村分家问题》，本科毕业论文，华中科技大学法学院，2004。

② 2004 年 3 月湖北省钟祥市石巷村调查记录。

分家即"阄分"，可以称为"要式析分"，那么，"说分就分了"的模式则可称为"非要式析分"。正是在"非要式析分"中，父子之间、兄弟之间的协商和默会是家产析分得以成立的重要条件。在这种模式里，家长得以通过以往的权威来处理分家，但一般来说会考虑子侄的意见和家庭内部的习惯。同时，虽然难免有父母偏心的情况，但父母在分家时保持公平的态度是明智的，否则，"非要式析分"就可能因矛盾激化而转化为"要式析分"。

"要式析分"可以从两个方面去认识，一方面，由于要式析分具有公开透明的特征，父母可以通过要式析分来证明自己已经公正地主持了分家。如果父母主动采取这种分家模式，那么，他们既可以"省心"，又达到了维护家庭团结的目的，因为这样做可以避免将来儿子争产或对父母心怀埋怨。另一方面，要式析分又是儿子可以主张的权利。"要式析分"的过程公开透明，析分前需要一一清点家产并加以评估，再加上拈阄程序的公平特征，对于那些担心父母偏心，自己可能在分家析产中吃亏的儿子来说，采用"要式析分"既可推说是遵从习惯，又是维护自己的利益的最切实可行的途径。因此，不但"家产分割请求权"是重要的，能够请求"要式析分"对子侄也是重要的。一般来说，"要式析分"的请求是很难拒绝的。而"要式析分"本身，就是一种制约家长偏心或其他兄弟舞弊的权利。从这一点看，家长在分家时不可能一个人说了算，亲子依据习惯赋予的权利来制约家长操纵家产分割是完全可能的。

三　家长的其他家产处分权

我们一直在围绕着分家习惯讨论家长的家产支配权。要说明家长对家产的权力，还不能仅仅以分家习惯为满足。只有结合其他与家庭财产有关的民事关系，才能大致全面地掌握中国家产制的内容。对此，不得不跳出分家习惯，考察其他领域家产是如何处分的。这些领域，又以遗赠、赠与、设定特有财产等为本文的重点。

（一）遗赠

在上文中曾提到，有学者认为古代中国家长可以通过遗嘱来随意处分家产，这种意见在国内学界占据主导地位。基于这种意见，一些学者认为，中国古代在财产的代际传承领域，遗嘱的效力优先于法定继承或析分制。需要说明的是，遗嘱与赠与是相关联的，如果中国的父亲拥有通过遗嘱来任意处分财产的权力，那么，生前赠与的有效性也就毋庸置疑。很显然，这是一个理解家产制的核心问题，如果这个观点成立，那么可以说，父亲对家庭财产的支配权就是绝对的，这种权力也可以等同于古罗马的家父通过遗嘱任意处分财产的权力。这样，要认识分家习惯以及家庭财产制，就不得不了解古代中国的遗嘱。遗憾的是，我发现，关于家长可以随意用遗嘱处分家产，以及遗嘱效力优先于分析家产的结论，并未以清代遗嘱文书为依据。

滋贺秀三并不认为父亲的遗嘱与赠与具有绝对的效力，这两种情况在他的论著中是放在"父的权能的制约"中论述的。这是因为，无论根据古代关于遗嘱的案例还是各种民事习惯调查报告，都只能得出"遗嘱在违背习惯或伦理时没有效力"的结论。事实上，很少发生父亲（也包括其他家长）违背习惯而用遗嘱处分财产的情况。我们先用《鹿洲公案》中的一个案例来说明遗嘱和分家文书相违背时可能出现的结果。陈智的两个儿子阿明和阿定已经分家，但陈智留了 7 亩田作为养老田。这 7 亩田，在分家的阄书上写明，陈智死后作为长孙田留给阿明的儿子。但阿定拿出陈智的"临终批嘱为凭"，说陈智临终前已将此田批给了他。兄弟因此争讼到官。蓝鼎元在处理这个案件时指出："皆是也，曲在汝父。"也就是说，陈智在处理养老田上有不合理之处。但蓝鼎元没有说明，陈智究竟是不应将此田作为长孙田，还是不应将田以遗嘱形式批给阿定。最后，蓝鼎元采取了一个折中的办法了结此案。他将此田设定为陈智的祭产，使"弟兄轮年收租备祭，子孙世世永无争端"。[①] 从这个案件来看，遗嘱和阄书的效力孰先孰后，清代尚乏确定的规则。因此，如果真的发生这种情况，不能说遗嘱无效，但也不能说遗嘱的效力就优先于阄书。

这样，我们势必不能仅仅通过案件来说明遗嘱的财产处分效力，而须审视社会在一般情况下是如何看待遗嘱，以及清代以来的遗嘱性质和功能。对此，滋贺秀三引述的两件"满铁"调查材料或有帮助：[②]

① （清）蓝鼎元：《鹿洲公案》，群众出版社，1985，第 123～125 页。
② 〔日〕滋贺秀三：《中国家族法原理》，张建国、李力译，法律出版社，2003，第 162～163 页。

1. 父亲可以通过遗言自由地决定将其中（养老地的）一半送给嫁到别人家的女儿吗？＝不可以。（惯302页下段）

2. 有用遗言来确定财产分割办法的情况吗？＝这样的事情极为罕见，事先已分好，临死的时候说的是"大家要处好关系别闹意见"、"要好好干"这一类的遗言。（惯I297页下段）

这个调查清楚地说明，一般来说，家产已经在家长生前通过分家形式分配好了。用遗嘱来处分家产是"极为罕见"的。关于这一点，其他研究也同样可以印证："故此父母临终时留给儿辈们的遗言大多不是关于家产分割的所谓'遗嘱'，而是教导儿孙们如何克勤克俭、团结互助，不致在自己死后家道中落。"① 基于此，滋贺秀三很明智地得出结论："不仅违反均分原则的遗言，而且带有那些尽管有儿子、可是却将超过适当限度的一部分家产遗赠给其他人的内容的遗言也被当做没有约束力的遗嘱。"② 不过，滋贺秀三所说的"其他人"究竟是指哪些人，尚不明确。实际上，再回头来看《鹿洲公案》里的案例，我们发现，蓝鼎元之所以碰上了难题，是因为陈智用遗嘱把家产分配给次子。如果陈智用遗嘱将家产赠给出嫁的女儿，相信蓝鼎元是不会承认遗赠效力的。因此，上引第一个问题将家产遗赠给出嫁女儿的情况，与《鹿洲公案》中的案例是两回事。区别在于，遗赠给出嫁女是将家产分给了不属于这个"家"的人，而把家产无论给次子还是给长孙，家产则均没有出"家"的范围。滋贺秀三所谓"其他人"，正确的理解应该是"家外之人"。

再来看清末安徽省民事习惯调查报告中的记载：

> 授继人应否以遗产若干留给后人，抑可以全部财产随意赠与他人？答：多数习惯：授继人以全部财产留给后人者有之，于全部财产中提一小部分出捐为公益事业或慈善事业，抑或赠与于所亲爱之人者有之。若以全部财产随意赠与于他人，则习惯上尚无其事。皖南北大都皆然。少数习惯：无。③

① 张佩国：《近代江南乡村地权的历史人类学研究》，上海人民出版社，2002，第169页。
② 张佩国：《近代江南乡村地权的历史人类学研究》，上海人民出版社，2002，第170页。
③ 《安徽宪政调查局编呈民事习惯答案》第5编第5章第1问，清末稿本，国家图书馆藏。

　　这个调查答案说明，将"一小部分"财产送给"亲爱之人"或捐助公益事业是可以理解的。但在安徽省境内没有将"全部财产随意赠与于他人"的习惯。换言之，在处理家产时，家长的意见总是重要的，但他的意见不能超越作为一个整体的家的利益。上引调查文献说明，捐赠公益事业的事是经常发生的。在我收藏的阄书中，也有将部分财产捐赠学校的例子。① 不过，这一捐赠财产在整个家产中所占比例很小。而且应该注意，这一所谓的"遗赠"是写在阄书内的。我们已经说明，阄书又是一种合同形式，它记载的是兄弟关于家产分割的协商结果。因此，用阄书记载赠与，说明这一捐赠在名义上需要得到家庭其他成员的同意。因此，这种所谓的遗赠只能视为作为一个整体的家的行为，而不是父亲的单独行为。

　　当然，仅仅通过以上这些调查材料，人们对于遗嘱的印象仍然是模糊的。况且口头遗嘱的性质往往为一种嘱咐，一般不会涉及财产的分配问题。因此，我们必须考察那些郑重的书面遗嘱。

　　现在见到的清代以来的遗嘱文书大致有两种类型。

　　第一类是因为没有亲子而立嗣，故须以遗嘱的方式确认嗣子身份或财产承继资格。我将这类遗嘱文书定名为"立嗣遗书"。在我收藏的清代文书中有一件属于这种情况，② 现摘抄如下：

> 　　立遗嘱交单人汪启元，缘因吾父所生两子，吾属长房，娶室张氏。所生一子，娶媳胡氏。其子不幸早逝，未育麟儿续嗣。其胡氏监（坚）守柏舟，冰心矢志。且吾辛勤置创家产，约有数百余金。箕裘无绍，吾思夫妇年稀有外，未知暮景桑榆。先祀未立，何以克甘？倘若登泉，指何可对？抑想胡氏甘操菽水之情，倍有辛劳，亦未一毫而安，岂能隐忍？凑身在日，所将自创分受己业、屋宇、田地、山场，兼外店业、田地、租息等物，传与胡氏。今特浼托族房、亲房，议将金田偃之长子名唤福寿，年十一岁，自愿继与吾子媳汪胡氏名下为嗣，接代宗祧，承其先祖。扶养长成，攻书完娶，原系

---

① 汪聚有将"周村下坞大小买水田二亩，捐助本村小学，以示余热心教育之微衷"。《民国三十八年汪聚有阄书》，自藏。

② 《光绪十五年汪启元遗嘱》，自藏。

亲生一般，不外其二待。吾百年之后，衣衾柩椁，安望协心。其产业、屋宇、田地、山场、店业、田租等项，该身分法一概交与福寿收执经管，摽祀传流。吾在幽冥，大可怡情畅足，方为尽善。惟愿凛遵遗嘱，定为荣昌百世之兆，云而喜花萼之相辉，尔效古卢迈之道，以俟而主身之后，家室相宜，尚得木本水源，追荐千秋，皆是为人尽心之道，不可旦忘。自此嘱交之后，无得反悔，亦无得论其产疏。恐后有竞争之端，特附遗嘱交单，凭族执照，庶望将来大发其祥，永为子孙昌盛，妥谓久而不替。于是立此遗嘱交单为凭，永远大发存照。

　　光绪十五年十一月吉日立遗嘱交单人汪启元

　　同室人汪张氏

　　亲中

　　汪启星近房汪殿荣汪和运汪夏林汪品松汪华桂汪观富汪灶加

　　族中汪和星汪启泰汪文金汪文稠

　　亲戚

　　胡惠卿

　　凭中

　　汪介庭

　　依书

　　汪冕卿

　　从这份遗嘱的内容看，汪启元之所以立下遗嘱，是因为亲子过世，未有子嗣。为使家祀不绝，他决定立侄孙汪福寿为寡媳的嗣子。同时，将家产以遗嘱的方式"交与福寿收执经管"。遗嘱除了处理立嗣和托付家产外，还可在"后有争竞"时发挥凭据的功能。

　　"立嗣遗书"同时见于其他一些契约文献。《徽州千年契约文书》中有一套黟县胡姓家族的"阄书汇录"，记载了胡姓家族长房从明嘉靖三十四年到清乾隆九年共15件阄书。其中第八、九号为遗书。而第八号遗书就是属于"立嗣遗书"。该遗书的年代为康熙四十四年，记载了胡姓家族的长房传到胡新起这一代，因胡新起早年亡故，没有留下儿子。孀妇胡汪氏守志二十余载，于是与亲族商议，将四弟胡富起的儿子胡喜生过继给胡汪氏，承桃胡新起，并承继胡新起的家产。①

到了民国年间，虽然《中华民国民法》之继承法已经实施，但这种立嗣遗书仍在民间流行。如民国28年（1939）的一份遗嘱：②

> 立遗嘱字人朱攀焱，盖闻接木移花，原为人伦嗣续之举，邓伯道之无光，是青天之无眼。余自幼务农，终日血汗，数十年如一日。不期今已六十八岁矣。自叹余命不辰，以致膝下犹虚。气血日衰，恐难久存。对于先人坟墓，岁时祭扫，一切更恐荒废期间。是以择定朱门应氏之子名曰世光。而为曾孙，更名世隆，教养成婚立配，所有祖遗、自置产业以及屋宇、零件、器皿在攀焱名下者，完全归继曾孙名下收管，祭扫祖先，承当门户。当日经族房长签字。自此交付之后，其他无论谁人，不得多事争竞。务要克勤克俭，毋怠毋荒，而振家声，勿违余嘱，实有厚望于汝振绍而光门第也。除以经族立有正式继书外，特立此遗嘱。付诸朱世隆继曾孙收执。
>
> 民国二十八年二月日立遗嘱人朱攀焱（花押）
>
> 弟媳
>
> 朱门黄氏（押）
>
> 族中人朱康宁（画押）
>
> 堂侄
>
> 朱德美（押）
>
> 代笔人朱积和（花押）

对比这份遗嘱和清代的两份遗嘱，可以发现遗嘱交代的内容是相同的。在没有子嗣的情况下，家祀需要传承，故须通过立继来确立后嗣。一般来说，立继有"继书"为凭。从清代和民国的遗嘱中可以发现，写立遗嘱之前，已经履行了立继的手续，并立有立继文书，即"除以经族立有正式继书外，特立此遗嘱"。这说明，当初写立继文书时，亲房族人皆予见证。继书是确立嗣子与嗣尊长的关系，嗣子本就可以依据嗣子孙身份直接

① 《乾隆黟县胡氏阄书汇录》，载《徽州千年契约文书》第8卷，花山文艺出版社，1993，第308页。

② 《民国二十八年朱攀焱遗嘱》，自藏。

承受嗣尊长的财产，但由于他毕竟不是亲生，将来难免发生争议。而且，嗣子孙往往只立一个，如果因承受家产而与他人发生纷争，就不能像兄弟分家后一样拿出分书或阄书作为"管业"凭据。这就是有继子孙的家庭，家长在世时要郑重地写立遗嘱的原因。换言之，从功能上说，立嗣遗书重在确认和证明身份。它虽有"交产"的意思，但只要继子孙的身份确定，"交产"就是顺理成章的。因此，在这类遗嘱中少有像分书那样写满财产细目的现象。

第二种清代遗嘱文书其实就是分书或阄书，只是以遗书来称呼而已。上引黟县胡氏"阄书汇录"第九号遗书就是这种性质，该遗书的时间为康熙四十七年，是胡新起等兄弟的母亲胡汪氏所立。这份遗书，除了开首处写"立遗嘱分墨"表明它被认为是一件遗嘱文书外，其格式、内容编排与其他阄书没有区别。胡汪氏在这份遗嘱中交代："今身七旬有三，自虑年老不能照管，恐后有争端之事，是以请凭族众，眼同将田地、房屋、产业逐一肥瘦均搭四股，编作文、行、忠、信四号，焚香拈阄为定。"并且还说："立此遗嘱分墨一样四张，各执一张，永远存照。"① 此后，则详细罗列了各个阄号下的财产。很显然，胡汪氏是按照析分习惯在处理家产，她不但在族众的见证下"均搭"财产，而且制阄拈阄。所谓的"遗嘱分墨"也非一件，而是写好了四份，四兄弟各执一张。这个文书虽称为"遗嘱"，但实质是父母在生前主持家产析分。这种以"遗嘱"为名的阄书在《徽州千年契约文书》中也不止一例，如"乾隆四十九年江黄氏遗嘱分关"中，江黄氏年近七十，两个儿子已经完婚，于是"托凭亲族，将所遗产业搭为二股，作天、地二阄，对天拈分"。② 这明显是生前析分。

从现在公布的众多清代徽州文书来看，尚未发现以上两类之外的其他遗嘱文书。如果以这两类遗嘱文书作为清代的遗嘱形式，很明显，清代遗嘱与西方继承法——也是继受罗马法以来的继承法中遗嘱的意义是不同的。继承法上的遗嘱是基于意思自由而处分个人财产。《十二铜表法》中有这样一段话："当他就自己的财产立遗嘱时，这就是法律。"③ 这里所谓

---

① 《乾隆黟县胡氏阄书汇录》，载《徽州千年契约文书》第 8 卷，花山文艺出版社，1993，第 310 页。

② 《乾隆四十九年江黄氏遗嘱分关》，载《徽州千年契约文书》第 2 卷，花山文艺出版社，1993，第 38 页。

③ 全文为："凡以遗嘱处分自己的财产，或对其家属指定监护人的，具有法律上的效力。"译文参考周枏《罗马法原论》，商务印书馆，1994，"附录二"，第 935 页。

"自己的财产"，明显是作为个人的财产。根据彭波尼对该条的解释，"这句话被理解为一种广义的解释，它包括：在遗嘱中对继承人进行指定，给予遗赠和给奴隶以解放以及对监护人的指定"。① 可见，遗赠或财产处分是古罗马遗嘱的重要内容之一。另外，除遗赠外，能够体现古罗马遗嘱的强大功能的还有，家父可以通过遗嘱剥夺儿女的继承权，② 而这两类情况在有亲子的中国家庭中是难以想象的。

清代的遗书也不以财产处分为主要内容。确认嗣子身份，或者在没有亲子的情况下，要求妻子同亲族一起为其立嗣，③ 等等，构成了清代遗嘱的重要内容。这并不影响清代遗书作为遗嘱的性质。财产处分不是遗嘱成立的要件，指定继承人、监护人等身份性的遗嘱同样是古罗马遗嘱的重要内容。正如古罗马法学家莫德斯汀（Modestinus）指出的："遗嘱是我们对希望在自己死后做的事情的意愿之合法表示。"④ 造成清代遗嘱以确认身份为主要内容的原因，仍在于不使家产流出这个"家"，落在家外之人的手中。只要确立了继子孙的身份，则另有规则足以防止家产外流。因此，家产处分并不是最重要的，重要的是"有没有人"和"是谁"来承受家产。当然，形成这种以立嗣为主要内容的遗嘱，还有更为深远的历史原因。总的说来，涉及"户绝"财的变迁和立继习惯在中国社会的完善。以前关于遗嘱的研究往往依赖于唐代的令文。该条令文称：

> 诸身丧户绝者，所有部曲、客女、奴婢、店宅、资财，并令近亲转易货卖，将营葬事及量营功德之外，余财并与女；无女，均入以次近亲；无亲戚者，官为检校。若亡人在日自有遗嘱处分，证验分明者，不用此令。⑤

从该条令文看，在没有亲子即"户绝"的情况下，遗嘱的效力是强大

---

① 〔意〕桑德罗·斯奇巴尼：《婚姻·家庭和遗产继承》，费安玲译，中国政法大学出版社，2001，第 25 页。
② 〔意〕桑德罗·斯奇巴尼：《婚姻·家庭和遗产继承》，费安玲译，中国政法大学出版社，2001，第 311~313 页。
③ 《樊山判牍》（续编"批善邢氏呈词"），大达图书供应社，1934，第 20 页。
④ 〔意〕桑德罗·斯奇巴尼：《婚姻·家庭和遗产继承》，费安玲译，中国政法大学出版社，2001，第 249 页。
⑤ 〔日〕仁井田陞：《唐令拾遗》，栗劲等编译，长春出版社，1989，第 771 页。

的。不过，这条令文只是存在于唐代和北宋初期。同时也说明，即使在承认遗嘱效力的唐宋时期，在有亲子的家庭中，遗嘱的效力不一定能超越分家习惯。有学者在研究了唐宋关于"户绝"财产制度后指出，宋代因财政吃紧，开始严格限制"出嫁女"、"归宗女"、"命继子"以及"近亲"在户绝财产上的权利。而在没收户绝财产方面，"宋世（对'户绝'财产）则以'召佃收租'与'尽行出卖'二法双管齐下，以因应政局的需求及复杂多变的社会"。① 也就是说，在唐代，"绝户"财产本可以通过遗嘱的方法处分，或者"无女，均入以次近亲"。但是，因宋代推行严厉的"户绝"财产检校和没收制度，事实上堵住了"户绝"家产进入宗亲家庭或用遗嘱处分家产的可能性。正是宋代这种严苛的"户绝"财产制度，导致民间为避免家产没收，不断完善原有的立嗣习惯。到清代，"兼祧"、"爱继"和"命继"三种立嗣习惯已相当成熟，以至于国家法不得不加以承认。所谓"兼祧"，是指若本家无亲子，兄弟之家也仅有一个儿子，可将这个侄儿在名义上过嗣给无子之家，并由嗣父母为其另娶一房妻子，所生之子即可承继嗣父家的家祀和家产。"爱继"是指父母或未亡人生前可以在宗族中选择一个自己喜欢的人作为继子。"命继"是指即使死者生前未立嗣，其他家内尊长在与族长或宗亲商量后，仍可为死者选择一个昭穆相当的宗亲为继子，以承继家产和延续家祀。这三种立继习惯在不同情况下发挥不同的功能。当兄弟之间仅有一子时，按原来的立继习惯，父母只能到堂侄中选择继子，而"兼祧"则使家产仍然保留在未分家前的大家庭内。"爱继"则突破了立继须按亲疏远近择立的习惯，若亲等较近的侄儿不得父母喜爱，父母可择亲等较疏的宗亲之子为嗣。最后，如果以上两种习惯尚不能解决立继问题，"命继"则可彻底排除无子承继的可能性。三者结合，一个家庭总会找到承继家祀和家产之人。自此，用遗嘱处分家产的功能也随之消弭于无形。

实际上，即使唐宋时期有过允许用遗嘱处分家产的规定，也很难直接得出将家产遗赠给家外之人的结论。这种遗赠家外之人（女儿例外）的行为不但不符合作为整体性的家的利益，也不符合"家产"这一概念中所蕴含的规则意义。"家产"这个概念是带有强制意义的，它意味着财产是这

---

① 李淑媛：《唐宋户绝财产承继之分配及其归属》，《法制史研究》2000 年第 1 期。

个"家"的，"肉要烂在锅里"。如果能将其遗赠家外之人，就不是"家产"了。事实上，只要熟知分家及其意义，很容易推论，在正常的有亲子的中国家庭里，是不可能出现家长以遗嘱的方式自由处分家庭财产。特别是通过遗嘱将家产赠与家外之人，或通过遗嘱剥夺亲子承受家产的权利。当然，如果是特殊情况，不排除家父剥夺亲子的承受份额，但这往往会引起较大的争议。如沈家本编纂的《刑案汇览三编》中记载有一个案例。张溃畛平素不务正业，浪费家产。家里的雇工梁魁告诉其父张德祥后，其父"拨给田地，分出另居"。其后，梁魁又向张德祥挑唆说，张溃畛不能承守家业，要张德祥将分出的田地收回。张溃畛得知后，愤恨梁魁的挑唆，潜入梁魁房中，将梁砍死。① 本案中，儿子张溃畛因为有浪费家产的劣迹，其父遂决意与其分家。但即使如此，仍然"拨给田地"。后张溃畛砍死梁魁，也并非因为其父真的收回了分给他的财产，而是愤恨梁魁在其中挑唆父子关系。

其他的案例则可说明，通常情况下，即使子女不孝，父亲也不至于剥夺他们承受家产的份额。李黑狗犯有命案，逃亡在外，致其父受牵连。而李黑狗之妻在家不但不孝顺公婆，还"复敢讪谤"。李父不能忍受，只好请县令做主分家。县令批道："本拟将逆子恶妇拘案重惩，姑念此次并未首送，从宽断结。即仰尔官亲张顺全、周继魁、李树森等，将尔之家产，按五股劈分。尔夫妇分两股。三子分三股。分家之后，着黑狗连妻带子，远远搬开。将来尔夫妇身后所分两股，除葬费外，均归尔次子、三子承受，不与黑狗父子相干。"② 可见，县令虽愤恨黑狗不孝，却仍然尊重其父的意见，按分家习惯处理了该案。

按一般情理，在儿子浪费家产或者只是与家长不和时，中国家长都不会考虑剥夺亲子的家产份额。中国父亲的逻辑是，儿子浪费家产或与其不

---

① 隋时人犯因犯父混控，暂行扣除，覆审明确，即行正法，河南司，同治十三年。《刑案汇览三编》卷 48（二），清末稿本，国家图书馆藏。原文摘录如下："此案张溃畛因平素游荡花费，被并无主仆名分之雇工梁魁告知伊父张德祥，拨给田地，分出另居。嗣梁魁又以该犯不能承守产业之言，向张德祥挑唆，嘱将田地收回。该犯闻知，寻向梁魁。不依争吵劝散。迨后该犯忆及梁魁屡向伊父挑唆，致被逐出。现又称伊不能承守家业，唆令伊父收回田地，将来必受冻饿。心生怨恨，起意将其杀死泄愤。持刀潜至梁魁屋内，迭砍致伤身死。"
② 《樊山判牍》（续编"批李映南呈词"），大达图书供应社，1934，第 199 页。

和，正说明需要通过分家来解决问题。如张成法结交"赌匪"，"浪荡胡为"，而且曾被父亲以"劣子不法，首送到案"。但对这种儿子，其父也只是与他"析居另度"。① 这种情况下，如果家长去世，剩余家产仍当然地归儿子承受。因此，有理由认为，在有亲子的家庭里，即使有涉及家产处分的遗嘱，其效力也不可能突破一般的承受或析分习惯。实际上，在财产继承领域，按"法定继承"和"遗嘱继承"等概念来分析中国古代继承制度，基本上可说是一种误读。

需要再次强调的是，古代家产传承主要是通过分家析产完成的，而分家析产又以生前析分为常态，死后析分为不得已。在没有亲子的家庭里，则采取立嗣、招赘、乞养义子等方式来传承家产。实际上，在民国初期，大理院将立嗣、招赘、义子、亲女等承受财产都纳入广义的析分习惯中，即区别分家和酌分两种形式。② 这都是为了避免陷入无人承继家产的局面。在这些制度或习惯的挤压下，遗赠几乎是不可能发生的。

总之，各方面的资料均说明，不用遗赠或遗嘱处分家产是普遍的情况。因此，用遗赠或遗嘱自由处分家产与分家或"法定继承"的冲突从来不是也不可能成为传统中国的一个社会或法律问题。对于家产传递，中国社会有独立的解决模式，并由此引发了相关的法律问题，从而催生不同的规则体系加以应对。如果深入考察，遗嘱继承和法定继承相冲突的假设，在清代社会中不能形成一个法律问题。即使硬要将其假设为问题，也无固定规则可寻，最多可以找到一个较优的解决方案。如蓝鼎元将养老田设定为祀产，这在清代社会中是较为符合伦理和习惯的办法，也是令蓝鼎元沾沾自喜的，但这个办法本身不是一种规则。在遗赠问题上，关键不在于家长用遗嘱将家产赠与家外的人时，其遗嘱之效力如何，而在于，处于中国社会中的家长，若无特别原因，不可能将家产遗赠给家外之人。因此，对清代社会而言，遗嘱效力与分书效力孰优的问题，本身是可以取消的。

可见，以往一些研究误区在于按照西方法的思路去提问，然后按照这种假设的问题去寻找答案。我将这种研究现象称为"提问的皈依"或"路径皈依"。然而，法律问题的提问方向是以所处的社会环境为依据

---

① 《樊山判牍》（正编"批张成法呈词"），大达图书供应社，1934，第92页。
② 郑爰诹：《现行律民事有效部分集解》，世界书局，1928，第46~80页。

的，用西方法的思路提问意味着需要回答的是西方社会的法律问题。因此，"提问的皈依"或"路径皈依"现象意味着研究上的非自觉或迷失。现在，部门法中"提问的皈依"现象仍是存在的，而中国法律史研究中，由于存在既向西方又向"当下"皈依的双重心态，因此，"提问的皈依"现象尤其严重。关于遗嘱与法定继承的效力的争论，不过是其中一例而已。

（二）赠与

在对遗赠的情况加以研究后，还需对赠与的情况有所说明。这里先引用滋贺秀三在著作中所引述的两个调查答卷：

1. 家长可以自由地处置家里的财产吗？＝可以。

白送给其他人也可以吗？＝不可以，儿子们会反对。（惯 I297 页中段）

2. 你家里的东西是谁的东西？＝我的东西。

你怎么处理它们都可以吗？：可以。

送给人也可以吗？＝不可以。因为是从父亲那里继承的财产，所以必须留给儿子。（惯 V453 页上段）

滋贺秀三承认："对换价处分和无偿处分，人们的感受的确有所不同，也就是说已经意识到家父在前者的情况下是自由的、而在后者的情况下受到了制约这样的原则上的区别。像这样的意识很难认为只是近代才产生的。"① 这时，滋贺秀三已经接近中国人的家产观念了。

在上引答卷中，明确提到了财产不能随便赠与的原因，即财产"是从父亲那里继承的"，并且"必须留给儿子"。换言之，家长只能有偿而不能无偿地处分家产。可以发现，在生前赠与的权力被否定后，家长只具有类似家庭财产管理人的身份。他从自己的父亲那里将财产承受过来，且负担将家产传递下去的责任。他之所以能够有偿地处分家产，是因为这种处分是一种增加家产价值的行为，家属基于对家长的信任和家长在自然关系中的权威，使家长掌握了有偿处分的权力。但即使如此，家父仍然清楚自己

---

① 〔日〕滋贺秀三：《中国家族法原理》，张建国、李力译，法律出版社，2003，第165页。

的责任，他只是有责任管理好家产，如果无偿地处分家产，则该行为已经超出了管理权的范围。家产"必须留给儿子"，如果不得已实施赠与行为时，也需要获得包括儿子在内的家属的同意。

但是，滋贺秀三为了维护中国家长的家产所有权，没有追随自己引证的诸多材料，而是有意地将结论模糊化，他说："即使无疑存在着家父也不可以自由地赠与财产这种原则性的法意识，基于这一法意识，家父的赠与受到什么样的实定性的规制，比如儿子以后能否取消没有儿子的同意所实施的赠与，一提到这一点，这些也就不一定是明了的了。"①

正是通过这个提问，滋贺秀三将问题模糊化了。实际上如果能够正面地理解惯行调查，即财产"是从父亲那里继承的"和"必须留给儿子"这两点，就会发现每个中国家长都是站在承上启下的位置上去行动。那种无偿赠与行为受到家庭整体观念的深深控制，这种控制甚至连父亲自己都很难意识到。如果说存在一种较为可靠的法意识，那么"不能以赠与的方式处分家产"一定是中国家长的法意识之一。因此，如果不是有特殊的原因，家长无偿赠与的情况很难发生。滋贺秀三在他接下来的论述中提到了宋代的几个例子：将少量财产赠与曾经生育儿子的婢女，从而引起诉讼；民间用买卖契约来掩盖赠与事实的行为；将财产赠与寺庙而引起争议；等等。而这些例子正好证明了赠与的效力是不可靠的。特别是用买卖契约掩饰赠与的案例，民国时期山东汶上县也有相似的习惯，② 这恰恰说明赠与人明知无偿处分无效，而采取了一种规避行动。因此，儿子无论能否撤销，家长的赠与都不能视为赠与有效性的佐证。应看到父亲如果那样做的话，已经违背了社会和祖先赋予他的责任，引起争议是必然的。至于在处理争议时出现的不一致，是因为这种情形被作为例外来看待，它还没严重到让国家法出面加以规范的地步，故司法上只能例外地处理，处理结果在不同的地方也就难免不一致。看来，滋贺秀三为了挽救他关于家长享有家产所有权的观点，通过改变提问方向，使本来可以说清楚的问题复杂化和模糊化了。并且，在生前赠与问题上滋贺秀三还犯了一个错误，就是将

---

① 〔日〕滋贺秀三：《中国家族法原理》，张建国、李力译，法律出版社，2003，第165页。

② "父母赠与亲女田地，必立卖约与其婿或外孙。"当时的编辑者按语："乡俗不谙赠与契约，立给卖契较为坚固。"《民事习惯调查报告录》上册，中国政法大学出版社，2000，第139页。

"家产"与"个人财产"这两个概念混淆了。

让我们再来回顾《江村经济》对中国乡村社会中财产概念的分析。费孝通将"村里的人"对财产的分类归纳为四种：（1）"无专属的财产"，如空气、道路、航道等；（2）村产；（3）扩大的亲属群体的财产，如共用的一个堂屋或祠堂、族田等；（4）家产。在这个分类之后，费孝通有这样一段分析：

> 可能有人会惊奇地注意到，没有列出个人的所有权。实际上，个人所有权总是包括在家的所有权名义之下。譬如，你问一个人，他的烟斗是属于他的还是属于他家的，他会回答是属于这两者的。说烟斗是他家的，意思是别家的人不能用这烟斗。说烟斗是他个人的东西，指的是，他家里的其他成员不能用这烟斗。这两种所有形式对他来说似乎并不互相排斥。个人拥有的任何东西都被承认是他家的财产的一部分。家的成员对属于这个群体内任何一个成员的任何东西都有保护的义务。但这并不意味着这个群体中的不同成员对一件物的权力没有差别。家产的所有权，实际表示的是这个群体以各种不同等级共有的财产和每个成员个人所有的财产。

费孝通显然注意到了家产和个人财产的区别，在后来描述个人的财产时，他使用了"专有权"这个概念。意思是说，并不把这种个人财产定位为一种所有权，但可以认为个人在使用某些财产时具有专有的属性。实际上，正如费孝通指出的，在一个家庭中，家产与个人专有财产之间的界限在生活中是模糊的。但这只是对于外来者而言。对家庭成员来说，谁专有某些物品是清晰的。而在此之上，还有一条规则是明确的，即无论财产由谁专有，均可视为家产的一部分。在人类社会中，赠与行为是在所难免的，中国古代社会也不例外。如在社交场合，将其专有的物品赠与他人，如《红楼梦》中北静王为表示对贾宝玉的喜爱，当众将随身携佩的玉赠与之，是所谓"宝剑赠烈士"也。又如，将部分财产捐赠给书院，被认为是"慷慨乐施，助兴文教"，[①] 也是国家提倡和社会褒扬的。由于赠与是合理的、公开的，一般不会产生异议。容易产生异议的是，当赠与是秘密的或

---

① 《樊山判牍》（续编"批王炳炎呈词"），大达图书供应社，1934，第268页。

赠与的财产价值较大，有可能损害儿子对家产的期待利益时，特别是此种赠与未经家庭成员的同意，则会产生争执。如《樊山判牍》中有一例，苏重寿将家产赠与他人。樊山批道："况伊自有亲子，岂能将家产全付他人。"①

由此可见，并不是要否认赠与作为一种民事行为在中国社会的存在。无论是滋贺秀三所举的调查答案，还是清代判牍中的案例，都不能得出个人所有权的行使可以无视家产的结论。正确的理解是，可以实施赠与，但赠与不能超越家产的限制。这个限制可能是模糊的，因为什么样的财产对于一个家庭来说是价值巨大的，要视家产规模而定。对北静王而言，一块玉佩是小物件。但对一个中产家庭来说，可能就是"传家宝"。赠与的存在，也不影响我们对家产的理解，家产作为一个整体的观念是存在的。家长可以赠与，但不能损害家产的完整性，或者赠与重大财产时应征得家庭成员的同意，这就是中国社会的赠与规则或赠与惯例。

在此，可以略做一个小结。中国的家长不能以赠与和遗赠的方式自由地处分财产，即他有权对家产实施有偿处分，但实施无偿处分时，受到作为一个整体的家的利益的限制。从这一意义上来说，家长对家产的处分权是不完整的。同时，中国的家长还担负增益财产的责任。基于此，可以较为自然地推论出，将中国的家长视为家产管理人是较为明智的。

（三）设定特有财产

认识家长对家产的支配权，还需涉及家长在设定养老田、祀产以及长子田、长孙田等特有财产时的权限。我们将这些内容并在一起作一简略的讨论。

1. 养老田

养老田是各地都存在的习惯，它的主要功能是父母在分家之后仍可依赖此项田产生存。汪辉祖在劝父母留养老田时说：

> 顾余尝见衰老之人，尽将产业分授诸男。遇有所需，向诸男索一文钱不可得。仰屋咨嗟，束手饮泣。而不肖子孙且曰："老人已日受

① 《樊山判牍》（正编"批苏重寿呈词"），大达图书供应社，1934，第93页。

膳奉，何有用钱之处？"茹苦莫诉。故既分产，必须自留公项。生则为膳，死则为祭，庶可不致看儿孙眉眼。①

父母可为自己设定养老田，也有请求诸子轮流赡养的权利。但将设定养老田作为父母可以任意处分家产的依据也是一种误解。正常的分家，既是家产的交接，也是责任的交接。父母或家长将儿女抚养至成婚后，社会就认为父母完成了抚养责任。相应的，儿子从此时起则应负担起奉养老人的责任。而家长设定养老田，则是因为担心亲子奉养不周。因此，诸子不能拒绝父母设定养老田，就像他不能拒绝承担赡养父母的责任一样。设定养老田或儿子的赡养义务，作为分家的重要内容之一写进分单或阄书中，而不是父母在分家后对养老田享有所有权。无论从其他途径公布的阄书还是从我收集的阄书来看，均不存在为养老田单独写立分书的情况。滋贺秀三所引述的调查材料，实际上也谈到了这点：

> 另外写了一份养老单吗？＝没有写过。
>
> 弟弟的分家单上写着吗？＝没写着。
>
> 为何没有写呢？＝没有分给兄弟二人的土地都是养老地，所以没有必要写。（惯 V86 页中段）②

养老田是不用单独写分家单的，正如"养老田"的称谓所表明的，父母只是要通过它的收益来养老，没必要明确自己"管业"的权力或所有权。而关于养老田的归属则大多在分家时已得到明确，那就是这些养老田迟早要归属于儿子。实际上，在设定养老田时往往约定了父母过世后再均分，如一份阄书说："此田双亲坐收。百年后汝兄弟对半均分，此照。"③上引《樊山判牍》中的李黑狗一案，樊山为黑狗的父母留了两股养老田，并明令黑狗父母死后，此养老田只许黑狗的两个弟弟均分，禁止黑狗参与。这个禁令对黑狗来说是一种惩罚。从反面来看，如果黑狗不是犯案，其妻未曾"讪谤"，并且不是经过县令的批判，他们这个小家庭本是可以参与养老田的均分的。张佩国在考察了涉及养老田的分家文书和满铁调查

---

① （清）汪辉祖：《双节堂庸训》，天津古籍出版社，1995，第102页。

② 〔日〕滋贺秀三：《中国家族法原理》，张建国、李力译，法律出版社，2003，第145页。

③ 《道光六年张赞辉阄书》，自藏。

报告后认为："母亲去世后，养老田又要在兄弟三人间平均分配，可见'养老田'只是反映了父母在世时代际间的经济、文化'反哺'关系，最终会因代际血缘关系的解体而为诸子均产制取代。"① 也就是说，养老田的归属已经明确了是儿子的，只是在分割时间上达成延后的协议。但也有父母死后将养老田作为祀产的，即汪辉祖说的"生则为膳，死则为祭"。不过，祀产是分家后各房的"公产"。养老田转为祀产与养老田在诸子间均分，都没有越出作为整体的"家"的范围。

但是，还存在父母死后由一个儿子——通常是幼子——承受养老田的情况。这就涉及家长是否对养老田可以任意处分的问题。为解释这一现象，费孝通曾设定了有两个儿子的家庭。在这个家庭中，分家时，土地会分为不一定等量的四份。第一份留给父母，即养老田。第二份额外给长子，即所谓的长子田。剩下两份由两个儿子均分。这样，长子就得到了两份田产。但是，费孝通指出，由于父母往往与小儿子生活，"父亲或母亲甚至不通过分家的方式就将大部分经济权交给已婚的儿子。当父母都死去时，由于小儿子曾供养他们，留给父母的那份土地便留给小儿子。这样，最终他也继承了两份土地。但如长子也赡养父母，他亦可对留给父母的那份土地提出要求"。② 可见，所谓"幼子继承权"，并不是一种父母行使所有权的表现，它仍然受到亲子平均承受家产这一原则的制约。

养老田或者将均分，或者将作为"公产"。在有亲子时，家长不可能将养老田随意赠与，或遗赠给亲女、其他"同居"人和家外之人。关于这些，滋贺秀三都是承认的。③ 他只是仍不愿意得出父母只是养老地的管理人这个结论，因此也就没有必要再争论下去。

2. 长子田或长孙田

"长子田"和"长孙田"是按照地方习惯来设定的。设定的理由，各地不一。关于设定"长子田"或"长孙田"的目的，大约有两种解释较为合理。一是因为长子或长孙在父母过世后要负担更多的祭祀费用，设定"长子田"或"长孙田"就是对过多义务的补偿；二是长子较早承担劳动的责任，对家产的增益有较大贡献。费孝通在《江村经济》中说："长子

① 张佩国：《近代江南乡村地权的历史人类学研究》，上海人民出版社，2002，第 165 页。
② 费孝通：《江村经济》，戴可景译，江苏人民出版社，1986，第 48 页。
③ 〔日〕滋贺秀三：《中国家族法原理》，张建国、李力译，法律出版社，2003，第 147 页。

接受两份，额外归他的那份一般比较小，其大小将根据他对这个集体单位的经济贡献而定。长子年级大些，肯定较其弟多做些贡献。从村里邻人的眼光看来，长子对已故双亲也具有较大的礼仪上的义务。"不过，在其他地方，因为长子贡献大就多分家产的理由未见得成立。对此可以用清末的一个案例加以说明。案发地句容县与费孝通所调查的开弦弓村同属江苏省。秦道和承受的祖产不多，因嫡妻赵氏勤俭持家，长子秦子松兼营商业，秦家遂致富有。赵氏去世后，秦道和纳妾生两子。分家之时，"除酌提长孙产外。将产业分为十六股。公堂两股，子松六股"，两个庶弟则各四股。弟弟们在分家当时并无异言，等秦道和死后，却以分家时区分嫡庶、分家不均到县衙起诉。县令许文溶指出：在这个案子中，不是区分了嫡庶导致分家不均，而是因为秦道和考虑了长子对家产的贡献。因此，"即使汝等之母为继母，抑或汝等同出于嫡母，而回想阿兄勤苦，亦应平情承受，以曲体老父之心。设当时三子平均，汝两人更应师法让梨，受少辞多，以明酬报阿兄之意"。[①] 但这个案例从反面说明，长子因为对家庭贡献大而多分财产，很容易导致争执。另一个案例更能说明长子对家产做出贡献后的情况。吕渭振在四川经营金盛元商号 30 余年，计有本金 7600 两。又在大邑有"放帐生意一座"。其弟吕逢渭是个监生，从未参与兄长生意上的事，但兄弟仍然同居。光绪四年，两兄弟析居。可以想象，兄长在外经商多年，同居不过是名义上的，至多是兄长的妻子儿女尚与吕逢渭住在一起。但分家时，"一切家产，两半均分"。金盛元号内，弟弟分得 3800 两，正好是本银的一半。大邑生意，弟弟又提走银 2000 两。"此外尚有数年利息未算，俟红单寄到再分。"此后，兄长去世，其子元仁又给吕逢渭银 260 两。而吕逢渭仍不满足，执意要侄儿交账清算。对此，樊山当然支持元仁。不过，他仍然承认："夫以圣贤道理而论，尔兄固应有财同享。"[②] 从此案可以看出，分家制中的均分原则是如何的强大，以致虽然父母过世，兄弟在经济上已相对独立，但只要未正式分家，兄长就很难以自己对家产贡献较大，主张自己享有一份独立的财产。

因此，我的看法是真正让长子或长孙多分田产的理由不是他贡献的大

---

① 许文溶：《塔景亭案牍》卷 3，1925，第 9 页。
② 《樊山判牍》（正编"批吕逢渭呈词"），大达图书供应社，1934，第 138 页。

小，而是看某个地区有无设置"长子田"或"长孙田"的惯例。林耀华在调查了福建义序乡后说："长子另获一份财产，多寡则按家庭贫富而定，这是长子特权。"可见，这个地方有"长子田"惯例。有这个惯例时人们只须遵从惯例并不深究理由为何。总之，长子田或长孙田的设置并不是一种父亲恣意的处分，而是按照不同地区的惯例进行的财产分配，全国的情况也非划一。我们在研究中可以去寻找解释这种现象的原因。但实际上，所谓的原因大多是一种看法，在没有该项惯例的地方，看法并不具有约束力，更难以突破均分的原则。

3. 祀产

祀产也称祀田、祭田、义田、"公堂"、"公田"等。在我收集的徽州阄书中，常被称为"存众田"。大规模的祀产，还可称为"庄"，即义庄。设定祀产是习惯赋予家长的一种权力，其目的有二，一方面是父母死后，能够有专门的财产用于对他们的祭祀；另一方面也是从家族的长远利益考虑，保留一份公共财产，以便处理日常的家族祭祀，并可应付日后家族内的公共事务和救济那些陷于贫困的子孙。按一份阄书所说，存众田大约承担两类功能，既"以为三节祀祖费用"，也作为家庭公共的费用，如"公亲往来贺仪"。因此，这份田产"日后永远存公，归此款用度，不得独任出佃"。① 祀产是分家后各房公用的财产。各房均可从中获益，但对其没有单独处分的权力。就祀产的性质而言，家长能够设定祀产，是因为其目的附加了伦理意义，"人们认为祭祀是对鬼魂福利有一定的贡献，是对阴间祖先的奉养"。② 从这一意义上来说，设定祀产与养老田的意义是相同的，不同的是，养老田是为了赡养生者，而祀产是对死者的奉养。因此，后者也就带有了永久性。另外，祀产仍然是"公产"，是各房共同享有的，在这个意义上，祀产与民法上的共同共有关系相似。不过，必须强调的是，在祀产这一共有关系中，主体是"房"，而不是具体的哪一个子孙，尽管事实上受益的是子孙。

（四）典卖不动产

在涉及典卖不动产时家长的家产支配权时，仍先引述滋贺秀三的材

---

① 《民国十二年汪前元阄书》，自藏。
② 费孝通：《江村经济》，戴可景译，江苏人民出版社，1986，第55页。

料。他的材料，很明显地可以分为两种，一种倾向于认为父亲有自由处分的权力。如：

1. 家产是家长的财产还是家人全体的财产？＝全体。

全体的财产家长可以处分吗？如果是哥儿一个的话可以，如果有两人以上应该商量。（惯I270页下段）

2. （在关于借债的会话中）家长对所有的事都可以按自己的意见去做吗？＝家长如果是父亲的话可以，如果是兄弟就必须商量。（惯I272页上段）①

另一种倾向于认为父亲处分财产的权力是受限制的。如

3. 家产是父祖（家长）管理。家产的处分，在城市地区由父祖单独处分的倾向较强。而在农村，父祖不能单独处分。在农村父祖为了求得家属的同意，必须和家属达成协议，有时也有家属取消家长所作出的独断性的单独行为。②

4. 卖粮食时和儿子商量吗？＝不和儿子说就可以卖。和太太（妻）说吗？＝需要费用时太太反而建议。当卖土地时必须和儿子商量吗？＝必须商谈。要是儿子反对的话就不卖了吗？＝那就有点不妙了。（惯V474页上段）③

这样，通过不同的材料，本来可以得出一个相对折中的结论，即在全国范围内，父亲在处分财产时有两种可能，一种是父亲的处分权限较大——但仍是以家产是"全体"的为前提；另一种是父亲在处理价值较高的财产如不动产买卖时，需要取得儿子的同意，但父亲的意见仍然占据主导地位。无论哪一种习惯，父亲在有偿处分领域的权限都是很大的。不过，重要的是，无论是哪一方面的材料，都能够从中看出，父亲只是以管理者的身份去处分财产（第3条答案），家产是"全体的"（第1条答案）。

---

① 〔日〕滋贺秀三：《中国家族法原理》，张建国、李力译，法律出版社，2003，第130页。

② 参与满洲惯行调查的大山彦一的概括，转引自〔日〕滋贺秀三《中国家族法原理》，张建国、李力译，法律出版社，2003，第127页。

③ 〔日〕滋贺秀三：《中国家族法原理》，张建国、李力译，法律出版社，2003，第131页。

关于这一点，其他调查材料也是可以相互印证的。如

> 依本地之习惯，何者为一家之公产，何者为家属之私蓄？答：先
> 人所遗之动产、不动产，及由遗产余利所续置或同居者合力所经营，
> 凡为家长所管理者皆为公产。①

上引的清末调查报告，也明确指出公共财产的内容包括"同居者合力所经营"，家长对这些财产处于"管理者"的地位。因此，即使非要使用"处分"一词来表现父亲的权力，这里的"处分"也只能理解为行使管理权中的处分权能，这种处分的性质，类似今天公司高级管理人员处分公司财产的行为，只是处分权限比公司管理人员更大。但即使公司高管人员具有父亲一样的权限处理公司财产，也绝不能说他享有所有权。不过，滋贺秀三不愿意承认这一点，而是将不利于说明父亲所有权的材料排除掉，"觉得论点是在没有加以整理的情况下得出的，资料的处理方法也有粗漏之点，关于所谓的形成地方细微差别的事情，也几乎没有提出任何事加以实证，因而不能认为这一说是成功的"。② 同时，他又承认：中国的父子关系是"相互依存关系"，"决不是互相主张自我、存在对抗相克关系的成员"。"不论父亲对儿子如何具有权威，反过来看，父亲能够托付老了之后和死后的幸福的希望，无非是放在儿子的身上，所以，父亲通常也没有无视这个儿子的意见独断擅行的勇气。"③ 这样，再结合不能自由赠与和遗赠的情形，中国父亲不能自由处分财产几乎是肯定的。而且，滋贺秀三还承认，当试图找出支持父亲有家产所有权的证据时，"只能找出极为有限的有助于弄清这些问题的积极的资料。历代的立法中完全没有规定，这类问题成为直接的争点的那样的审判事例也见不到"。④

然而，到了这一步，他却仍坚持说："看不到有关父亲的处分行为的同样资料这件事本身，消极的来看，不正是能够表明父亲的处分常常是有效的吗？"⑤ 也就是说，在父亲做出无偿赠与或遗赠等超出处分权限的行

---

① 《安徽宪政调查局编呈民事习惯答案》第4编第2章第5问，清末稿本，国家图书馆藏。
② 〔日〕滋贺秀三：《中国家族法原理》，张建国、李力译，法律出版社，2003，第127页。
③ 〔日〕滋贺秀三：《中国家族法原理》，张建国、李力译，法律出版社，2003，第128页。
④ 〔日〕滋贺秀三：《中国家族法原理》，张建国、李力译，法律出版社，2003，第129页。
⑤ 〔日〕滋贺秀三：《中国家族法原理》，张建国、李力译，法律出版社，2003，第129页。

为，从而引起争议时，仅仅被作为对权能的限制，并不被认为这个所谓的"所有权"在性质上有所不妥。由于任何权力在权限范围内行使都不可能引起争议，因此，又不顾超出权限的争议，以权限内的行使没有引起争议作为存在所有权的支持证据。换言之，虽然买卖与赠与均为性质相同的处分行为，却一定要将二者割裂开来讨论，用出卖的有效性来证明所有权，而赠与的无效性则只能作为所有权的限制。这种论证方式，无论如何都是难以让人接受的。

除了不同意滋贺秀三的观点外，我也不认为不动产典卖的情况可以用来证明家产属于家庭成员共有的观点。有学者认为："民商事习惯调查员将这种习惯解释为父亡母仍有完全家产所有权，是不准确的，典卖契约中载有'某某氏同子某某情愿典卖'字样，是家产共有制观念的真实反映。"① 父亲去世，家中没有成年男子，由母亲与儿子共同在不动产典卖契约上署名，这是典卖契约文书中常见的现象。一般地，父亲去世之后，母亲可以管理家政，称为"继管"。② 而"继管"这个称谓已经很能说明问题，如果我们没有忘记家产是"全体"的，那么，"继管"意味着母亲是代替父亲继续管理家产。由于典卖不动产属于重大的家庭经济活动，仅由母亲做主是有争议的。事实上，在有亲子的家庭，母亲也不可能成为户主。而且儿子只要成年，即可承受家产，成为名副其实的家长。因此，不经儿子同意，将来儿子成年，接管家产，此项典卖必生争执。因此，在典卖不动产时，让母亲和儿子共同署名，正是说明只有二者共同署名才能代表作为整体的家的意志。这一现象与父亲可以单独署名典卖田地的区别在于父亲是当然的家长，其签名足以代表"家"的意见，而母亲和未成年儿子的代表身份则是有瑕疵的。因此，母子联署的现象，正是从反面说明父亲的典卖活动足以以整体性的家为背景。

（五）借贷

滋贺秀三对借债中"父债子还"这一习俗的描述虽然是清楚的，但因为排斥家产整体性的观点，其论证也不能让人满意。但这个问题在《继承

---

① 〔日〕滋贺秀三：《中国家族法原理》，张建国、李力译，法律出版社，2003，第171页。
② 邢铁：《唐宋时期妇女的分家权益》，载张国刚主编《家庭史研究的新视野》，三联书店，2004，第118~132页。

领域内冲突格局的形成》① 中有所论述，这里只是作出一个总结。"父债子还"的惯例无疑在全国范围内普遍存在，在清代司法判案中也屡被引用，视为当然。如樊山在"批雷昌五禀词"开篇就说："俗语云：'欠债还钱'。又云：'父债子还'。乃是一定之理。"② 父债子还的惯例，不能孤立地看待，更不能将其简单地视为儿子在财产上没有自由意志，而是必须结合中国家产的整体性以及分家制的观念。如果以整体性的家为背景，可以发现，排除父亲赌钱、抽大烟等浪费家产的情况，在正常情况下，父亲的债务是因维持家计而产生的。因此，所借之债被视为家庭债务。从广义的角度说，家产既包括家庭中积极的财产，如不动产、牲畜、现金等，也包括消极的财产，即家庭债务。当父亲通过分家的方式将家产交到儿子手上时，也同时将家庭债务分割后交给了儿子。这只要观察阄书的内容就可得知。在清代和民国的阄书中，家庭债务都是家产分割时的重要内容。这些债务可以指定几个儿子分摊，如"刻下该人债务约在谷四百五十斤、国币一千五百元正，归长、二两房抽还"。③ 也可指定一个儿子负责，如一份阄将所有用于抵押的田产、牲口都分给一个儿子，但"以上田、牛归烈富耕种、牧养。以上帐款、本息亦归烈富归还"。④ 另外，债务还包括租田的租金。如一份阄书的末尾批有"租来之地交租，二人均派"。⑤ 从这些债务分割的实例看，债务是和积极财产相联系的，如汪烈富既然分得了牛和田，那么，因牛和田产生的债务也划归汪烈富，由其偿还。

进一步讲，无论作为家庭的承继人，还是从分家的代价方面考虑，儿子都不能拒绝家庭债务。拒绝相应的债务，意味着不能承受或分得相应的家产。家产与债务相联系的观念根深蒂固。承受自家的家产如此，承受别家的家产亦如此。樊浦承受其叔的房产和"吏缺"，便想用房产抵债。县令不准，批道："房产尔叔之业，吏缺亦尔叔之业也。尔承做此缺，即应代还此钱。若将房产抵债，吏缺归尔，将来尔弟长大，凭何过度。"⑥ 这是

---

① 俞江：《继承领域内冲突格局的形成——近代中国的分家习惯与继承法移植》，《中国社会科学》2005 年第 5 期。

② 《樊山判牍》（正编"批雷昌五禀词"），大达图书供应社，1934，第 83 页。

③ 《民国三十三年吴德贵阄书》，自藏。

④ 《民国十二年汪前元阄书》，自藏。

⑤ 《光绪十八年正月广丰、广裕阄书》，自藏。

⑥ 《樊山判牍》（续编"批樊浦呈词"），大达图书供应社，1934，第 85～86 页。

侄承叔产的例子，从批语看，樊浦还未分家。表面上是樊浦承受财产，实际上是樊浦与弟弟一起构成的家或"房"承受了叔产。这就难怪县令要考虑樊浦之弟的利益，不许樊浦用房产抵债。这个案件中，一面是积极财产与消极财产不得分割的观念，一面是承受的财产必须纳入承受人之家的观念。忽视家和家产的整体性，这个案件将无法理解。

所以，所谓"父债子还"的惯例，正是存在整体性的家和家产的明证。但滋贺秀三试图弱化这方面的意义，他只是强调："能使家产上负有债务的仅仅是父亲的意思表示，而且只有父亲的意思表示才能算数。"[1] 这么说并无大碍，因为父亲作为家产的管理人，全权负责家庭开支，在债务上自然只能以父亲的意思为准。但滋贺秀三的意思却是要暗示读者，父亲在债务上的全权责任，意味着父亲对家产享有所有权。然而，在这结论和暗示之间，存在一个他不愿看到的关系：如果父亲真是以个人意思来借债，并且家产所有权只是父亲的，那么，儿子在父亲负担过多债务时，可以像古罗马的儿子一样抛弃继承。然而，"父债子还"是一个具有强制性的债务规则。在这个规则下，儿子不能抛弃继承，反过来，他也不能抛弃家产。换言之，某一社会中的制度不能孤立地理解，继承抛弃制是个人财产制的结果，也是与遗嘱自由原则相对应的。家产制则导致"父债子还"的惯例，亲子承受家产的权利与偿还家庭债务的义务也是相当的。将个人财产制引入中国家产制，则无法解释"父债子还"的现象。

四　不存在"家父的家产所有权"

我们以分家制为主线，联系家长的其他家产支配权，围绕着滋贺秀三的主要观点，对家产制进行了粗略的考察。这里需要对《中国家族法原理》中关于中国家产制的观点进行总的评价。

关于家长在一般情况下支配家产的能力，我和滋贺秀三的认识差距不大。滋贺秀三并不反对家长的财产支配权是受限制的，他也承认家父没有无偿处分家产的权力。在这一点上，虽然他的材料仍有缺陷，如他对遗嘱文书的描述基本上是错误的，但总的来说，他对家父在有偿处分和无偿处

---

[1] 〔日〕滋贺秀三：《中国家族法原理》，张建国、李力译，法律出版社，2003，第141页。

分两个领域的认识是正确的。如果争论发生在这个领域，那么，我和他之间的争执可能就仅仅是因为观察视角不同而产生。也就是说，他是从家父的处分权角度看待遗嘱，从而认为家父在无偿处分方面的无能，只是意味着对家长所有权的限制。而我则是从家父的无偿处分角度去看待，认为家父既然不能无偿处分家产，就意味着他没有家长所有权。然而，在确认了家父对家产的不完整支配能力之后，唯一能支撑家父享有家产所有权这一观点的，是家父在分家中的权力。滋贺秀三认为：

> 只有父亲拥有实现家产分割的权利，儿子对父亲不拥有分割请求权。从而父亲也可以拒绝希望分割家产的儿子的请求而单纯地将其从家里驱逐出去。即使答应了儿子的请求权决定进行分割，父亲也能够尽量将想要的财产作为养老份为自己保留下来。并且养老份是像字面所表示的那样的保留，即从前将全部家产当作自己的东西的父亲，分给孩子们一部分，继续留着其他部分的一如既往的权利关系。通过分割，被赋予了新权利的是孩子们而不是父亲。因而父亲的应该保留持有的分家单这样的东西也是不能想象的。总之，父亲在世期间的家产分割是指父亲单方面地把家产的全部或一部分给儿子们的行为，并且同时是指解放儿子们的人格、赋与他们以后每个人能够将自己的勤劳所得作为自己的东西的独立性的行为，而不是父子每个人想要从共同体中取回自己的份额的行为。而且正如在一个儿子和父亲之间不可能有家产分割这一事实所表明的那样，父子是彻头彻尾不熟悉持分这种观念的关系。①

正是以这段论述为基础，滋贺秀三感到可以不再犹豫地倒向一种家长享有家产所有权的观点，他的完整表述是：

> 当着眼于其经济上的功能的时候，家产不言而喻是大家的财产。但是在另一方面，如果着眼于谁是这一家产的权利主体这一家产的法的归属问题的话，家产就明显地是父亲的财产。②

---

① 〔日〕滋贺秀三：《中国家族法原理》，张建国、李力译，法律出版社，2003，第170～171页。
② 〔日〕滋贺秀三：《中国家族法原理》，张建国、李力译，法律出版社，2003，第171页。

我和滋贺秀三最大的分歧就在于此。对分单或阄书的考察是，虽然父母有着法律上赋予他们的析分许可权，但这个许可权在生活中的运用是作为一种潜在的权力，正如滋贺秀三也承认，这个许可权与父母的教令权不能直接联系起来。分不分家是一回事，是否服从父母教令是另一回事。迄今为止，还没有看见将闹分家与违反教令联系起来的说法，上文也指出，儿子和父母闹矛盾时，不但不会导致父母将儿子"首送到官"，相反，人们恰恰会选择分家来解决这一矛盾。反之，如果儿子闹分家成为违反教令的证据，那么中国农村的不孝之子就太多了。同时，如果条件成熟，但父母不同意儿子分家的请求，那么，要维持家庭和睦也是难以想象的。

这样，表面上，问题可以集中到儿子是否有"家产分割请求权"。如果像滋贺秀三那样认为儿子对父亲不拥有"分割请求权"，父亲有绝对的决定家产分割的权力，那么，父亲对家产的控制程度就接近了一种所有权。然而，这种观点得不到事实上的支撑。滋贺秀三这个观点的主要支撑，实际上不是各种实证材料，而是历代律例中关于"别籍异财"条的规定。但关于律例中"别籍异财"的规定，滋贺秀三的理解也有极大的偏差。他对"父母许令分析者，听"一句中的"许令"，几乎没有考虑"许"的意思。如果"许令"二字断读，则"许"是指家长许可儿子的分家请求，"令"才是指家长主动提出分家。这样，整个例文正好承认了儿子有"分割请求权"。而事实上，民间分家的开始正是由这两种情况构成的。因此，正如有学者在这个问题上所指出的："如果根据成文法的立法原则就推论出家长的家产支配权，而不顾及习惯法，则其认识是肤浅的，也可能是错误的。"①

滋贺秀三也引用了一些地方调查材料来说明家长对分家与否有决定权。不过，由于地方调查并不是真正的分家文书，在儿子是否有"分家请求权"这个方面，势必呈现多重性的特征，但滋贺秀三却截取了有利于他的调查报告，对不利于他的说法则视而不见。比如，民国时期的《民事习惯调查报告录》是常见的史料，滋贺秀三也曾引用过该书。该书中有许多析分习惯的记载，但关于析分请求权却很少，不过，在福建省政和县下却有一条，曰：

---

① 张佩国：《近代江南乡村地权的历史人类学研究》，上海人民出版社，2002，第160页。

> 政邑习俗，兄弟长成，不问父母存否，随时可议分居。其分居也
> 每于春季行之，取其发育万物也。其分法先抽父母赡尝，并提长子津
> 贴，然后按份拈阄，各执分书为据。①

这份材料的重点在于，诸子需"长成"而后可分家；一旦"长成"，即使父母在世，也"随时可议分居"。但这么明显的材料，滋贺秀三却没有引述。

在做了这么多的描述与分析后，我们需要对分家制的过程和意义做一完整的陈述。

首先，儿子是否成年是分家能否成立的重要分界线。在清代社会，成年以成婚为准。成婚对儿子带来的意义就像今天民法上赋予一个人具有"完全行为能力"一样。同时，儿子成婚也意味着父母完成了抚养责任。家产由此可以交替，大家庭的功能也从抚养儿女向奉养老人转变。因此，在没有成婚以前，儿子对家务或家政没有发言权是很正常的，因为他被社会看作一个由父母养育的未成年人，用今天的民法概念来说，是"无行为能力人"或"限制行为能力人"。此时父亲在家务或家产上具有完全的支配权也是很正常的，因为只有他能够作为成年人来判断如何增益家产和避免损害。关于这一点，滋贺秀三几乎没有考虑，因为在他所接触的调查报告不会像阄书一样完整地反映成年的观念。而引入儿子成年与否这个要素，对如何理解家产相当重要。

其次，即使儿子没有成年，父亲在拥有几乎绝对的家产支配权时，这种支配权仍然是有限制的。其限制就在于他只能以增益家产的目的去支配或管理家产，不能实施明显害及家产的行为。当他有偿地处分或支配家产时，家属难以阻止，因为即使这种处分行为在将来可能产生损害家产的后果，但在行为实施时也不能预测。当损害后果发生时，只能认为家长是出于良好的目的而犯了无法避免的错误。既然人的判断总会有失误，只要他不是存心如此，就不能对其深责。只有家父无偿处分家产时，损害家产的结果才是可以客观判断的。此时，即使是未成年的儿子和其他家属，都可能提出异议，并可能导致家长的无偿处分行为失效。观察已知的赠与或遗

---

① 《民事习惯调查报告录》，中国政法大学出版社，2000，第921页。

赠案例，都正好说明家父的无偿行为是一种效力待定的行为。由此可说，家父对家产的确有较大的支配权，但这种支配权不是完整的。就像滋贺秀三所引述的一位家父的话一样，家产从来不是个人的，而是"全体的"。因此，几乎可以将"中国的父亲在未征得全体家属特别是儿子的同意前，不能实施赠与、遗赠等无偿处分行为"，作为中国家产制的基本规则之一。这个规则看来很简单，却反映了家产观念或家产制的特征。这一基本规则说明，中国家长在未分家的家庭财产上，其身份类似于管理人。相反，古罗马的家父之所以可以绝对地处分财产，可以赠与和遗赠，则是基于个人财产观念。也就是说，在古罗马，家父支配的是"个人财产"而不是"家产"。

再次，从儿子成婚时起，法律和习惯认可了家父和儿子提出分家析产的权力。考察 20 世纪三四十年代冀东的分家习惯后，有学者指出："有的家庭是父母在世时，子女一结婚便另立门户。有的则是父母去世后兄弟再分家。较多的是在子女婚后就分家。"① 但是，在分家时，对家长是否有绝对的权力却存在争议。关于冀东的分家习惯，研究者认为家长有决定权。② 不过，支持这个结论的资料不是实证调查，而仍是《大清律例》和一些回忆。这与实际情况显然有差距。而《金翼》提供的实例说明，家长对儿子闹分家有点无可奈何。这不是因为别的，而是因为家长会考虑到家产总是要传给儿子们的，不过是时间早晚的问题。他们从来没有想过自己会一辈子占据家产不放。如果存在不及时传给儿子的情况，那不过是因为总有各种不放心的理由。而滋贺秀三对中国家长的评价是："尽量将想要的财产作为养老份为自己保留下来。"这说明，在他的印象里，中国家长是一些把优良家产往自己碗里扒的自私自利的人。我不知道滋贺秀三在这样描述时，是否把日本家长的形象带了进来。无论如何，这种描述与中国家长的情况相差太大。更多的情况下，家长虽然有些不乐意，但也还是慎重地让儿子们把所有家产析分得干干净净。年老的父母如释重负，从此生活由各个儿子奉养。即使留有养老田，养老田在家产总额中所占分量也是极少

---

① 魏宏运：《二十世纪三四十年代冀东农村社会调查与研究》，天津人民出版社，1996，第394 页。

② 魏宏运：《二十世纪三四十年代冀东农村社会调查与研究》，天津人民出版社，1996，第418 页。

的。《塔景亭案牍》中有一个分家的案例，记载了陈任仁有田地230亩，"分给二子田地各一百零亩，房屋及器具、牲畜亦二股均分。提出田三十亩为养老之费"。① 很显然，中国家长并不像滋贺秀三说的那样吝啬。总之，分家对中国家长来说并不代表权力的失落，只要"儿女争气"，那么，分家是家长乐意看到的事情。操持一个家，在大多数普通的中国家庭中，不是一种权力，而是责任和负担，既然儿子长大了，能够看到他来接替自己，长辈有什么好失落的呢？费孝通说："家"总是要分的。这句话也是民间常听到的，它的意思是，家和家产总是会传给儿子的。

　　成婚的儿子可以提出分家。但在中国，一个令人羡慕的家庭是其乐融融的大家庭。儿子在提出分家前会顾虑到提出分家是否让父母亲感到难过，因此，正常的情况下，他会尊重父亲的意见。只要没有家庭不和的事发生，儿子会等父亲主动提出分家，这样也可以让父亲表现他对儿子的体谅。如果父亲去世，为了不让母亲伤心，善解人意的儿子也会克制自己不去主动请求分家。这样，如果父亲或母亲不提出分家，一个好的儿子总是不会主动提出分家。但因此认为儿子不能请求分家则肯定是一种误解。儿子不能请求和他可以请求而节制自己是两码事。当然，在古代中国，法律赋予了父母对抗儿子请求权的"许令权"，但这种"许令权"只是国家为保护父母意志和权威的最后一道防线。滋贺秀三也承认，父母不许分割家产的案例从来没有见到。实际上，决定分家的仍是家长和儿子在家庭中的地位以及各自对意见的坚持程度。在出现家庭不和时，分家大多会立刻展开，在这种时候，分家析产是作为一种解决家庭不和的方法来看待的。这种分家会让父母心里有些伤感，这种伤感不是因为儿子夺走了他们的财产，而是因为他们在感情上不愿接受家庭的分裂。不过，从家庭的整体利益和长远发展看，这些都被认为尚属可以接受的范围。并且，由于儿子已经成婚，在习惯上也没有太多可以拒绝的必要。

　　复次，当父母提出分家或儿子提出分家得到许可后，原则上，家庭财产应该全部纳入析分的范围。但是，在序列性分家中，很少为了一个儿子分出去而清点全部家产，因此，这种分家模式中先分出去的兄长，在财产份额上很可能会吃亏。另外，家产全部清点以后，父母享有优先设定"养

---

① 许文溶：《塔景亭案牍》卷1，1925，第23页。

老田"的权力，但"养老田"不是因此而排除在家产析分范围之外，相反，阄书中一般已经交代了养老田的分割方法，它们要么由儿子们在父母去世后分割，要么由负担父母赡养义务或死葬费用最多的儿子取得。因此，养老田在观念上参与了析分，只是实际分割暂时延后。对于养老田，父母可以占有、使用、收益，但不能随意处分，特别是不能赠与或遗赠。另外，养老田均写在阄书中，从未见单独为"养老田"制作一份阄书。这说明，养老田并不独立于家产之外。滋贺秀三以为养老田是家长任意处分家产的结果，而且家长总是把最好的田产设定为养老田。这是他错误地理解了养老田的意义。养老田不过是一种地方习惯，在徽州阄书中，有设置养老田的，也有约定儿子定期缴纳财物以奉养老人的。在后一种情况下，所有财产都被儿子析分干净，父母除了一种身份性的债权，没有为自己留下不动产。如果考虑到只有家产值得一分的家庭才采用"阄分"的方法，那么，可以想象，在贫苦家庭分家时，父母要从不多的家产中留出一份养老田是相当困难的。因此，在目的和性质上，"养老田"与儿子的奉养义务是相同的，它们都是为了保障父母在老年时有固定的收入。不同之处仅在于，奉养义务是父母指定儿子分期缴纳钱物，而养老田则是设定一份不动产。我和滋贺秀三的分歧在于，他坚持父母的权力可以大到将所有财产设定为养老财产，以此说明父亲有随意处分家产的权力。不过，滋贺秀三根据的是一些调查中的回答，当问到本村有无实例时，回答说没有。[①] 因此，滋贺秀三对这些回答缺乏全面的考虑。

排除儿子忤逆等特殊情况，分家也有不分财产的，但并不是父母随意支配财产的表现。这种分家又分两种，一种是因为家庭贫困，没有可分的财产，只以分灶的方式分开，又称"分炊"。到老人去世后，再将家产分光。另一种是儿子不好意思提出分产，但又希望单独过日子，也采用单独搭灶的方式分出去，等时间长了再提出或老人去世了再分产。"分炊"或"分灶"也是分家的重要模式，这种模式是将分家分为两个阶段，先分人口，再分财产。所以，分灶又称"分人"。"分炊"和"分人"发生后，分家的全过程并没有完成，直到财产析分后，分家才算完成。分家中区别"分人"和"分产"的情况，不是一种特殊的地方习惯，而是全国各地都

---

① 〔日〕滋贺秀三：《中国家族法原理》，张建国、李力译，法律出版社，2003，第144页。

有的分家模式。如一份阄书写道：

> 今不幸吾父吾母于本年元月先后相继弃养，爰思父母在日，兄弟三人虽经分炊，而产业尚未分析清晰。兹凭戚族邻好，将先父遗产重新分三股，品搭均匀，拈阄为定。以后三人各照阄得执管，不得争多论寡，发生异言。①

这就是先"分炊"，等父母去世后再分产的情况。不过，这家兄弟也不是没有从原来的大家庭中拿走东西，而是没有举行那种清点家产、彻底析分的仪式，所以说"产业尚未分析清晰"，意思是不是没分，而是没分清楚。那么，这种兄弟不分产的意义究竟何在，其实很简单，如果这家父母和兄弟都不愿因为分产而显得生疏，又希望避免因一起过日子而产生矛盾，就会采取这种方式。另外，"分灶"虽没有带走多少家产，却使兄弟以后的收入可以纳入各自的小家庭。不去分父母的财产，的确有将原大家庭的所有财产留作父母养老之用的意思。但这种意思，一方面是父母的权威的表现，另一方面也是儿子体谅父母。因此，不能仅仅从父母一方去考虑家长的财产支配能力。

尽管有以上那么多的理解偏差，滋贺秀三还是承认儿子享有一种"承继期待权"。"儿子的承继期待权也及于家产的全体"，这种期待权的拘束力表现在"不要说父亲全面地夺走这一权利的事情，就是超越常识性的范围通过遗赠或赠与对这一权利造成部分侵害也是不能容许的"。② 这样看来，这种"承继期待权"与现代继承法上所谓的"继承的期待利益"有质的区别，继承的期待利益只能导致特留份，原则上并不妨碍被继承人自由处分财产。而这种"承继期待权"对"被继承人"的"所有权"却产生全面的拘束力。这种期待权如此强大，以至于在财产未经移转占有的情况下，已在时间上永久地限制了"所有权人"。如果承认滋贺秀三的解释，承认儿子享有这样强大的"承继期待权"，那么，在这种期待权所及的范围内，就不可能存在一种所有权，因为所有权必须是概括的、全面的、整体的支配权。父亲对家产的支配既没有概括的整体性，时间上又失去了永

---

① 《何修水、何修椿、何修统阄书》（年代不详，清至民国），自藏。
② 〔日〕滋贺秀三：《中国家族法原理》，张建国、李力译，法律出版社，2003，第174页。

久性，无论如何也难以称为所有权。也就是说，只要承认儿子享有滋贺秀三所谓的"承继期待权"，那么，他试图论证的中国家长享有家产所有权的观点就将破产。

最后，在析分家产的过程中，虽然尊长是以主持人的身份出现，但并不能随意决定儿子的分产份额，而是必须"均平"析分。正如《大清律例》所规定，尊长如果主持分产不均平，将类推适用"卑幼私擅用财"条的处罚，即"若同居尊长应分家财不均平者，罪亦如之"。[①] 清人对该条评价说："分散于卑幼，尊长不得而自私也，分不均平，公道安在？皆非所以教民睦也。"[②] 把分家均平上升到了维护"公道"和社会秩序的高度。显然，不但在习惯上，而且国家也不承认家长或尊长可以随意处分家产。

综上所述，无论是分家析产还是析产前的家产处分，在中国父亲都不可能以所有权人的身份来处理家产。滋贺秀三不能通过析产前的家产处分权来说明中国父亲的财产所有权，于是试图通过分家问题来论证他的观点，看来，这条途径也行不通。在《中国家族法原理》一书中，滋贺秀三认为家产析分必须一次性完成，认为"分单的制作对于家产分割来说是必要的要件"等，这些认识是他主张家父有家产所有权这一观点的基础。但他没有意识到，基础本身是动摇的。滋贺秀三没有深入理解中国的家产析分制，最重要的是，他没能全面和直观地把握该习惯，在这个问题上犯了过多的错误，以至于他不可能对中国家庭财产制再产生正确的观念。他虽然在家产析分制研究中提出了很多有益的结论，但在整体把握上却基本上陷入误读之中。造成这一误读的原因，一方面是他没有掌握分家习惯的直接材料，且总是把区域性的调查不加区分地作为判断全国状况的依据；另一方面是他带着前见去观察材料。或许，他想通过中国家父享有家产所有权的观点，来说明中国传统法律文化与罗马法文化的相似之处，从而证明中国法律文化的优异性或"常态性"，但这样做却是以误解中国传统家产制为代价的。

---

① 清人沈之奇注曰："若同居尊长，如伯叔与兄之属，将应分与卑幼之家财，有所偏向，分不均平者，计其不均之数，亦论如卑幼私擅用财之律。"（清）沈之奇：《大清律辑注》，法律出版社，2000，第217页。

② （清）雷梦麟：《读律琐言》，法律出版社，2000，第132页。

五 结论：作为整体性的家

然而，所有以上批评只是我与滋贺秀三之间的表面分歧，我们深层的分歧必须在本文中得到清理。深层的分歧在于，我和滋贺秀三对材料背景的理解存有巨大的差距。滋贺秀三的论述背景，是把中国家父作为一个独立的人格或权利主体。而作为"整体性的家"这一背景，在他的论述中是不存在的。惟有如此，他才能牵强地把一个"自由的"中国家父与古罗马的家父拉扯到一起。而我认为，就算中国家父对家产有着强大的支配能力，并且可以在许多方面代表整个家庭，却仍然没有摆脱整体性的家的笼罩。也就是说，必须把中国家父置于家庭内部加以考虑，而不是把他作为脱离于家之外，或与家形成独立而平等的地位，甚至把他置于家之上。在某一中国家庭中，家父可以是严厉的，但那并不影响中国家父的整体形象，因为判断家父的整体形象并不依赖于某一个体的性格，而是以社会和伦理赋予家父的权力与责任为依据。我们考察家父在法律和习惯等体系中的地位，是因为社会和伦理具有抽象性，以至于难以客观地描述。而法律和习惯则作为社会观念和伦理观念的语言性载体，使我们得以透过它们观察后者。通过这些考察，我们不能得出中国家父与罗马家父相似的结论。无论在国家法还是在民间习惯中，中国家父都只是一种温和的形象——即使是在不得已卖儿卖女时也如此。其主要的原因是中国家父从未将家视为个人所有的物品，相反，他总是将自己纳入家的范畴，自觉地接受"家"这一概念的控制。同时，"家"也实实在在地控制着中国家父的行为。无论在目的上还是在功能上，家都是一个完整的体系，在这一体系中，中国家长占据着最高的位置，发挥着重要的作用。可以认为，家长在家这一体系中是一个独立的系统，但他的独立性是相对于其他家庭成员而言的，而不是意味着他可以超越家的体系，并反过来控制和主宰家庭。从这一意义上，把家长或家父视为家的从属系统并不过分。家长或家父的一切行为，用他自己的话来说，"都是为了这个家"。

如果不了解中国家父的"家"，看不到家父生活在"家"这一庞然大物的阴影下面，是不能奢谈中国的家父或家长的。对于中国家长而言，"家"既是抽象的又是具体的，但它无疑是作为一个整体而存在。在具体的方面，家包含家庭成员和家庭财产两部分，当一个成年男性具有家父或家长的身份时，每一个行动都有着具体的目的：或是为了家庭成员，或是为了家庭财产。在抽象的方面，"家"既是模糊的，又是真实的存在。家庭成员只是生物的个体，他们的生命是有限的，祖父已经死去，父亲也在老去，而且也将死去，包括家长在内的其他成员，也面临告别家庭的那一天。因此，如果将家庭成员视为家的重要子系统，那么，这些子系统似乎总是处于不稳定的状态。而即使没有死亡的威胁，家庭也在不断地分裂，这种分裂的时间，往往比家庭成员的生命还短。大家庭分裂了，但父母还是"家里人"。新家庭成立了，但儿子刚一成婚或生育，新家庭又再次分裂。而随着婚姻和生育加入的成员，仍然是"家里人"。换言之，具体的、可观察到的"家"总是处于结合与分裂的过程之中，但这并不妨碍我们从整体的意义上理解"家"的存在，因为对家的认识还必须从"统绪"的角度加以观察，家的统绪并不因死亡或分裂而断裂，在此意义上，家是一个抽象的整体。

抽象的、整体性的家，无论经历多少聚合与分裂，仍旧在传承和延续。一个成年男子站在家庭史的长河中，不过是在某一阶段成为家庭的领导者。他深信祖先还在注视着他，并且要求他必须将一个兴旺的家庭传给以后的子孙。在这一意义上，他既是家长，又是家庭成员。无论如何，他肩负的责任都大于他的权力，因为赋予他的各种处置家庭事务的权力都是为了那个责任。对于生长在这样一种观念和现实中的家长，不可想象他拥有任意处分家产的权力，也不可能想象社会会允许他仅仅为满足自己的欲望而恣意挥霍家产，任意处置家庭成员。当然，总是有人干冒"不孝"、"丧家"、"败俗"等骂名去干违背社会预期的事。但那样的话，他的行为也不再符合社会的、伦理的和习惯的标准，因此也不在我们关于整体形象的讨论范围之内。

不但家是作为一个整体而存在，家产亦如此。在这一点，家与家产是一种因果关系，即整体性的家的观念导致整体性的家产观。我们已经通过分家、遗赠和赠与、不动产典卖、借贷等关系来说明一种整体的家产观的存在。仍应看到，正是由于存在一个整体的家的观念，因此才必须将家产作为一个整体加以维系。用族谱中常用的话来说，设置族产是为了"收族"或"收束人心"。家产作为一个整体也是为了"收家"或"收束人心"。在一个家中，家庭成员对家产满怀期待，家产是他们生存、养育和发达的基础。在家产未分割之前，家属相安无事，各得其所，这个时候是看不出家产归属的。但到了家产要分割时，每个人都认为自己有份，这时，家产开始区分"公的"和"私的"。"公产"是指原来大家庭的财产和以后保留给各房公用的财产。家长总是从大家庭的利益出发去处分家产，他设定祀产，或将养老田在他去世后转换为祀产，由于这种设定是从维持大家庭的利益出发，因此，他的行为被评价为出于"公心"。"私产"不是指哪一个人的财产，而是指相对于大家庭而言，属于分家后的小家庭的财产。① 每个人都想把"公产"往"私产"里扒拉，人们于是说他是"自私的"，② 但对于他所在的那个小家庭而言，他却是在"为公"，为小家庭的"公"，因为他不是将"公产"拿去挥霍，而是置入小家庭的家产中。这样的情况，周而复始。

个人是否有各自的财产呢？如果从家和家产的角度往下看，私人不存在所有权这一类型的财产权，因为所有的财产都归入"家"的名下，只有"家"才拥有接近所有权权能的财产权。那么，私人还剩什么？我同意费孝通的意见，用"专有权"这个概念去定义私人的财产权，同时必须根据各种专有权的权能分出不同的层次。我认为，在各种私人财产权中，以权能大小而论，奁产应在最高的层次上。奁产在宋代已经有明确的规定，可以不纳入大家庭的财产中，分家的时候妻子带过来的奁产也不纳入大家庭的家产中清算。③ 而且，非经妻子同意，丈夫不得单独处分奁产。这样，奁产就较早地脱离了大家庭的控制。不过，即便如此，宋代法律仍规定"妇人财产，并同夫为主"，④ 因此，对于奁产，在小家庭内，丈夫仍可使用和收益，所以仍未完全从"家产"中脱离出来。但说奁产是妻子和丈夫

① 汪兵认为："在这种'共有'公私观的支配下，中国以土地为主体的所有制始终未能、并且也不可能清晰地划分出'公'与'私'的界限，以致所有制与公私观一样也成为'差序'格局。比如家庭财产针对家族财产而言，即是私产，但对家庭内各成员而言，则是全家人的共有财产。"汪兵：《"共"——中国人的公私观》，载《明清人口婚姻家族史论》，天津古籍出版社，2002，第477页。我虽然不同意他对"共有财产"的使用，但对他关于"公私"概念的表达是认同的。

② 《颜氏家训·兄弟第三》批评兄弟各自倾向于自己的妻子时说："所以然者，以其当公务而执私情，处重责而怀薄义也。若能恕己而行，换子而抚，则此患不生矣。"

③ "在法：妻家所得之财，不在分限。"《名公书判清明集》，中华书局，1987，第140页。

④ 参见《名公书判清明集》，中华书局，1987，第140页。

共同共有的，^① 是勉强可以的。再往下，就是一些因身份而取得的个人财产，这种情况是极少见的。比如，一些地方有寡妇招赘的习俗，如果夫妻意见不合，丈夫可以离去，但"往往有向寡妇要求分割财产情事"。这种情况下，如果该男子之后没有成家，所分财产当然属于个人财产。但一旦再次成婚或立嗣，则财产又会被纳入新的家产中。

除此以外，就是费孝通提到的个人在家庭中对日常使用物品享有的专有的权利。这种权利一般体现为使用上的利益，特殊情况下可以将物品赠与他人。土地，无论是"长子田"还是"长孙田"，虽然名义上是因一种身份而取得，但一旦取得，都会纳入家产范围。如果本房绝嗣，这些田产又会重新回到更大的"家"的范围中去，被家族的其他"房"或支派子孙承受。那种捐赠土地的情况虽然名义上是个人行为，但它或者是为了家庭或家族的声誉，或者是为了子孙们的长远利益，实质上是家长代表家庭或家族的处分行为。

综上所述，传统社会中财产归属于个人的情况极为少见。不过，共有财产的情况则较为普遍。这里所谓的共有财产不是指家产共有。家产恰恰不是共有的，而是归属于整体性的家。所有支持将家庭财产作为家庭成员的共有权的观点，都忽视了共有关系的内涵。让我们先来看看共有关系的特征。

首先，对于共有关系是否可以视为一种新的所有权类型，学界尚存在争论。^② 但共有关系中存在的权利，其性质为所有权，则是没有争议的。那么，谁是享有这一所有权的主体呢？我们知道，享有共有权的主体应在两人或两人以上。但在传统社会，家产作为一个整体存在时，我们不可能发现两个民事主体在共享家产。即使牵强地把家长视为一个民事主体，那么，谁是另一个主体呢？不可能是母亲。所谓"三从"之德，不是指妇女没有独立的意思能力，而是指妇女没有经济上的独立地位。也不可能是亲

---

① 邢铁认为，"与一般家产不同的是，一般家产完全归丈夫或家庭所有，奁产则可以妻子和丈夫共同拥有"。参见邢铁《唐宋时期妇女的分家权益》，载张国刚主编《家庭史研究的新视野》，三联书店，2004，第118～132页。而我更愿意使用"共同共有"这个民法概念。因为除了妇女的法律主体地位不是很明确外，奁产在对内的夫妻间的权利义务关系和对外的关系上，都接近今天的夫妻共有财产关系。如果考虑到所有财产都是家产这一观念背景，妻子对奁产的支配权在当时已算是极为强大的了。

② 杨立新：《共有权研究》，高等教育出版社，2003，第15页。

子，因为无论亲子是否成婚，只要没分家，他都不能被视为一个独立于家长之外的主体。当然，这并不妨碍母亲、亲子以及其他家庭成员从家产中获益。同时，也不妨碍父亲在处分家产时听取家庭成员的意见。但获益不等于处分。意见只能影响家长，却不对家长具有约束力。可见，即使将男性家长视为一个民事主体，我们也找不到第二个主体。既然如此，共有关系又从何谈起？

其次，共有关系的内容具有双重性质。这种双重性质，表现在对外和对内两方面。这里主要通过认识对内关系来辨析家产性质。有学者在对共有关系进行研究后，指出："共有人除了对共有财产享有整体的共有权利并负担义务之外，还要按其共有的性质不同，对共有物按照各自的份额，对内享有权利并承担义务，或者平等地享有权利并承担义务。……在行使共有财产的权利，特别是处分共有财产时，必须经全体共有人共同决定。"[①] 例如，在合伙共有关系上，除了合伙财产对外发生权利义务关系外，在对内方面，处分合伙财产必须经过全体合伙人一致同意，否则无效。但是，家产的内部关系却不存在这样的障碍，在有偿处分时，家长可以征求家庭成员的意见，也可以不征求。家庭成员的意见可以影响家长的决策，但意见不具有约束力。再以夫妻共有关系为例，夫妻对于重大的财产事务，如变卖部分家产，应平等协商，共同处理；而处理一般的共有财产，夫妻之间则可以相互代表。然而，中国家长在有偿处分家产时，很难有哪一个家庭成员可以和他平等地协商，也谈不上共同处理。而在处分一般的家产时，任何家庭成员也不能代表家长。家属以典卖、租赁、借贷等任何形式处分家产都是"私自的"，可以被斥为"盗卖"、"盗赁"或"盗借"，总之是"私擅用财"。

基于此，很难认为在家庭财产上存在一种共有关系。的确，正如滋贺秀三已经指出的，尽管存在"同居共财"的说法，但只要对这种"共财"关系稍作考察和分析，就会发现，中国古人所谓的"共财"，是不能与民法中的共有关系或共有权画等号的。在排除了家长享有家产所有权和家产共有制的观点后，关于中国传统社会中的家产，如果说非要确认一个权利主体，那只能是家或户。家或户必须作为一个整体来看待。无论是国家还

---

① 杨立新：《共有权研究》，高等教育出版社，2003，第14～15页。

是社会，其基本单位都是以家或户为准。个人行动往往依附于作为整体的家。在这一基础上，我们才能考察那些传统社会中真正符合共有关系的现象。这些共有关系包括已经提到的祀产，它是以"房"为单位的，是"房"与"房"之间的共有财产，而不是家长与家长之间的共有财产。各房可以轮流管租，同时承担管租期间的祭祀费用。其他的共有关系，包括没有分家的共用水渠、水车、屋墙、晒谷和日常活动的院坝，以及重要的生产工具等；两家或两家以上公用的祠堂、道路、田埂等；分家时商量分股而不分铺的商号或铺号。它们的共同特征是：共有关系中的主体是家或"房"而不是个人。这些共有财产，不与共有的家户协商，各家均只能使用、收取租金和红利等，不能以单独某一家的名义出借、出租、典卖，否则会引起纠纷。①

总之，事实证明，在近代法制转型之前和转型过程中，中国社会中的财产归属状况，主要表现为小家庭所有和家户共有的形式。在财产权方面，虽然存在少量的个人支配或专有的现象，但当财产进入流通领域时，严格地说，这些财产行为只有以家的名义才能成立或展开，而一切以个人名义进行的财产处分行为都是有争议的。因此，有一个前提对于认识中国古代财产制和中国法制转型等课题是极为重要的，那就是，必须认识到，在古代中国社会，不可想象将某项财产归到某个生物性的个人的名下。如果我们一定要讨论中国古代的民事法律制度，那么，一切讨论都必须以"家"这个概念作为起点，而不是个人。同时，当我们讨论中国社会、伦理观念以及法制的转型时，也必须从家与个人的关系入手。脱离这个前提，所有这些领域的讨论都将离谬误不远。

最后，我想强调的是，将家和户视为一个完整的主体，并非我的发明。社会学家早在近代以来的研究中，屡屡表述过这个思想。如林耀华认为："家庭乃指共同生活，共同经济，而合炊于一灶的父系亲属。一个宗族内，包括许多家庭，外表上祠堂是宗族乡村的'集合表象'，实际上家庭是组织的真正单位。""家庭是最小的单位。"② 费孝通则更为明确地指

---

① 如巴县档案中的《文天齐弟兄孝义合约》、《嘉庆十六年五月初九日张大学告状》、《嘉庆十七年三月十五日吴世伦诉状》等，都是记载关于两家共用财产，一家独占而起纠纷。《清代乾嘉道巴县档案选编》，四川大学出版社，1989，第2~3页。

② 林耀华：《义序的宗族研究》，三联书店，2000，第73页。

出："拥有财产的群体中，家是一个基本群体。它是生产和消费的基本社会单位，因此它便成为群体所有权的基础。"①

当代学者在考察了近代中国家庭经济之后，也表达了同样的意思："在分家析产的内在逻辑中，差序格局的家族伦理与家族共财观念不可分割地纠合在一起，其关键在于家产的主体是模糊的'家'而非个人，即使父家长也不能任意独立地处分家产；相对于家长，子辈们更不具独立的民事行为资格。"② 不过，这些学者往往不注意作为一个整体性的家与家产的关系。他们很可能一方面认为家是社会最基本的单位，另一方面又谈到家产是家庭成员共有的。这种表述容易让人产生错觉，特别是从法学的角度观察，在后一种意义上，似乎他们又在说家庭成员也可以作为权利主体，从而对家产形成了一种新的财产关系。实际上，社会学家用"共有"这个概念的时候，并不常常是在严格的民法学意义上使用。他们的"共有"往往试图表达的是，所有家庭成员都可从家产中获益。

关于家产的性质，本文仍是一个初步的讨论。实际上，从无子立嗣、孀妇继管、收养义子、招赘、未嫁女承继、出嫁女奁产等关系中，都可以看到作为整体性的家与家产的影子。但本文对这些内容未能涉及，那将是以后的工作了。

（原文载于《政法论坛》2006 年第 1 期，收入本书时有改动）

---

① 费孝通：《江村经济》，戴可景译，江苏人民出版社，1986，第 43 页。
② 张佩国：《近代江南乡村地权的历史人类学研究》，上海人民出版社，2002，第 311 页。

中国传统社会中"户"的法律意义（2010）

周子良[*]

户不仅是中国古代社会中普遍而又长期存在的现象，而且在中国传统法律中占有重要的地位。张晋藩先生所著《清代民法综论》①、李志敏先生的《中国古代民法》②、姚秀兰女士的《户籍、身份与社会变迁——中国户籍法律史研究》③ 以及张晋藩先生主编的《中国民法通史》④、叶孝信先生主编的《中国民法史》⑤、孔庆明等先生编著的《中国民法史》⑥ 都不同程度地涉及户的法律意义，还有一些相关研究。⑦ 此外，台湾的戴炎辉先生，日本的仁井田陞先生、滋贺秀三先生⑧等也关注过户的法律性质。本文在前人研究的基础上，主要对"户"的含义及其在法律上的存在形式作进一步的探讨。

一 户的含义

在解析中国传统法律中"户"的含义之前，应当对"家"的含义作一初步的分析。

---

* 周子良，山西大学法学院教授。

① 张晋藩：《清代民法综论》，中国政法大学出版社，1998。

② 李志敏：《中国古代民法》，法律出版社，1988。

③ 姚秀兰：《户籍、身份与社会变迁——中国户籍法律史研究》，法律出版社，2004。

④ 张晋藩：《中国民法通史》，福建人民出版社，2003。

⑤ 叶孝信：《中国民法史》，上海人民出版社，1993。

⑥ 孔庆明、胡留元、孙季平：《中国民法史》，吉林人民出版社，1996。

⑦ 刘志伟：《在国家与社会之间——明清广东里甲赋役制度研究》，中山大学出版社，1997；〔日〕片山刚：《清末珠江三角洲地区图甲表与宗族组织的改组》，郑振满译，载叶显恩主编《清代区域社会经济研究（上）》，中华书局，1992。

⑧ 〔日〕滋贺秀三：《中国家族法原理》，张建国、李力译，法律出版社，2003。

（一）家的含义

中国古代的家不仅是国之基础，而且是古代中国人精神的寄托和心灵的港湾。[①] 若抛开家，就无法理解中国社会。古代中国的家是一个范围难以确定而又具有多重含义的范畴。就家的范围而言，可伸可缩。家可以很小，也可以大到无边无际，天下可成一家。[②] 就家的含义，《辞源》和《辞海》分别有11种和14种解释。虽然在不同的语境下，家有不同的内容，但其最基本的含义可以从广义和狭义两方面来理解。

广义的家，指家族、宗族。何谓家族、宗族？《尔雅·释亲》云："父之党为宗族。"家族和宗族均由同一始祖的男系后裔所构成，因此"家族，又称宗族。……家族就是同一个男性祖先的子孙，若干世代相聚在一起，按照一定的规范，以血缘关系为纽带结合而成的一种特殊的社会组织形式"。[③] 家族有大有小，形式多样，但无论什么样的家族，都是由狭义上的家所构成。《北魏令》说："百家为党族，二十家为闾，五家为比邻，百家之内有帅二十五。"《北齐河清三年令》说："人居十家为比邻，五十家为闾，百家为族党。"由此可知，族由家成。

狭义的家与以血缘关系为纽带而组成的家庭大致相同。家主要指家庭，应该是家的本义。"家"字最早见于商代甲骨文。《说文·家》说："家，居也。从宀，豭省声。"但清人段玉裁《说文解字注》不赞同许慎的说法。虽然许慎与段玉裁对家有某些不同的理解，但都承认家指"居"，许慎认为家"从宀"，而段氏则主张家"从豕"。段氏认为，家之本义"乃豕之居也"，但此论值得商榷。从家的字形看，家就是屋下有豕。罗常培先生推测说："中国初民时代的'家'大概是上层住人，下层养猪。"[④]此种观点是有道理的。

推想古人造字的本意，应当是假借"豕之居"而指"人之居"，即家庭。《玉篇·宀部》说："家，人所居，通曰家。"西周初年，青铜器铭文中出现了

---

① 周子良、李锋：《中国近现代亲属法的历史考察及其当代启示》，《山西大学学报》（哲学社会科学版）2005年第6期。

② 费孝通：《乡土中国　生育制度》，北京大学出版社，1998，第26~27页。

③ 徐扬杰：《宋明家族制度史论》，中华书局，1995，第1页。

④ 罗常培：《语言与文化》，语文出版社，1989，第10页。

以 "家" 计数的记载。成王时期的青铜器《令簋》铭文云："（王）姜商（赏）令贝十朋、臣十家、鬲百人。"《诗经·国风·桃夭》中有 "宜其室家"、"宜其家室"。《周礼·地官·小司徒》郑玄注曰："有夫有妇然后为家。" 1972 年山东临沂银雀山汉墓出土的竹简《田法》记载有战国前和战国时授田的情况："五十家为里，十里而为州，十乡（州）而为州（乡）。"① 其中的家，均指家庭。不过，中国早期乃至中国古代的家庭一般要包括父母、自己和子女三代人。瞿同祖先生指出，中国古代 "大概一个家庭只包括祖父母，及其已婚的儿子和未婚的孙儿女，祖父母逝世则同辈兄弟分居，家庭只包括父母及其子女，在子女未婚嫁以前很少超过五六口以上的"。② 需要说明的是，尽管我们将中国传统社会里的家大致分为了家族和家庭，但也要看到，中国古代 "最小的家族也可以等于家庭"③，家族与家庭有时会重叠在一起。

中国古代狭义之家可以理解为因婚姻、血缘或收养等关系，由祖父母、父母和已婚或未婚子孙等组成，拥有一定数量财产的团体。家主要由亲属成员组成，但也不限于完全都是亲属成员。家庭内的成员同居共财，构成社会的基本单位。④ 家庭不仅是生育单位，还是生产和消费单位。

从广义上来看，家还是古代国家的基础。国只是家的放大，君则是父的延伸，忠即是孝的位移，故此，儒家强调 "君子务本，本立而道生。孝弟也者，其为仁之本与！" 孝悌是人之为人的根本，其中孝又是核心。在中国古人看来，孝不仅限于生前对父母或祖先的 "养" 和 "敬"，还包括父母或祖先死后的 "葬" 与 "祭"。⑤ 同时，还应当看到，中国古代重视

---

① 银雀山汉墓竹简整理小组：《银雀山竹书〈守法〉、〈守令〉等十三篇》，《文物》1985 年第 4 期。

② 瞿同祖：《瞿同祖法学论著集》，中国政法大学出版社，1998，第 3 页。但也有家有百口的例子。《魏书·卢玄传》载：卢玄之家 "同居共财，自祖至孙，家内百口"。不过，在中国历史上，这种现象并非多数。参见顾炎武《日知录》卷 13《周末风俗》，载《钦定四库全书》（影印本），第 3 页。

③ 费孝通：《乡土中国　生育制度》，北京大学出版社，1998，第 39 页。

④ 费孝通：《乡土中国　生育制度》，北京大学出版社，1998，第 39 页；费孝通：《江村农民生活及其变迁》，敦煌文艺出版社，1997，第 76 页。

⑤ 以永佃制为例，佃户永佃到的土地，其用途也不限于耕作，还可以作为家族的坟地。将父母或祖先葬在自己永佃的土地里或自己认为的风水宝地里是孝的另一种表现。如明代崇祯八年（1635）的一份卖山契。详见卞利《江西地区永佃权产生的时间问题考辨》，《江西师范大学学报》（哲学社会科学版）1989 年第 3 期，第 74 页。中国古代也不缺乏 "为权利而斗争" 的事实，但都是为自家而不是个人的权益而斗争。如佃农反对 "增祖夺佃" 的行为。参见崇祯《海澄县志》、乾隆《湘潭县志》、《湖南省例成案》、道光《石城县志》。

家的最终目的是国治、天下平。

（二）户的含义

户之本义指单扇门。《说文·户》云："户，护也，半门曰户。象形。凡户之属皆从户。"《辞源·户部》释"户"云："一扇为户，两扇为门。"至晚到西周时，户具有了家的意义。《周易·讼》云："不克讼，归而逋，其邑人三百户，无眚。"三百户即是指三百家。《辞源·户部》释"户"也说："一家谓一户。"由此，至明代中期以前，家与户的内容基本是一致的。

最早解释户的法律应当是秦律。《秦简·法律答问》载，如果奴隶犯盗窃和其他类似罪行，因奴隶是主人的财产，隶属于主人，所以主人应当连坐，负刑事责任；若主人犯罪，因奴隶不是户内成员，所以奴隶不被连坐，不需要承担刑事责任。"可（何）谓'室人'？可（何）谓'同居'？'同居'，独户母之谓（殹）也。'室人'者，一室，尽当坐罪人之谓（殹）也。"即"独户母，一户中同母的人。《唐律疏议》卷十六：'称同居亲属者，谓同居共财者。'与简文不同。"① 也就是说，同居是指一户之内同母的人。唐人颜师古在解释汉代的"同居"时说："同居，谓父母、妻子之外，若兄弟及兄弟之子等见与同居业者，若今言同籍及同财也。""同居"指父母、妻子以及兄弟、兄弟之子等同籍同财者。"同财"与"大功"相连，"大功之亲，谓同财者也"。因此，秦代的户可理解为由同籍同财共居的父母、妻子及兄弟、兄弟之子等家庭成员组成的亲属团体。家庭与户基本相同。

唐律也是家、户相释。如《唐律疏议·名例律》"犯徒应役家无兼丁"条《疏议》曰："'而家无兼丁者'，谓户内全无兼丁。"《大清律·户律》"脱漏户口"条："凡一（家曰）户，全不附籍（若），有（田应出）赋役者，家长杖一百。"一家即是一户。沈之奇在《大清律辑注》中也说："计家而言之曰户，计人而言之曰口。"

正是由于古代中国的家（狭义上的家）与户意义相近，故家与户常并用，称作"家户"。如《后汉书·樊宏阴识列传》载："饥荒之余，人庶

---

① 睡虎地秦墓竹简整理小组：《睡虎地秦墓竹简》，文物出版社，1978，第238页。

流迸，家户且尽。"《三国志·蜀书》："如君所道，皆家户所有耳。"吴国贺邵上疏谏曰："是以人力不堪，家户离散。"华覈也曾上书孙皓说：当时是"家户贫困，衣食不足"。《晋书·王羲之传》载："家户空尽，差代无所。"吐鲁番出土文书《都乡啬夫被符征发役作文书一》载："［前缺］——右五家户作次逮……"民间也有家户并称的用语。南宋宝祐三年（1255）祁门县周文贵卖山地契写道："其山见经界本家户下。"①

有户，即有户主。户主，皆由家长（或尊长）为之，代表一户从事各种法律活动。《晋书·食货志》载："丁男之户，岁输绢三匹，绵三斤，女及次丁男为户者半输。"这说明户主既可以是丁男，也可由成年妇女及次丁男充任。

女子为户主者称为"女户"。《律疏·户婚律》"脱漏户口增减年状"条、《宋刑统·户婚律》"脱漏增减户口"门中，都有"若户内并无男夫，直以女人为户"之规定，即只有在户内无男夫的情况下，妇女才可以为户主。从唐神龙三年（707）高昌县崇化乡的点籍样中，也能看到这一规定。② 户内女子分为大女、中女和小女，女户主一般由年长的大女为之，"户主大女陈思香，年卅，丁寡。口大小总三，丁寡一，丁女一，黄女一"。无大女则由中女为之，无中女，则由小女任之："户主小女曹阿面子，年拾三，小女。口大小总二，小女二。"③

虽然家与户的内容大致相当，但在某些情况下，家与户也并非完全相同。

第一，一人（丁）很难算作一个家庭，却可以成为一户，《魏书·薛虎子传》云："小户者一丁而已。"《律疏·户婚律》云："纵一身亦为一户。"

第二，对于分家与分户，法律有不同的规定。依据《律疏·户婚律》"子孙别籍异财"条，祖父母（高祖父母、曾祖父母在世亦同）、父母在世，而子孙另立户籍、分家析产者，处徒刑三年。若祖父母、父母令子孙

---

① 张传玺：《中国历代契约会编考释》，北京大学出版社，1995，第 563 页。
② 国家文物局古文献研究室、新疆维吾尔自治区博物馆、武汉大学历史系：《吐鲁番出土文书》，文物出版社，1986，第 468～477 页。
③ 国家文物局古文献研究室、新疆维吾尔自治区博物馆、武汉大学历史系：《吐鲁番出土文书》，文物出版社，1986，第 469 页。

另立户籍以及将子孙非法过继给他人为嗣，处徒刑二年；子孙不处罚。《疏议》解释说：若祖父母、父母做主，令子孙另立户籍以及将子孙非法过继给他人为嗣，处徒刑二年，子孙不处罚。这里只说另立户籍，而不提令子孙分家析产，这表明，若祖父母、父母令子孙分家析产，不受处罚。要言之，无论是子孙要另立户籍，还是祖父母、父母令子孙另立户籍，其行为主体都要受到法律的惩罚。但如果是祖父母、父母令子孙分家析产，祖父母、父母以及子孙都不受处罚。

第三，家中的人口、财产与户内的人数和财产不一定相同或相等。家中的人口和财产只有经官方登记才能成为户内的人口和财产，也正因此，没有经过官方登记的人口和财产，尤其是财产，很难得到国家法律的保护。若事先不入户籍，即使是子女、妻妾，也不得享有分割家产的权利。

第四，户有时包含若干家庭。每当社会变革（或动荡）、户籍混乱时，户与家也不尽相同。如北魏初年，实行"宗主督护"制，任命豪强为宗主，督护百姓，导致"诸州户口，籍贯不实，包藏隐漏，废公罔私"，[①]"惟立宗主督护，所以民多隐冒，五十、三十家方为一户"。[②] 不过，那"五十、三十家方为一户"的现象是"籍贯不实"的表现，为国家法律所禁止。

中国古代的户籍制度并不只是为了人口管理，更具有征派赋役的功能。从明朝的"一条鞭法"到清朝的"摊丁入亩"，土地逐渐成为赋税征收的主要依据或唯一标准，先前户籍中家庭人口登记的功能渐次减退，国家典册中的一些"户"，或以田立户，或以丁立户，而不是以家立户，家与户逐步分离。

第五，更值得注意的是，家是自然形成的，户则是国家运用权力建构起来的。[③] 国家通过编制户籍，将户内人口和财产登记在户的名下，使户承担起缴纳国家赋税和社会控制的重任。户的公法性质非常明显。虽然户的产生是出于公法上的需要，但同时法律也赋予户享有户内成员的人身权和户内财产的所有权。

---

① （北齐）魏收：《魏书·食货志》，中华书局，1974。
② （北齐）魏收：《魏书·李冲传》，中华书局，1974。
③ 参阅布迪厄和朱爱岚等人的观点："当前对中国农村仍适用的户的定义，同样是通过国家权力的运作从内部建构起来的。""对中国户的分析是个被优先选取的主题，因为它在当代中国是由'官方'建构起来的。"参见〔加拿大〕朱爱岚《中国北方村落的社会性别与权力》，胡玉坤译，江苏人民出版社，2004，第131页。

有关户与家庭的区别还可参考《辞海》的相关解释。不过，明代中叶之前，户与家基本相同，户以家立、因家立户是古代中国社会普遍存在的现象。有学者指出，明初黄册中的户对应现实中的单个家庭，一户即一家。①

明代中期之后，户的构成要素和性质逐渐发生了大的变化，明代里甲制下的"里长—甲首"关系渐渐变为清代图甲制下的"总户—子户"关系，而且总户与子户间的关系相当复杂。② 但是，尽管明代中叶以后家、户逐渐分离，户"不再仅仅是家庭的户籍登记单位，而可以是单纯的田地赋税的登记单位"，③"只是由于一般地说，对于某一特定的'户'拥有支配权并在其中承担纳税责任的，是一定的社会群体及其成员，并由于'户'本来是指一定的社会群体这样一种渊源关系，才习惯地用户名来指称一定的社会群体"。④ 由于"子户"、"花户"的不明之处甚多，⑤ 也许可以这样说，无论"户"这个"户头"被什么样的社会群体（实体）拥有和支配，拥有和支配这个"户头"的社会群体（实体），在从事民事活动时，都应当以户的名义来进行。⑥⑦

---

① 刘志伟：《在国家与社会之间——明清广东里甲赋役制度研究》，中山大学出版社，1997，第245页。

② 刘志伟：《在国家与社会之间——明清广东里甲赋役制度研究》，中山大学出版社，1997，第264~268页。

③ 姚秀兰：《户籍、身份与社会变迁——中国户籍法律史研究》，法律出版社，2004，第73页。

④ 刘志伟：《在国家与社会之间——明清广东里甲赋役制度研究》，中山大学出版社，1997，第258页。

⑤ 〔日〕片山刚：《清末珠江三角洲地区图甲表与宗族组织的改组》，郑振满译，载叶显恩主编《清代区域社会经济研究（上）》，中华书局，1992，第500页。

⑥ 刘志伟：《在国家与社会之间——明清广东里甲赋役制度研究》，中山大学出版社，1997，第223、224、252、255页；〔日〕片山刚：《清末珠江三角洲地区图甲表与宗族组织的改组》，郑振满译，载叶显恩主编《清代区域社会经济研究（上）》，中华书局，1992，第499页；张传玺：《中国历代契约会编考释》，北京大学出版社，1995，第1126、1128、1129、1148、1150、1248、1414、1440页。

⑦ 明中期以前，人和土地是构成户的两大要素，并且以人为主，土地处于从属的地位；户一般代表一个家庭，是一个相当确定的社会单位（或社会群体）。明中期之后，特别是在清代的图甲制下，户也可以包括两个以上家庭，户的名称也可以用来指宗族或族内房系，称为"户族"，户的构成要素也主要不是人和土地，而是田产与税额，户主要变为以土地为基本内容的课税客体或税额登记单位，类似于银行账户的登记单位，即"户头"。参见刘志伟《在国家与社会之间——明清广东里甲赋役制度研究》，中山大学出版社，1997，第252~260页。但也应当注意，在一般情况下，并非所有的家与户都完全分离而没有关联。参见《大清律·户律》"脱漏户口"条。

基于上述分析，可以这样理解：明代中期以前，户是中国古代国家为了掌握人口、财产与征派赋役，以家庭为基础而建构的具有法律性质的最基本的单位；明代中期之后，家与户逐渐分离，户主要成为田地与赋税的登记单位，但另一方面，土地财产的实际所有者，应当还是以户的名义从事土地的买卖、出租等民事活动，申言之，从事各种民事活动的主体，应当还是户而不是个人。明代中期之前，虽然户与家庭（狭义上的家）的内容基本相同，但两者也因存在某些差别而不能完全等量齐观；再者，中国古代的"家"的含义具有不确定性，家可以指家族、家庭、家产、户（家户），而户则通过官府的登记而有了较确定的含义和范围。

二 户的种类

在中国传统社会，编户是国家统治的重要手段之一，不同的人被编入不同的户籍，"普天之下谁不编户？"户也随朝代更替、社会变迁而产生了不同的种类和称谓。

两汉之前，户的名称比较单一，一般统称为"户"、"人户"、"民户"。若按职业和身份划分，两汉户的种类大致分为三类。一是农户，或称民户。农户主要由自耕农、半自耕农和大小地主组成。二是宗室贵族户。汉代有管理宗室贵族事务的专门机构"宗正"，其职责是"掌序录王国嫡庶之次，及诸宗室亲属远近，郡国岁因计上宗室名籍"。其户籍称"宗室名籍"、宗籍。三是有市籍的市户。西汉时，凡在官府设立的市场中营业的商人都有专门的户籍，即市籍，不过，到东汉，商人已不见有无市籍之区别。[1]

根据财产的多少，汉代的户可分为上户、中户和下户三种（等）。上户资产在50万钱以上，中户资产在10万钱左右，下户资产多不满万钱。[2]

三国两晋南北朝时期，户的种类和名称明显增多。曹魏时期，曹操将控制下的人民分为农户、屯田户、兵户等。北魏时，除了统治者直接控制的编户外，还出现了名称和种类繁多的"杂役之户"、"百杂之户"，统称为杂户。其中，有隶属于寺院团体的僧祇户，有为寺院所领的佛图户（寺

---

① 林甘泉：《中国封建土地制度史》第1卷，中国社会科学出版社，1990，第213、215页。

② 邢铁：《户等制度史纲》，云南大学出版社，2002，第7~8页。

户），以及与国家有着密切人身依附关系的依附户——军户、营户、乐户、隶户、府户、屯户、牧户、盐户、监户、驿户、伎作户（包括细茧户、绫罗户、工户、金户等手工技艺户）、平齐户等。所有杂户都各有专属的户籍，其地位高于官私奴婢而低于编户。

北魏的杂户主要来源于反叛者、战俘、被掳掠的人口和罪犯的家属子孙等。这与北周的情形大致相同。北周《大律》规定："盗、贼及谋反、大逆、降、叛、恶逆罪当流者，皆甄一房，配为杂户。"北魏的营户多来自反抗统治的北方少数民族，他们被迁置各地后，在军队的掌控下从事农业、畜牧业和手工业等。隶户与平齐户主要是从别国掳掠来的民户。隶户多来自西凉，《隋书·刑法志》载："（北）魏虏西凉之人，没入名为隶户。"隶户主要从事各种杂役，地位低下，常与奴隶一起被赏赐给臣下。平齐户是北魏在对宋战争中所俘掠并被强迁至魏都附近的齐郡人户，地位低于僧祇户、佛图户。

北魏出现的杂户直到北齐才被废除。杂户又重新成为编户，获得更多的自由，摆脱了卑贱的地位。

虽然北齐在放免法令后已"无复杂户"，但在唐代，由罪犯的家属而变成的杂户依然存在。作为官贱民，杂户的户籍隶属于州县官府，其地位低于编户而高于官奴婢和番户。

番户是属于官户的罪役户，其户籍隶属于所服役的州县官府。作为官贱民，官户来源于罪犯及其家属、赦免的官奴婢，地位仅高于官奴婢而低于杂户和编户。虽然番户包括在官户中，但官户与番户也有某些差别。

除杂户、官户外，唐代的官贱民还包括工户、乐户和太常音声人等。工户是隶属于朝廷少府监的手工业户；乐户为隶属于朝廷太常寺、从事乐舞的官贱户；太常音声人是原附籍于太常寺而唐代改为属于州县官府的乐户，其地位较高。虽然太常音声人也属于官贱民，但其地位高于其他官贱民，仅次于良人编户。

唐代的奴婢、部曲"身系于主"，其中"奴婢贱人，律比畜产"，没有独立的户籍，而附于主人的户籍之下。据《唐大中四年（850）十月沙州令狐进达申请户口牒》载，在户主令狐进达的户内，还包括奴与婢。① 其

---

① 〔日〕池田温：《中国古代籍帐研究·概观录文》（下），东京大学出版会，1979，第566页。

中，"宜"为婢、"进子"为奴。部曲"谓私家所有"。部曲之籍编入主人的户籍。奴婢、部曲无户籍，即没有独立的人格。

唐代的人户比较复杂，主要包括地主、自耕农、手工业者和商人。①这些人户根据资产，分为不同的户等。唐初，国家的编户分为上户、中户（次户）和下户三等。贞观之后，唐代的九等户分别为上上户、上中户、上下户、中上户、中中户、中下户、下上户、下中户、下下户。根据居住地的不同，唐代的编户又分为主户与客户。凡是土著原籍人户，均称为主户，而因战乱、赋役、灾荒等逃亡异乡的客籍民户为客户。但到唐德宗实行"两税法"后，取消了主户、客户的区别。晚唐，再次出现主户与客户，但晚唐的客户是指佃户而非客籍他乡的民户。

在唐代主、客户存在的时期，主户又分为课户与不课户。凡主户内负担国家税役人丁的人户，即"课户"；无田产或依法免除税役的人户为"不课户"。课户负担沉重的赋役，主要有租、调、役、杂徭。

北宋以降，户种类的划分标准发生了重大的转变，总的趋势是由以身份区别为主到以职业划分为主，从看重人身关系转变为重视家庭资产。但这并不是说宋代以后就没有身份的区别和人身的依附关系，而是说职业和资产成为划分户种的主要标准。

两宋的编户主要分主户和客户两类。这时的主、客户主要以有无土地加以区别，主、客户也常因有无土地而发生变化。主户拥有土地，相应也承担国家的赋役。主户又分乡（村）户与坊郭户两类。乡户的主体是自耕农户，此外还包括半自耕农户、地主、匠户、亭户（即灶户，以海水煮的正盐缴公的盐户）、锅户（以海水煮的浮盐卖给商贩的盐户）、井户（以井水制盐之民户）、茶户、机户、船户、蛊户以及女户和一些官户、形势户。

官户指有官品、免除徭役的人户。这与南朝、隋、唐时的官户（即罪役户）不同。形势户是对宋代"立别籍，通判专掌督之"，在仕籍的文武官员和州县豪强人户的统称。②坊郭户亦称城郭户，是指居住在州、县、镇内的手工业者、商贾和城市人户。

---

① 王威海：《中国户籍制度——历史与政治的分析》，上海文艺出版社，2006，第 116 页。

② 《辞海·经济分册》，上海辞书出版社，1980，第 149 页。

客户即佃户，无论在乡村还是在城市都有客户。前者称为乡村客户，后者名为坊郭客户。这里的主、客户，与晚唐的主、客户相近，但两宋的客户，其人身依附关系较前代大为减弱，其地位有了进一步的提高。即使客居他乡，也能很快取得国家编户的资格。1021年，诏曰："诸州县自今招来户口，及创居入中开垦荒田者，许依格式申入户籍，无得以客户增数。"客户取得编户资格后，就与主户一样在法律上取得了受国家平等保护的地位。同时，还应当明确的是，尽管两宋的户种繁多，但它们之间的区别主要是以职业而不是由身份来体现的。

元代的户种也主要依据资产和职业加以区分。按每户占有土地的数量，民户被分为三等。依职业分，元代的户主要有军户、民户、匠户、站户、医户、儒户、盐户、冶金户、葡萄户、打铺户、猎户、酒户和礼乐户等，统称为"诸色户计"。元代比较特殊的户种为"驱户"，是蒙古人在战争中俘获的汉人民户。他们有自己的户籍，主要从事农业生产，负担国家的赋役，但他们为蒙古贵族所占有，不得与自由民通婚，其身份是农奴或奴隶。

明代，户的种类和名称依然繁多。《大明律·户律》规定："凡军、民、驿、灶、医、卜、工、乐诸色人户，并以籍为定。"《大明律·户令》规定："凡军民、医匠、阴阳诸色户计，各以原报抄籍为定，不得妄行变乱。违者治罪，仍从原籍。"此外，明代还有匠户、丐户（亦称堕民、怯邻户）、疍户（以打鱼或水上运输为业）。这些户类都是按职业划分，有不同的名称。若以财产多少为依据，户则分为上、中、下三等，"户有上、中、下三等，盖通较其田宅、赀畜而定之"。[①] 有学者统计，明初户的种类至少有80多种。[②]

在清代，主要有"军、民、驿、灶、医、卜、工、乐诸色人户"。法律规定的军、民、驿、灶、医、卜、工、乐等诸色人户，只是某一户类的总称，每一类人户又细分为更多的户种。如民户中除了一般农户外，还有佃户、茶户、织户、商户、船户、矿户、渔户、儒户、阴阳户等。灶户，亦称盐户，包括亭户、锅户、畦户、井户等。

---

① 顾炎武：《天下郡国利病书·河南》。

② 栾成显：《赋役黄册与明代等级身份》，《中国社会科学院研究生院学报》2007年第1期。

三　结语

上文的梳理仅仅是对古代中国户的种类和名称所作的简要概括，而事实上户的种类与名称远比上文所述要丰富得多。但即使只是一个简略的观察，也能从中看到户在古代社会中普遍和长期存在的事实。这些不同的户类，包含着数量庞大的以家庭为基础而构成的户。

由上可知，在家的基础上，国家通过法律建构了一个社会主体——户，正是这些种类繁多、名称各异的户组成了纷繁复杂的古代社会。在这个社会里，户作为国家征收赋税和社会控制的对象，再加之，户律的规范多以刑罚手段以保证实施，可以说，户具有公法的性质。此外，户在经过户籍登记后，不仅获得了公法上的主体资格，而且国家也赋予户以民事主体的资格，在中国古代的民事法律和民事活动中，户充分享有户（家）内的财产权和人身权，个人或户主（家长）的民事法律行为也主要是户的民事法律行为。换言之，户因登记而被赋予民事权利能力和行为能力，户的权益也因法律的确认而受到保护。户不仅是公法上的主体，还是私法尤其是民事法上最主要的主体。在平等、和同、诚信和情理等民事法基本原则的指导下，户从事着诸多的民事活动。

（原文载于《太原理工大学学报》（社会科学版）2010 年第 1 期，收入本书时有改动）

附录 家户法律传统专题研究主要论著目录索引

一 编著类

1. 黎世蘅：《历代户口通论》，世界书局，1922。

2. 汪波：《亲属法》，世界书局，1931。

3. 屠景山：《亲属法原论》，世界书局，1932。

4. 宗惟恭：《民法亲属释义》，上海法学编译社，1932。

5. 陶汇曾：《民法亲属论》，上海法学编译社，1933。

6. 徐朝阳：《中国亲属法溯源》，商务印书馆，1933。

7. 郁嶷：《亲属法要论》，朝阳大学出版部，1934。

8. 陶希圣：《婚姻与家族》，商务印书馆，1934。

9. 李谟：《民法亲属新论》，上海大东书局，1934。

10. 胡长清：《中国民法亲属论》，商务印书馆，1935。

11. 曹杰：《中国民法亲属编论》，上海法学编译社，1935。

12. 闻均天：《中国保甲制度》，商务印书馆，1935。

13. 黄强：《中国保甲实验新编》，正中书局，1935。

14. 郑宗楷：《户籍法概论》，上海法学书局，1935。

15. 胡长清：《中国民法亲属论》，商务印书馆，1936。

16. 黄右昌：《民法亲属释义》，上海法学编译社，1936。

17. 潘光旦：《中国之家庭问题》，新月书店出版社，1939。

18. 江士杰：《里甲制度考略》，商务印书馆，1944。

19. 赵凤喈：《民法亲属编》，正中书局，1945。

20. 陈顾远：《民法亲属实用》，大东书局，1946。

21. 吴岐：《中国亲属法原理》，中国文化服务社，1947。

22. 陈宗蕃：《亲属法通论》，世界书局，1947。

23. 瞿同祖：《中国法律与中国社会》，商务印书馆，1947。

24. 魏克明：《论家庭》，上海人民出版社，1959。

25. 马起：《中国革命和婚姻家庭》，辽宁人民出版社，1959。

26. 黄清连：《元代户计制度研究》，台湾大学文学院，1978。

27. 梁方仲：《中国历代户口、田地、田赋统计》，上海人民出版社，1980。

28. 张庆五：《户口登记常识》，法律出版社，1983。

29. 宋昌斌：《中国古代户籍制度史稿》，中华书局，1984。

30. 王玉波：《历史上的家长制》，人民出版社，1984。

31. 邓伟志、张岱玉：《中国家庭的演变》，上海人民出版社，1987。

32. 史凤仪：《中国古代婚姻与家庭》，湖北人民出版社，1987。

33. 朱勇：《清代宗族法》，湖南教育出版社，1987。

34. 宋家钰：《唐朝户籍法与均田制研究》，中州古籍出版社，1988。

35. 邵伏先：《中国的婚姻与家庭》，人民出版社，1989。

36. 岳庆平：《中国人的家国观》，中华书局，1989。

37. 岳庆平：《家国结构与中国人》，中华书局，1989。

38. 王玉波：《中国家长制家庭制度史》，天津社会科学院出版社，1989。

39. 陈鹏：《中国婚姻史稿》，中华书局，1990。

40. 巫昌祯、王德意、杨大文：《当代中国婚姻家庭问题》，人民出版社，1990。

41. 杜正胜：《编户齐民》，联经出版事业有限公司，1990。

42. 岳庆平：《中国的家与国》，吉林文史出版社，1990.

43. 张庆五、杨子慧编《中国历代人口与户籍》，天津教育出版社，1991。

44. 徐扬杰：《中国家族制度史》，人民出版社，1992。

45. 郑振满：《明清福建家族组织与社会变迁》，湖南教育出版社，1992。

46. 陈宗瑜：《婚姻家庭制度论》，湖南出版社，1993。

47. 陈惠馨：《亲属法诸问题研究》，月旦出版公司，1993。

48. 陶毅、明欣：《中国婚姻家庭制度史》，东方出版社，1994。

49. 朱德新：《二十世纪三四十年代河南冀东保甲制度研究》，中国社会科学出版社，1994。

50. 郭志刚：《当代中国人口发展与家庭户的变迁》，中国人民大学出版社，1995。

51. 陈小君、曹诗权：《海峡两岸亲属法比较研究》，中国政法大学出版社，1996。

52. 刘志伟：《在国家与社会之间——明清广东里甲赋役制度研究》，中山大学出版社，1997。

53. 刘达临：《社会学家的观点：中国婚姻家庭变迁》，中国社会出版社，1998。

54. 费孝通：《乡土中国　生育制度》，北京大学出版社，1998。

55. 蔡文辉：《婚姻与家庭——家庭社会学》，五南图书出版有限公司，1998。

56. 赵秀玲：《中国乡里制度》，社会科学文献出版社，1998。

57. 麻国庆：《家与中国社会结构》，文物出版社，1999。

58. 史凤仪：《中国古代的家族与身分》，社会科学文献出版社，1999。

59. 谢振民：《中国民国立法史》，中国政法大学出版社，2000。

60. 史尚宽：《亲属法论》，中国政法大学出版社，2000。

61. 李默编《百年家庭变迁》，江苏美术出版社，2000。

62. 陈功：《家庭革命》，中国社会科学出版社，2000。

63. 杨知勇：《家族主义与中国文化》，云南大学出版社，2000。

64. 史尚宽：《亲属法论》，中国政法大学出版社，2000。

65. 林菊枝：《亲属法新论》，五南图书出版公司，2000。

66. 王新华：《中国户籍法律制度研究》，中国公安大学出版社，2001。

67. 巫昌祯：《婚姻家庭法新论——比较研究与展望》，中国政法大学出版社，2002。

68. 邢铁：《户等制度史纲》，云南大学出版社，2002。

69. 陆益龙：《户籍制度——控制与社会差别》，商务印书馆，2003。

70. 张希坡：《中国婚姻立法史》，人民出版社，2004。

71. 姚秀兰：《户籍、身份与社会变迁》，法律出版社，2004。

72. 宋昌斌：《编户齐民——户籍与赋役》，长春出版社，2004。

73. 王歌雅：《中国现代婚姻家庭立法研究》，黑龙江人民出版社，2004。

74. 冯尔康：《18 世纪以来中国家族的现代转向》，上海人民出版社，2005。

75. 刘海鸥：《从传统到启蒙：中国传统家庭伦理的近代嬗变》，中国社会科学出版社，2005。

76. 高明士：《东亚传统家礼、教育与国法》，台湾大学出版中心，2005。

77. 王新宇：《民国时期婚姻法近代化研究》，中国法制出版社，2006。

78. 王威海：《中国户籍制度——历史与政治的分析》，上海文化出版社，2006。

79. 王新宇：《民国时期婚姻法近代化研究》，中国法制出版社，2006。

80. 张佩国：《地权·家户·村落》，学林出版社，2006。

81. 陈惠馨：《传统个人、家庭、婚姻与国家——中国法制史的研究与方法》，五南图书出版股份有限公司，2006。

82. 张国刚：《中国家庭史》（全五卷），广东人民出版社，2007。

83. 余延满：《亲属法原论》，法律出版社，2007。

84. 上海社会科学院家庭研究中心：《中国家庭研究》，上海社会科学院出版社，2007。

85. 王歌雅：《中国亲属立法的伦理意蕴与制度延展》，黑龙江大学出版社，2008。

86. 鞠春彦：《教化与惩戒：从清代家训和家法族规看传统乡土社会控制》，黑龙江教育出版社，2008。

87. 王圣诵：《中国乡村自治问题研究》，人民出版社，2009。

88. 张雷：《当代中国户籍制度改革》，中国人民公安大学出版社，2009。

89. 许莉：《〈中华民国民法·亲属〉研究》，法律出版社，2009。

90. 王洪：《从身份到契约》，法律出版社，2009。

91. 陈苇：《中国婚姻家庭法立法研究》，群众出版社，2010。

92. 金眉：《中国亲属法的近现代转型——从〈大清民律草案·亲属编〉到〈中华人民共和国婚姻法〉》，法律出版社，2010。

93. 戴炎辉、戴东雄、戴瑀如：《亲属法》，顺清文化事业有限公司，2010。

94. 徐扬杰：《中国家族制度史》，武汉大学出版社，2012。

95. 胡启勇：《先秦儒家法伦理思想研究》，民族出版社，2012。

96. 赵万一：《民法的伦理分析》，法律出版社，2012。

97. 宇培峰：《"家长权"研究——中、西法文化视野中的"家长权"》，中国政法大学出版社，2013。

98. 贺雪峰：《新乡土中国》，北京大学出版社，2013。

99. 俞荣根：《礼法传统与中华法系》，中国民主法制出版社，2016。

100. 费成康：《中国的家法族规》，上海社会科学院出版社，2016。

101. 张文江：《秦汉家、户法律研究：以家户法律构造为视角》，人民日报出版社，2016。

102. 雷春红：《当代中国婚姻家庭法价值取向的审视与建构——以我国夫妻财产制和离婚救济制度为例》，浙江大学出版社，2016。

103. 马小红：《礼与法：法的历史连接》（修订本），北京大学出版社，2017。

104. 孙宁：《唐代户籍编造史稿》，中国社会科学出版社，2017。

105. 张德美：《皇权下县：秦汉以来基层管理制度研究》，清华大学出版社，2017。

二　论文类

1. 张肇元：《中国家制论》，《约翰声》1914 年第 2 期。

2. 许藻镕：《亲属法上之家制问题》，（上海）《法学季刊》1923 年第 5 期。

3. 李锡周：《法制局亲属法草案废止家制之得失》，《台中半月刊》1929 年第 14 期。

4. 胡长清：《家制论（一）》，（北京）《法律评论》1930 年第 3 期。

5. 胡长清：《家制论（二）》，（北京）《法律评论》1930 年第 4 期。

6. 楼桐孙：《中国家制的过去与未来》，《东方杂志》1931 年第 2 期。

7. 程方：《中国家制问题平议》，《东方杂志》1931 年第 17 期。

8. 陶希圣：《所谓集居独立者》，《东方杂志》1931 年第 17 期。

9. 周建人：《关于集居独立的可能性》，《东方杂志》1931 年第 17 期。

10. 塚寒：《中国家制的过去与未来质疑》，《东方杂志》1931 年第 17 期。

11. 笑魁：《中国家制》，（上海）《生活》1931 年第 35 期。

12. 俞钟骆：《妇女与家制》，《女青年月刊》1934 年第 4 期。

13. 若海：《从西洋家制的崩溃说到中国家制的将来》，《妇女共鸣》1936 年第 10 期。

14. 杨绚霄：《中国目前的家制问题》，《文友（上海）》1945 年第 5 期。

15. 潘光旦：《家制与政体（上）》，《世纪评论》1947 年第 9 期。

16. 潘光旦：《家制与政体（下）：附表》，《世纪评论》1947 年第 10 期。

17. 童书业：《从历史上看婚姻法的伟大意义》，《文史哲》1953 年第 2 期。

18. 金景芳：《论宗法制度》，《东北人民大学学报》1956 年第 2 期。

19. 马起：《论婚姻制度与婚姻法》，《法学研究》1956 年第 6 期。

20. 贺昌群：《关于宗族、部族的商榷》，《历史研究》1956 年第 11 期。

21. 童书业：《论宗法制与封建制的关系》，《历史研究》1957 年第 8 期。

22. 杨大文、徐清、萧淑惠：《破除家长制，建立民主团结的家庭》，《法学研究》1959 年第 1 期。

23. 芮沐：《新中国十年来婚姻家庭关系的发展》，《法学研究》1959 年第 5 期。

24. 成东柳：《我国婚姻家庭制度的革命》，《法学研究》1960 年第 3 期。

25. 阎长贵：《必须坚决摒弃封建道德——从忠孝谈起》，《哲学研究》1963 年第 6 期。

26. 荆司：《关于婚姻家庭纠纷中所反映的阶级斗争问题》，《法学研究》1965 年第 1 期。

27. 韩连琪：《汉代的户籍和上计制度》，《文史哲》1978 年第 3 期。

28. 巫昌祯：《巩固和发展我国社会主义婚姻家庭制度》，《北京政法学院学报》1979 年第 1 期。

29. 马俊驹、程飞：《旧中国封建婚姻家庭制度的特点及当前婚姻家庭领域反封建残余斗争》，《北京政法学院学报》1981 年第 1 期。

30. 潘祐周、皮纯协：《中国婚姻家庭制度与立法的历史发展》，《湘潭大学社会科学学报》1982 年第 1 期。

31. 程天权：《秦律婚姻家庭关系探索》，《政治与法律丛刊》1982 年第 3 期。

32. 李实：《论我国的家庭结构及发展趋势》，《法学研究》1983 年第 5 期。

33. 潘允康：《试论中国核心家庭和西方核心家庭的异同》，《天津社会科学》1985 年第 2 期。

34. 陈惠芬、陈苇：《略论我国婚姻家庭关系的新变化》，《中南政法学院学报》1986 年第 3 期。

35. 费孝通：《三论中国家庭结构的变动》，《北京大学学报》（哲学社会科学版）1986 年第 3 期。

36. 陶毅：《我国家庭关系的变革与"家庭"立法》，《法学评论》1986 年第 4 期。

37. 陈文浩：《谈谈婚姻家庭形式在人类历史上的发展过程》，《学习与辅导》1987 年第 3 期。

38. 马新、齐涛：《略论中国古代的家产继承制度》，《人文杂志》1987 年第 5 期。

39. 何建国：《家庭——中国古代法律的基础》，《比较法研究》1988 年第 1 期。

40. 张中秋：《氏族（部族）·宗族（家族）·国家（社会）——传统中国集团本位法的形成与发展》，《上海社会科学院学术季刊》1991 年第 4 期。

41. 林明：《试论家族法的成因及其历史影响》，《山东大学学报》（哲学社会科学版）1992 年第 1 期。

42. 王晓清：《论元代户婚律体系》，《江汉论坛》1992 年第 2 期。

43. 费成康：《论家族法中的惩罚办法》，《政治与法律》1992 年第 5 期。

44. 林明：《中国家族制度的特点及与封建法律的关系》，《山东社会科学》1993 年第 1 期。

45. 夏锦文：《中西亲属法文化的冲突及其对近现代中国的影响》，《南京社会科学》1993 年第 6 期。

46. 方亚光：《从〈唐律·户婚〉看唐代婚姻的双重性》，《学海》1994 年第 2 期。

47. 魏道明：《古代社会家庭财产关系略论》，《青海师范大学学报》（哲学社会科学版）1997 年第 1 期。

48. 曹诗权：《中国亲属法的法文化源流和形式特点》，《法商研究》1997 年第 3 期。

49. 王三山：《宗法家族组织与中国专制政治》，《法学评论》1998 年第 2 期。

50. 岳庆平：《家族文化与现代化》，《社会科学战线》1994 年第 6 期。

51. 王晓琪：《家庭在变革中的角色调适》，《吉林大学社会科学学报》1995 年第 5 期。

52. 丁文：《建国五十年来的中国家庭巨变》，《学习与探索》1999 年第 6 期。

53. 杨大文：《1998 年：活跃在立法前沿的婚姻家庭法学》，《法学家》1999 年第 1 期。

54. 徐凤侠：《论中国古代婚姻家庭之法律思想》，《济宁师专学报》2000 年第 4 期。

55. 朱海：《从判文看唐代的执法以情——以家庭关系为中心》，《魏晋南北朝隋唐史资料》2001 年第 00 期。

56. 张晋藩、林乾：《〈户部则例〉与清代民事法律探源》，《比较法研究》2001 年第 1 期。

57. 叶英萍：《唐之婚姻家庭法探析》，《海南大学学报》（人文社会科学版）2001 年第 1 期。

58. 张敏杰：《中国的婚姻家庭问题研究：一个世纪的回顾》，《社会科学研究》2001 年第 3 期。

59. 马忆南：《中国婚姻家庭法的传统与现代化——写在婚姻法修改之际》，《北京大学学报》（哲学社会科学版）2001 年第 1 期。

60. 曹旅宁：《论秦律中所见的家族法》，《学术研究》2002 年第 4 期。

61. 郑显文：《唐代家庭财产继承制度初探》，《中国文化研究》2002 年第 3 期。

62. 汤毅平、刘新国：《西周婚姻家庭制度的现实启迪》，《湖南广播电视大学学报》2002 年第 4 期。

63. 李交发：《论古代中国家族司法》，《法商研究》2002 年第 4 期。

64. 姜密：《中国古代非"户绝"条件下的遗嘱继承制度》，《历史研究》2002 年第 2 期。

65. 沈小明：《儒家文化影响下的家族法》，《中山大学研究生学刊》（社会科学版）2002 年第 2 期。

66. 汪毅夫：《分爨析产与闽台民间习惯法——以〈泉州、台湾张士箱家族文件汇编〉为中心的研究》，《台湾研究》2003 年第 4 期。

67. 黄秋生：《中日传统"家"的形成原理与封建家族法的差异》，《深圳大学学报》（人文社会科学版）2003 年第 6 期。

68. 吴秋红：《理学对封建社会后期婚姻家庭法律制度的影响》，《海南广播电视大学学报》2003 年第 3 期。

69. 石碧波：《民法上的"家"——兼论我国民法上"家"的二元结构》，

《当代法学》2003 年第 7 期。

70. 唐剑:《中国传统法律文化与家族制度述评》,《湘潭工学院学报》(社会科学版) 2003 年第 5 期。

71. 张云秀:《从家族到市民社会——以中西方家族、市民社会与国家的关系对比为视角》,《西南政法大学学报》2003 年第 5 期。

72. 郑肯植:《宗法制祭祀的继承和家族的变化》,《法律史学研究》2004年第 00 期。

73. 李朝开:《家族势力与法治关系论》,《学术探索》2005 年第 3 期。

74. 胡玉鸿:《法律与自然情感——以家庭关系和隐私权为例》,《法商研究》2005 年第 6 期。

75. 俞江:《继承领域内冲突格局的形成——近代中国的分家习惯与继承法移植》,《中国社会科学》2005 年第 5 期。

76. 张学军:《“两户”制度初探》,《当代法学》2005 年第 1 期。

77. 刘广安:《法史学著作的典范——读〈中国家族法原理〉》,《清华法治论衡》2005 年第 1 期。

78. 张中秋:《家礼与国法的关系、原理、意义》,《法学》2005 年第 5 期。

79. 陈志英:《宋代民间物权关系的家族主义特征》,《河北法学》2006 年第 3 期。

80. 俞江:《论分家习惯与家的整体性——对滋贺秀三〈中国家族法原理〉的批评》,《政法论坛》2006 年第 1 期。

81. 杜栋:《宋代户绝财产继承制度初探》,《韶关学院学报》(社会科学版) 2006 年第 2 期。

82. 刘培丽:《〈唐律疏议〉之婚姻家庭法中儒家法律思想解读》,《内蒙古农业大学学报》(社会科学版) 2006 年第 1 期。

83. 阎云翔:《差序格局与中国文化的等级观》,《社会学研究》2006 年第 4 期。

84. 王勇:《从历史文化视角看家庭暴力》,《广西梧州师范高等专科学校学报》2006 年第 1 期。

85. 王跃生:《当代中国城乡家庭结构变动比较》,《社会》2006 年第 3 期。

86. 许莉:《家族本位还是个人本位——民国亲属法立法本位之争》,《华东政法学院学报》2006 年第 6 期。

87. 马新、齐涛：《试论汉唐时代家庭继承制度的反向制约》，《齐鲁学刊》2006 年第 6 期。

88. 刘书江：《中国古代家族法散论》，《文史月刊》2006 年第 12 期。

89. 郭丽红：《从〈红楼梦〉看清代婚姻家庭法律制度》，《太平洋学报》2006 年第 7 期。

90. 钟铁蕙：《先秦妇女在婚姻家庭中的法律地位》，《邵阳学院学报》（社会科学版）2007 年第 3 期。

91. 林泽新：《中国近现代亲属、继承法变革的背景及其效果》，《法史学刊》2007 年第 1 卷。

92. 完颜绍平：《中国古代法的"家族本位"与"国家本位"》，《现代商贸工业》2007 年第 3 期。

93. 邓焱：《中国人"养老瑰梦"对"明德慎罚"的影响——从家庭社会学的角度观察古中国的德与法》，《湖南省社会主义学院学报》2007 年第 4 期。

94. 郑永福：《清末民初家庭财产继承中的民事习惯》，《郑州大学学报》（哲学社会科学版）2007 年第 5 期。

95. 金眉：《论清代婚姻家庭法律的特质》，《法学》2007 年第 10 期。

96. 刘晓林：《"〈唐律疏议·户婚〉无死刑"辨正》，《甘肃社会科学》2007 年第 6 期。

97. 朱洁：《民国初年妇女在婚姻家庭中法律地位的变化》，《廊坊师范学院学报》2007 年第 6 期。

98. 孙晋辉、张军：《对〈唐律疏议〉中有关婚姻家庭制度的"礼"性思考》，《三峡大学学报》（人文社会科学版）2007 年第 2 期。

99. 高楠：《宋代家庭中的共有财产纠纷》，《中国社会历史评论》2007 年第 00 期。

100. 郑元龙：《论中国古代家族法的发展脉络及其重要内容》，《长春大学学报》2008 年第 11 期。

101. 王成栋、郭依静：《析中国古代家族法》，《河北青年管理干部学院学报》2008 年第 2 期。

102. 朱坤、陈联君：《唐律对家庭中家长权力的保护略析——以尊长卑幼间互犯罪之量刑为例》，《齐齐哈尔师范高等专科学校学报》2008 年第 3 期。

103. 蒋先福，柳思：《中国古代"富民"理想流产的法律原因——以中国古代家族财产共有制为例》，《海南大学学报》（人文社会科学版）2008 年第 1 期。

104. 林红：《汉代女性在家庭中的法律地位》，《唐都学刊》2008 年第 4 期。

105. 万娟娟：《家族法规的生成、形态及其地位》，《湘潭师范学院学报》（社会科学版）2008 年第 5 期。

106. 田小梅：《在相似的文字背后——中国传统法律中的"亲属相犯"与当代"家庭暴力"法律的比较分析》，《中华女子学院学报》2008 年第 5 期。

107. 黄晨：《家族法的产生、地位及变迁》，《云南社会科学》2009 年第 2 期。

108. 纪良才：《古代家族法的历史脉络及其重要特征》，《忻州师范学院学报》2009 年第 1 期。

109. 柏桦、袁红丽：《户绝与财产继承：清代民事审判中的情理法》，《天津师范大学学报》（社会科学版）2009 年第 3 期。

110. 张仁善：《寻求法律与社会的平衡——论民国时期亲属法、继承法对家族制度的变革》，《中国法学》2009 年第 3 期。

111. 金眉：《论中国古代婚姻家庭继承法律的精神与意义》，《政法论坛》2009 年第 4 期。

112. 李国锋：《论两汉时期家庭关系立法的基本精神》，《中州学刊》2009 年第 5 期。

113. 苏哲：《唐代婚姻家庭继承法研究——兼与西方法比较》，《江苏警官学院学报》2009 年第 5 期。

114. 袁兆春：《关于我国传统社会的家族性司法——以孔府司法为例》，《法律文化研究》2009 年第 00 期。

115. 王歌雅：《中国婚姻法：制度建构与价值探究之间———婚姻法与改革开放三十年》，《中华女子学院学报》2009 年第 1 期。

116. 贾静：《唐代家庭财产的法定继承制度》，《中国国情国力》2010 年第 6 期。

117. 翟红娥、陈昊：《中华民国时期婚姻家庭法对中国当前立法的启示》，《河北学刊》2010年第4期。

118. 徐国栋：《家庭法哲学两题》，《法制与社会发展》2010年第3期。

119. 李杰：《古代宗法家族情与法的冲突与统一——以〈唐律疏议〉为范本考量》，《人民论坛》2010年第20期。

120. 孙普阳：《从〈张家山汉简〉看汉律对妇女家庭财产权的保护》，《华北水利水电学院学报》（社会科学版）2010年第4期。

121. 李交发、原美林：《传统家族司法价值论》，《湘潭大学学报》（哲学社会科学版）2010年第6期。

122. 周子良：《中国传统社会中"户"的法律意义》，《太原理工大学学报》（社会科学版）2010年第1期。

123. 高正：《我国古代家族法的法律属性》，《保定学院学报》2011年第2期。

124. 张德美：《家族本位视角下的法律儒家化》，《比较法研究》2011年第3期。

125. 方乐：《法律实践如何面对"家庭"？》，《法制与社会发展》2011年第4期。

126. 张燕玲：《家庭权及其宪法保障——以多元社会为视角》，《南京大学学报》（哲学人文社会科学版）2011年第4期。

127. 高正：《我国古代家族宗族法的法律属性》，《苏州科技学院学报》（社会科学版）2011年第3期。

128. 朱勇：《从海关到家庭：近代中国法律制度变革的价值效应》，《中国法学》2011年第4期。

129. 姜虹：《婚姻家庭纠纷传统解决方式的回顾》，《北京人民警察学院学报》2011年第5期。

130. 文霞：《管窥秦汉法律的家族特征——兼评〈秦汉家族犯罪研究〉》，《广东第二师范学院学报》2011年第4期。

131. 张功：《〈秦汉家族犯罪研究〉评介》，《中国史研究》2011年第5期。

132. 晋龙涛：《〈家族歌〉所反映的传统服制及法律体现》，《华北水利水电学院学报》（社会科学版）2011年第5期。

133. 郑军：《简牍文书中的汉唐户政管理制度》，《贵州社会科学》2011年第 10 期。

134. 黄宗智：《中国的现代家庭：来自经济史和法律史的视角》，《开放时代》2011 年第 5 期。

135. 王辉：《试析"坐隶，隶不坐户"》，《牡丹江师范学院学报》（哲学社会科学版）2012 年第 1 期。

136. 原美林：《论中国传统家族司法主体的权力——以国家法律对家族长权力的确认为视角》，《法学杂志》2012 年第 2 期。

137. 王静雯：《中国古代的财产继承制度对家庭结构的影响》，《牡丹江大学学报》2012 年第 5 期。

138. 王岩华：《试论清代家族权的法律地位》，《社科纵横》（新理论版）2012 年第 1 期。

139. 王琼：《从唐律看唐代女性家庭财产问题》，《山西财经大学学报》2012 年第 2 期。

140. 王辉：《汉代家庭成员间坐罪减免的途径与条件辨析》，《北京化工大学学报》（社会科学版）2012 年第 1 期。

141. 王小丹：《清代丈夫惩戒权研究——从〈刑案汇览〉中看理与法容忍的家庭暴力》，《理论界》2012 年第 4 期。

142. 周祖文：《清代存留养亲与农村家庭养老》，《近代史研究》2012 年第 2 期。

143. 王有粮：《在"伦理法"与"理性法"之间：民国新繁县诉讼档案中的"家族"》，《四川大学学报》（哲学社会科学版）2012 年第 3 期。

144. 王聪聪：《清代家庭冲突与法律规制》，《吉林师范大学学报》（人文社会科学版）2012 年第 3 期。

145. 原美林：《明清家族司法探析》，《法学研究》2012 年第 3 期。

146. 王静雯：《宋代宗法家族制度对诉讼的影响》，《绥化学院学报》2012 年第 3 期。

147. 马京平：《陕甘宁边区婚姻家庭法的现代化与本土化》，《西北工业大学学报》（社会科学版）2012 年第 2 期。

148. 宋磊、尚琤：《张家山汉简"奴婢代户"律制定时间及其作用探析》，《兰台世界》2012 年第 24 期。

149. 王渭清：《秦代家庭婚姻道德的法制化及成因》，《人民论坛》2012 年第 20 期。

150. 刘伯安：《论中国传统法律文化中的家族伦理色彩》，《河南职工医学院学报》2012 年第 5 期。

151. 于洁：《从性别视角看唐律在家庭暴力立法上的同罪异罚》，《山东女子学院学报》2012 年第 5 期。

152. 薛洪波：《中国内地秦汉家族法研究百年综述》，《中国史研究动态》2012 年第 5 期。

153. 王斐弘：《敦煌析产遗嘱文书探微——以族、宗族、家族、民族为视角的解构》，《北方法学》2012 年第 6 期。

154. 李如春：《宋代的户在财产关系中的民事主体性质》，《史学月刊》2012 年第 3 期。

155. 吴佩林：《从〈南部档案〉看清代县审民事诉讼大样侧重于户婚案件的考察》，《中外法学》2012 年第 6 期。

156. 王彦辉、薛洪波：《从户的相关立法谈秦汉政府对人口的控制》，《东北师大学报》（哲学社会科学版）2013 年第 1 期。

157. 范国强、刘春：《从族谱档案看清代刘氏家族法体系中的“国家法”》，《兰台世界》2013 年第 9 期。

158. 曹旋：《中国古代女性婚姻家庭中的法律地位——以唐律和明律中的婚姻家庭规定来分析》，《知识经济》2013 年第 2 期。

159. 张洁：《中国晚清家族主义学说之再审视》，《山东社会科学》2013 年第 3 期。

160. 俞江：《19 世纪末中国民法学的“绝响”——马建忠〈法律探原·户律〉评述》，《华东政法大学学报》2013 年第 2 期。

161. 张星：《论中国古代法律和家族的关系——以汉魏晋时期的法律为例》，《长春工业大学学报》（社会科学版）2013 年第 1 期。

162. 冯婷艳：《明代户绝财产继承的司法规定及民间运用史考》，《兰台世界》2013 年第 12 期。

163. 王岩华：《试论清代家族权的法律地位》，《南方论刊》2013 年第 4 期。

164. 马钰凤：《我国家庭法立法理念的历史探究》，《兰台世界》2013 年第 15 期。

165. 章敏：《以〈李超传〉为中心看民国女性家庭财产继承权》，《云梦学刊》2013 年第 3 期。

166. 高裕昂：《略论家法族规与宋代家族维护》，《邢台学院学报》2013 年第 3 期。

167. 王小丹：《清代家庭防卫权研究》，《重庆第二师范学院学报》2013 年第 4 期。

168. 徐惠婷：《唐律与日耳曼法中女性家庭法律地位之比较》，《浙江社会科学》2013 年第 12 期。

169. 张冀：《论我国法律体系中的家与个体自由原则》，《中外法学》2013 年第 4 期。

170. 张洪亮、杜娟：《礼与法的现代融合——基于家族本位到个人本位的转变》，《黑龙江省政法管理干部学院学报》2013 年第 5 期。

171. 王跃生：《当代中国家庭结构变动分析》，《中国社会科学》2013 年第 12 期。

172. 王迪：《中国古代家族法规的功能和作用分析》，《九江职业技术学院学报》2014 年第 1 期。

173. 伊涛：《家庭伦理的儒学内涵与权利的备选位置》，《法制与社会发展》2014 年第 3 期。

174. 叶书瑞：《家族主义对唐代法律及司法制度的影响》，《兰台世界》2014 年第 15 期。

175. 冯世才、白丽云：《试论中国古代家庭及其法律制度》，《山西省政法管理干部学院学报》2014 年第 2 期。

176. 吕利：《连坐、收及家父长制家庭的遗迹——〈二年律令·收律〉研究》，《枣庄学院学报》2014 年第 4 期。

177. 范闻：《中国古代司法检验制度中的家族本位主义色彩》，《新余学院学报》2014 年第 4 期。

178. 尹成波：《传统社会家庭成员户籍与财产法律变迁——从"分异令"到"别籍异财法"的历史考察》，《河南师范大学学报》（哲学社会科学版）2014 年第 3 期。

179. 吕浩：《论清代婚姻家庭诉讼中的情理观念——以由清代判牍〈棘听草〉为研究对象》，《湖北警官学院学报》2014 年第 5 期。

180. 谢舒晔：《论中国宋代的"诡名子户"现象及其法律应对——兼论我国目前的"一人多户口"现象》，《辽宁行政学院学报》2014 年第 7 期。

181. 赵晓寰：《元杂剧科举戏婚姻家庭关系中所涉法律问题考察》，《上海师范大学学报》（哲学社会科学版）2014 年第 4 期。

182. 原美林：《中国古代家族司法纠告程序研究》，《湘潭大学学报》（哲学社会科学版）2014 年第 5 期。

183. 原美林：《中国古代家族司法传唤程序研究》，《求索》2014 年第 10 期。

184. 黄磊：《新民主主义革命时期妇女地位研究——基于国共两党婚姻家庭法的比较视角》，《中华女子学院学报》2014 年第 6 期。

185. 陈新宇：《宪政视野下的大清新刑律——杨度〈论国家主义与家族主义之区别〉解读》，《政法论丛》2014 年第 6 期。

186. 李红：《从法律视角看唐代家庭中的父母子女关系》，《沧桑》2014 年第 6 期。

187. 杨柳：《浅析中国家族法中的妇女地位和妇女权益》，《佳木斯职业学院学报》2015 年第 1 期。

188. 袁莉：《编户齐民与成文法产生之关系》，《才智》2015 年第 2 期。

189. 胡晓文、朱思远：《宋代司法对继母家庭内部犯罪的差异性规定》，《衡水学院学报》2015 年第 2 期。

190. 张本顺、牛春景：《南宋户绝立嗣继产讼案中的司法"利益衡平"艺术及其当代价值》，《淮北师范大学学报》（哲学社会科学版）2015 年第 1 期。

191. 喻中：《孝治的终结与法治的兴起——从〈老年人权益保障法〉第 17 条切入》，《山东大学学报》（哲学社会科学版）2015 年第 2 期。

192. 申云、朱述斌：《家户制、村落保护主义与农业现代化发展》，《华南农业大学学报》（社会科学版）2015 年第 2 期。

193. 肖仕卫：《刑事诉讼如何对待家庭?》，《清华法学》2015 年第 2 期。

194. 韩伟：《中国家族法文化再审思》，《书屋》2015 年第 5 期。

195. 李新、余响铃：《刑事法中"家庭成员"之界定》，《人民检察》2015 年第 12 期。

196. 陈明：《"家户"：中国农村治理研究新视角的建构》，《内蒙古社会科学》（汉文版）2015年第6期。

197. 张婧：《革命根据地女性家庭财产权理念构建的基础》，《经济问题》2015年第7期。

198. 许秋萍、杨旭：《从〈宋刑统·户婚律〉看宋代婚姻制度》，《兰台世界》2015年第18期。

199. 剑源：《同居共财：传统中国的家庭、财产与法律》，《北方民族大学学报》（哲学社会科学版）2015年第5期。

200. 高学强：《家族主义对中国传统法之影响——以刑事法为考察中心》，《青海社会科学》2015年第5期。

201. 杨大文、吴志菲：《见证婚姻家庭法律的变迁》，《武汉文史资料》2015年第11期。

202. 彭卫：《读〈秦汉家庭法研究——以出土简牍为中心〉》，《河北学刊》2015年第6期。

203. 陈文超：《家户主义：进城农民自主经营的再生产机制》，《中共福建省委党校学报》2015年第6期。

204. 薛宁兰：《婚姻家庭法定位及其伦理内涵》，《江淮论坛》2015年第6期。

205. 张郭、武轲：《唐代法律中家庭直系亲属身份关系刍议》，《哈尔滨学院学报》2015年第10期。

206. 李伟：《"家"、"户"之辨与传统法律表征》，《政法论丛》2015年第6期。

207. 赵鑫、杨玉洁：《宋朝家庭财产分配中遗嘱继承问题研究》，《兰台世界》2015年第33期。

208. 袁金勇：《宋代嫡庶子家庭财产继承权利的差异研究》，《兰台世界》2015年第36期。

209. 吕红梅：《解读秦汉时期的家庭法——评〈秦汉家庭法研究：以出土简牍为中心〉》，《石家庄学院学报》2016年第1期。

210. 耿卓：《家户视角下的妇女土地权利保护》，《法学》2016年第1期。

211. 汪维佳：《政治秩序演进与家庭法——中国经验及其意义》，《浙江社会科学》2016年第2期。

212. 李春斌：《为什么民法典应将"婚姻法"正名为"亲属法"》，《甘肃社会科学》2016 年第 2 期。

213. 王跃生：《中国当代家庭、家户和家的"分"与"合"》，《中国社会科学》2016 年第 4 期。

214. 李洪祥：《亲属法规则财产法化趋向论》，《求是学刊》2016 年第 4 期。

215. 孙宏伟、唐京华：《中国农村家户制的时代特征与社会影响分析》，《青海社会科学》2016 年第 4 期。

216. 赵万一：《婚姻家庭法与民法典关系之我见——兼论婚姻家庭法在我国民法典中的实现》，《法学杂志》2016 年第 9 期。

217. 王跃生：《近代之前家、户及其功能异同探讨——基于制度的分析》，《社会科学》2016 年第 12 期。

218. 葛耘娜：《孟德斯鸠笔下的家庭秩序与政府类型》，《政治思想史》2017 年第 1 期。

219. 彭卫民：《"家"的法哲学建构何以可能?》，《天府新论》2017 年第 2 期。

220. 彭卫民：《中国传统"家"的法哲学表达与演变》，《人文杂志》2017 年第 5 期。

221. 金眉：《婚姻家庭立法的同一性原理——以婚姻家庭理念、形态与财产法律结构为中心》，《法学研究》2017 年第 4 期。

222. 陈爱武：《论家事案件的类型化及其程序法理》，《法律适用》2017 年第 19 期。

223. 侣传振、李华胤：《家户联结：探索村民自治基本单元的社会因素》，《广西大学学报》（哲学社会科学版）2017 年第 6 期。

224. 曹贤信、赖建平：《亲属立法的人性基础》，《重庆大学学报》（社会科学版）2018 年第 1 期。

225. 夏沁：《婚姻家庭本质与民法体系中的婚姻家庭法》，《四川理工学院学报》（社会科学版）2018 年第 1 期。

226. 蔡科云：《我国家庭农场的商事人格与商事信用论——以家户视角切入》，《湖北大学学报》（哲学社会科学版）2018 年第 2 期。

编辑部章程

第一章　总则

第一条　《法律文化研究》是由中国人民大学法律文化研究中心与北京市法学会中国法律文化研究会组织编写、曾宪义法学教育与法律文化基金会资助、社会科学文献出版社出版的学术集刊。

第二条　《法律文化研究》编辑部（以下简称编辑部）负责专题的策划、征稿、审定、编辑、出版等事宜。

第三条　《法律文化研究》为年刊或半年刊，每年出版一或二辑。

第二章　组织结构

第四条　编辑部由编辑部主任一名、副主任两名、编辑若干名组成。编辑部主任负责主持编辑部的日常工作，统筹《法律文化研究》刊物的总体策划与协调。

第五条　《法律文化研究》实行各辑主编责任制，负责专题的拟定、申报（或推荐）和稿件编辑工作。每辑主编采取自荐或者他人推荐的方式，经编辑部讨论后确定。

第六条　编辑部成员须履行下列义务：1. 遵守编辑部章程；2. 积极参加编辑部的各项活动，连续两年不参加活动者视为自动退出。

第七条　编辑部每年召开一次编务会议，审议稿件并讨论第二年的工作计划。

第三章　经费使用

第八条　编辑部经费来源于曾宪义法学教育与法律文化基金会。

第九条　编辑部给予每辑主编一定的编辑费用，由各辑主编负责编辑费用的管理、支配和使用，并按照主办单位的财务要求进行报销。

第十条　本刊不向作者收取任何费用，也不支付稿酬。作品一旦刊发，由编辑部向主编赠送样刊 30 本，向作者赠送样刊 2 本。

第四章　附则

第十一条　本章程由《法律文化研究》编辑部负责解释。

第十二条　本章程自 2014 年 4 月 1 日起施行。

征稿启事

　　《法律文化研究》发刊于2005年，是由曾宪义教授主编，中国人民大学法律文化研究中心、曾宪义法学教育与法律文化基金会组织编写的学术集刊。自创刊以来，承蒙学界同人的支持，至2010年已出版六辑，并获得学界的肯定，在此向支持本刊的各位专家学者致以诚挚的感谢。

　　自2014年度起，本刊改版续发，每年年底由中国人民大学法律文化研究中心、北京市中国传统法律文化研究会组织，编辑部审议所申报的选题，并决定次年的出版专题。文集由曾宪义法学教育与法律文化基金会资助，社会科学文献出版社出版，每年出版一或二辑。选题来源于各位同人的申报以及编辑部成员的推荐，申报者自任主编，实行主编负责制。

　　改版后的《法律文化研究》，向海内外学界同人诚恳征稿。

注释体例

一 中文文献

（1）专著

标注格式：责任者及责任方式，文献题名/卷册，出版者，出版时间，页码。

示例：

侯欣一：《从司法为民到人民司法——陕甘宁边区大众化司法制度研究》，中国政法大学出版社，2007，第 24～27 页。

桑兵主编《各方致孙中山函电》第 3 卷，社会科学文献出版社，2012，第 235 页。

（2）析出文献

1）论文集、作品集及其他编辑作品

标注格式：析出文献著者，析出文献篇名，文集责任者与责任方式/文集题名/卷册，出版者，出版时间，页码。

示例：

黄源盛：《民初大理院民事审判法源问题再探》，载李贵连主编《近代法研究》第 1 辑，北京大学出版社，2007，第 5 页。

2）期刊

标注格式：责任者，文章篇名，期刊名/年期（或卷期、出版年月）。

示例：

林建成：《试论陕甘宁边区的历史地位及其作用》，《民国档案》1997年第 3 期。

3）报纸

标注格式：责任者，文章篇名，报纸名/出版年、月、日，版次。

示例：

鲁佛民：《对边区司法工作的几点意见》，《解放日报》1941 年 11 月 15 日，第 3 版。

＊同名期刊、报纸应注明出版地。

（3）转引文献

无法直接引用的文献，转引自他人著作时，须标明。

标注格式：责任者，文献题名，转引文献责任者与责任方式，转引文献题名/卷册，出版者，出版时间，页码。

示例：

章太炎：《在长沙晨光学校演说》（1925 年 10 月），转引自汤志钧《章太炎年谱长编》下册，中华书局，1979，第 823 页。

（4）未刊文献

1）学位论文

标注格式：责任者，文献题名，类别，学术机构，时间，页码。

示例：

陈默：《抗战时期国军的战区——集团军体系研究》，博士学位论文，北京大学历史学系，2012，第 134 页。

2）会议论文

标注格式：责任者，文献题名，会议名称，会议地点，召开时间。

示例：

马勇：《王爷纷争：观察义和团战争起源的一个视角》，政治精英与近代中国国际学术研究会会议论文，2012 年 4 月，第 9 页。

3）档案文献

标注格式：文献题名，文献形成时间，藏所，卷宗号或编号。

示例：

《席文治与杜国瑞土地纠纷案》，陕西省档案馆藏，档案号：15/1411。

（5）电子、网上文献

1）光盘（CD - ROM）图书

引证光盘文献除了标示责任者、作品名称、出版信息外，还应标示出该文献的出版媒介（CD‒ROM）。

2）网上数据库

标注格式：责任者，书名/题名，出版者/学术机构，时间，页码，数据来源。

示例：

邱巍：《吴兴钱氏家族研究》，浙江大学博士论文，2005 年，第 19 页。据中国优秀博硕士学位论文全文数据库：http：//ckrd. cnki. net/grid20/Navigator. aspxID = 2。

3）网上期刊等

网上期刊出版物包括学术期刊、报纸、新闻专线等，引用时原则上与引用印刷型期刊文章的格式相同，另需加上网址和最后访问日期。

示例：

王巍：《夏鼐先生与中国考古学》，《考古》2010 年第 2 期，http：//mall. cnki. net/magazine/Article/KAGU201002007. htm，最后访问日期：2012年 6 月 3 日。

（6）古籍

1）刻本

标注格式：责任者与责任方式，文献题名/卷次，版本，页码。

示例：

张金吾编《金文最》卷一一，光绪十七年江苏书局刻本，第 18 页 b。

2）点校本、整理本

标注格式：责任者与责任方式，文献题名/卷次，出版地点，出版者，出版时间，页码。

示例：

苏天爵辑《元朝名臣事略》卷一三《廉访使杨文宪公》，姚景安点校，中华书局，1996，第 257 ~ 258 页。

3）影印本

标注格式：责任者与责任方式，文献题名/卷次，出版地点，出版者，出版时间，（影印）页码。

示例：

杨钟羲：《雪桥诗话续集》卷五上册，辽沈书社，1991 年影印本，第

461 页下栏。

4）析出文献

标注格式：责任者，析出文献题名，文集责任者与责任方式，文集题名/卷次，版本或出版信息，页码。

示例：

《清史稿》卷二三〇《范文程传》，中华书局点校本，1977，第 31 册，第 9352 页。

5）地方志

唐宋时期的地方志多系私人著作，可标注作者；明清以后的地方志一般不标注作者，书名其前冠以修纂成书时的年代（年号）。

示例：

民国《上海县续志》卷一《疆域》，第 10 页 b。

同治《酃县志》卷四《炎陵》，收入《中国地方志集成·湖南府县志辑》第 18 册，江苏古籍出版社影印本，2002，第 405 页。

6）常用基本典籍，官修大型典籍以及书名中含有作者姓名的文集可不标注作者，如《论语》、二十四史、《资治通鉴》、《全唐文》、《册府元龟》、《清实录》、《四库全书总目提要》、《陶渊明集》等。

7）编年体典籍，可注出文字所属之年月甲子（日）。

示例：

《清太祖高皇帝实录》卷一〇，天命十一年正月己酉，中华书局，1986 年影印本。

＊卷次可用阿拉伯数字标示。

二　外文文献

引证外文文献，原则上使用该语种通行的引证标注方式。兹列举英文文献标注方式如下。

（1）专著

标注格式：责任者与责任方式，文献题名（斜体）（出版地点：出版社，出版年代），页码。

示例：

Stewart Banner, *How the Indians Lost Their Land: Law and Power on the Frontier* (Cambridge: Harvard University Press, 2005), p. 89.

引用三位以上作者合著作品时，通常只列出第一作者的姓名，其后以"et al."省略其他著者姓名。

示例：

Randolph Quirk et al. , *A Comprehensive Grammar of the English Language* (New York: Longman Inc. , 1985), p. 1143.

（2）译著

标注格式：责任者及责任方式，文献题名，译者（出版地点：出版者，出版时间），页码。

示例：

M. Polo, *The Travels of Marco Polo*, trans. by William Marsden (Hertfordshire: Cumberland House, 1997), pp. 55, 88.

（3）析出文献

1）论文集、作品集

标注格式：责任者，析出文献题名，编者，文集题名（出版地点：出版者，出版时间），页码。

示例：

R. S. Schfield, "The Impact of Scarcity and Plenty on Population Change in England," in R. I. Rotberg and T. K. Rabb, eds. , *Hunger and History: The Impact of Changing Food Production and Consumption Pattern on Society* (Cambridge, Mass: Cambridge University Press, 1983), p. 79.

同一页两个相邻引文出处一致时，第二个引文可用"Ibid."代替。

2）期刊

标注格式：责任者，析出文献题名，期刊名，卷册（出版时间）：页码。

示例：

Douglas D. Heckathorn, "Collective Sanctions and Compliance Norms: A Formal Theory of Group Mediate Social Control," *American Sociological Review* 55 (1990): 370.

（4）未刊文献

1）学位论文

标注格式：责任者，论文标题（Ph. D. diss. /master's thesis，提交论文的学校，提交时间），页码。

示例：

Adelaide Heyde, The Relationship between Self – esteem and the Oral Production of a Second Language（Ph. D. diss. , University of Michigan, 1979）, pp. 32 – 37.

2）会议论文

标注格式：责任者，论文标题（会议名称，地点，时间），页码。

示例：

C. R. Graham, Beyond Integrative Motivation：The Development and Influence of Assimilative Motivation（paper represented at the TESOL Convention, Houston, TX, March 1984）, pp. 17 – 19.

3）档案资料

标注格式：文献标题，文献形成时间，卷宗号或其他编号，藏所。

示例：

Borough of Worthing：Plan Showing Consecration of Burial Ground for a Cemetery, 1906 – 1919, H045/10473/B35137, National Archives.

C. R. Graham, Beyond Integrative Motivation：The Development and Influence of Assimilative Motivation（paper represented at the TESOL Convention, Houston, TX, March 1984）, pp. 17 – 19.

图书在版编目（CIP）数据

法律文化研究. 第十二辑，家户法律传统专题 / 李
伟主编. -- 北京：社会科学文献出版社，2019.5
ISBN 978 - 7 - 5201 - 4492 - 6

Ⅰ.①法… Ⅱ.①李… Ⅲ.①法律 - 文化研究 - 丛刊
②法律 - 传统文化 - 文化研究 - 中国 Ⅳ.①D909 - 55

中国版本图书馆 CIP 数据核字（2019）第 047431 号

法律文化研究 第十二辑：家户法律传统专题

主　　编 / 李　伟

出 版 人 / 谢寿光
责任编辑 / 郭瑞萍
文稿编辑 / 肖世伟

出　　版 / 社会科学文献出版社·社会政法分社（010）59367156
　　　　　　地址：北京市北三环中路甲 29 号院华龙大厦　邮编：100029
　　　　　　网址：www.ssap.com.cn
发　　行 / 市场营销中心（010）59367081　59367083
印　　装 / 三河市尚艺印装有限公司

规　　格 / 开　本：787mm × 1092mm　1/16
　　　　　　印　张：18.5　字　数：301 千字
版　　次 / 2019 年 5 月第 1 版　2019 年 5 月第 1 次印刷
书　　号 / ISBN 978 - 7 - 5201 - 4492 - 6
定　　价 / 98.00 元